Richard Hofmaier

**Integriertes Marketing-, Vertriebs- und Kundenmanagement**

Richard Hofmaier

# Integriertes Marketing-, Vertriebs- und Kundenmanagement

**DE GRUYTER**
OLDENBOURG

ISBN      978-3-11-035429-4
e-ISBN    978-3-11-036169-8

**Bibliografische Information der Deutschen Nationalbibliothek**
Die Deutsche Nationalbibliothek verzeichnet diese Publikation in der Deutschen Nationalbiblio-
grafie; detaillierte bibliografische Daten sind im Internet über http://dnb.dnb.de abrufbar.

**Library of Congress Cataloging-in-Publication Data**
A CIP catalog record for this book has been applied for at the Library of Congress.

© 2014  Oldenbourg Wissenschaftsverlag GmbH
Rosenheimer Straße 143, 81671 München, Deutschland
www.degruyter.com
Ein Unternehmen von De Gruyter

Lektorat: Thomas Ammon
Herstellung: Tina Bonertz
Grafik: Irina Apetrei
Druck und Bindung: CPI buch bücher.de GmbH, Birkach

Gedruckt in Deutschland
Dieses Papier ist alterungsbeständig nach DIN/ISO 9706.

# Vorwort

Mit diesem Buch wird ein moderner und zukunftsweisender Vermarktungsansatz für nationale wie internationale Klein-, mittelständische wie auch Großunternehmen aus den gesamten Business-to-Business-(BtB-)Branchen vorgestellt, der die heute erforderliche explizite **Integration des Marketing-, Vertriebs- und Kundenmanagements** beinhaltet.

Damit werden einerseits sowohl die diesbezüglichen integrativen Analyse- und Strategiemethoden dargestellt, andererseits die daraus abgeleiteten Programme, Maßnahmen und Aufgaben eines integrierten Marketing-, Vertriebs- und Kundenmanagements – eingebettet in einen ganzheitlichen Kontext und Bezugsrahmen. Zudem erfolgt die detaillierte Behandlung der operativen Maßnahmen und Instrumente bezüglich ihrer konkreten Anwendung, Kontrolle, Rückkopplungs- und kontinuierlichen Verbesserungsmöglichkeiten. Somit wird eine längerfristige, nachhaltige und erfolgreiche Anwendung der aufgezeigten Maßnahmen, Methoden und Vorgehensweisen ermöglicht, was durch eine Vielzahl an Praxisprojekten und Erfahrungen in unterschiedlichsten nationalen und internationalen BtB-Branchen bestätigt und fundiert wurde. Ergänzend wird eine Vielzahl von Instrumenten, Checklisten und praktischen Implementierungshilfen dargestellt, die die Anwendung und Umsetzung unterstützen und vereinfachen soll.

Gerade durch ein solches **integratives Vermarktungsmanagement** kann erst eine **ganzheitliche Kundenorientierung** erreicht werden und damit der nachhaltige Erfolg von wichtigen **Marketing-, Vertriebs- und Kundenmanagementmaßnahmen** konzeptionell, instrumentell und umsetzungsbezogen ermöglicht und unterstützt werden, was durch das Aufgreifen einzelner, singulärer Maßnahmen meist nicht möglich ist.

Inhaltlich können die Themenbereiche dieses Buches in folgende **Hauptkapitel** gegliedert werden. In **Kapitel I** wird der Gesamtansatz, seine Möglichkeiten und Vorteile der Marketing-, Vertriebs- und Kundenmanagementintegration dargestellt und verdeutlicht. Ebenso wird aufgezeigt, wie entsprechende Defizite erkannt und in ein integriertes Vorgehen eingephast und weiterentwickelt werden können.

**Kapitel II** beschreibt die notwendigen Analysen, die durchzuführen sind, um darauf aufbauend **(Kapitel III)** eine integrierte Marketing-, Vertriebs- und Kundenmanagementstrategie ableiten und konkret definieren zu können. Dem schließen sich in **Kapitel IV** daraus abgeleitete, strategiegeleitete und operative Programme und Maßnahmen des Produkt- und Servicemanagements sowie des Produktentwicklungs- und Innovationsmanagements an. In **Kapitel IV** werden dann die Programme, Maßnahmen, Instrumente und Aufgaben eines integrierten Vertriebsmanagements mit seinen Vertriebsinstrumenten, den jeweiligen Vertriebsprozessen, seinen Optimierungs- und Umsetzungsmöglichkeiten verdeutlicht.

Darauf aufbauend erfolgt in **Kapitel V** die integrierende Betrachtung eines heute nicht mehr zu vernachlässigenden **ganzheitlichen Customer-Relationship-Managements (CRM)**, das neben dem Kundenzufriedenheitsmanagement sowohl das Kundenloyalitäts-, das Business- und Interpersonal-Relationship-Management wie auch zusätzliche notwendige Kundenbindungsmaßnahmen, das CRM-Tool-Management sowie entsprechende Implementierungs-möglichkeiten behandelt. Anschließend erfolgt in **Kapitel VI** die Darstellung eines **modernen**, differenzierten und potenzialgesteuerten Kundenentwicklungs- und vor allem **Key-Account-Managements (KAM)** mit seinen vielfachen Optionen und Möglichkeiten der Kundenpotenzialentwicklung und ihrem gemeinsamen Nutzen. Schließlich wird in **Kapitel VII** der relativ neue Ansatz eines integrierten **Focus-Group-Managements (FGM)** mit seinen weiterführenden Möglichkeiten der gemeinsamen Geschäftsentwicklung mit ausgewählten Kunden abgehandelt, bevor last, but not least auf das abschließende und zusammenfassende Konzept eines effizienten Marketing-, Vertriebs- und Kunden-**Scorecard-Management** eingegangen wird, das explizit eine ganzheitliche Steuerung und Optimierung der integrierten Programme und Methoden erlaubt.

Damit spricht dieses Buch in erster Linie verantwortliche **Fach- und Führungskräfte** aus den Bereichen **Marketing, Vertrieb, Kunden- und Servicemanagement** von BtB-Unternehmen an, aber auch Verantwortliche aus den Bereichen Qualitätsmanagement, Forschung und Entwicklung, Projektmanagement, Beschaffung, Logistik und Produktion etc., die in vermarktungsrelevante Themenstellungen und Aufgabenbereiche miteingebunden sind. Durch die komprimierte **praxis- und umsetzungsbezogene** Darstellung der einzelnen Methoden, ihrer Anwendungen und Überprüfung erhalten gerade verantwortliche **Praktikern** entsprechende weiterführende **Instrumente und Umsetzungshilfen**. Mit diesem Buch werden aber auch **Studierende** der **Betriebswirtschaft** mit Schwerpunkt Marketing-, Vertriebs- und Kundenmanagement angesprochen, die einen konzeptionell fundierten, aber auch praxisbezogenen „Leitfaden" für die Anwendung diesbezüglicher Strategien, Programme, Maßnahmen und Aufgabenbereiche vermittelt bekommen möchten.

Für die Unterstützung bei der Erstellung dieses Buchs und eine entsprechend anschauliche Text- und Grafikdarstellung gilt mein besonderer Dank meinen Mitarbeiterinnen Frau Franziska Schmidt und Frau Marion Halm, die dies mit viel Engagement und Motivation durchgeführt haben.

# Inhaltsverzeichnis

# Einleitung

In diesem Buch wird ein zukunftsweisender und nachhaltiger **Gesamtvermarktungsansatz** dargestellt, der in den letzten Jahren gerade für nationale wie internationale Business-to-Business-Märkte (BtB-Märkte) von Bedeutung geworden ist und in naher Zukunft seine „Stellung" für BtB-Unternehmen behaupten wird: der sogenannte **Integrierte Marketing-, Vertriebs- und Kundenmanagementansatz** (ganzheitliche Kundenorientierung).

In den einzelnen Kapiteln werden, beginnend mit der Darstellung des **ganzheitlichen Bezugsrahmens** eines solchen Vermarktungsansatzes bzw. Managementkonzeptes, zunächst die notwendige **BtB-Analyse** sowie die Ableitung von **mehrstufigen Wachstumspotenzialen** (Kapitel I) dargestellt, die sich grundsätzlich für jedes BtB-Unternehmen ergeben. Kapitel II zeigt darauf aufbauend das integrierte **strategische** Marketing-, Vertriebs- und Kundenmanagement auf, bevor in den weiteren Kapiteln die daraus abzuleitenden und heute relevanten **integrierten Vermarktungsprogramme und Maßnahmen** dargelegt werden.

Diese sind zum einen das **integrierte Produkt-, Service- und Produktentwicklungsmanagement** (Kapitel III), **das integrierte Vertriebs-, Kundengewinnungs- und Verhandlungsmanagement** (Kapitel IV), das **Kundenloyalitäts-, Kundenbeziehungs- und Kundenbindungsmanagement (CRM)** (Kapitel V), das **integrierte Kundenentwicklungs- und Key-Account-Management (KAM)** (Kapitel VI) sowie das **Focus-Group-Management (FGM)** und das **integrierte Marketing-, Vertriebs- und Kunden-Scorecard-Management** (Kapitel VII). Den **Implementierungen** der jeweiligen Instrumente und Aufgaben und ihrer **integrativen Abstimmung** wird dabei besonders Rechnung getragen. Ohne eine solche schrittweise „Synchronisation" von Marketing-, Vertriebs- und Kundenmanagement ist heute eine effiziente und effektive Handhabung von relevanten, modernen und nachhaltigen Vermarktungsmaßnahmen im erforderlichen Umfang häufig nicht möglich.

Eine Vielzahl entsprechender Praxisprojekte, auf die hier teilweise Bezug genommen wird, hat eindeutig gezeigt, dass sowohl **marketingrelevante** Maßnahmen und Instrumente als auch **vertriebsspezifische** und **kundenspezifische** Instrumente und deren Umsetzung erst im „Dreiklang" zielführend, nachhaltig umzusetzen und entsprechend rechtzeitig **messbar**, **nachzuverfolgen** und damit kurz- und längerfristig wirksam sind.

Der hiermit vorgegebene **„integrative Bezugsrahmen"** unterstützt entsprechend auch die Struktur und Untergliederung der einzelnen Strategien, Programme und Maßnahmen. Durch den in Kapitel I aufgezeigten **Gesamtzusammenhang** eines solchen Vermarktungsmanagements werden dessen **Analysebereiche, Strategiefelder und Maßnahmenprogramme, Einzelinstrumente, Vorgehensweisen und Feedback-Prozesse** im Kontext klar ersichtlich. Wesentlich ist zunächst der richtige BtB-**Segmentierungs-**, **Potenzial-** und **Positionierungs**ansatz, der die Grundlagen für alle Vermarktungsmaßnahmen darstellt. Die **Strategiefindung** baut darauf konsequenterweise auf, bevor die wesentlichen **Programme** und **Maßnahmen** des integrierten Marketing-, Vertriebs- und Kundenmanagements abgeleitet und festgelegt werden können.

Relativ neu und aktuell sind hierbei die Themenbereiche des „modernen" **ganzheitlichen CRMs**, d. h. Kundenzufriedenheits- und **Loyalitätsmanagements**, **Kundenbeziehungs-, Kundenbindungs- und Kundenentwicklungs- bzw. Key-Account-Managements** sowie ihre **Implementierungsschritte** und **Scorecard-Feedbacks** als kontinuierliche **Steuerungs**möglichkeiten.

# I Der ganzheitliche Marketing-, Vertriebs- und Kundenmanagement- ansatz (BtB)

# 1      Der ganzheitliche Bezugsrahmen und Segmentierungsansatz

In diesem ersten Kapitel wird zunächst auf den ganzheitlich-integrierten Marketing-, Vertriebs- und Kundenmanagementansatz im **Gesamtkontext** eingegangen (vgl. Abb. 1). Dieser beschreibt die generelle Vorgehensweise des Vermarktungsmanagements in einem BtB-Unternehmen. In überlappenden Schritten stellt er die jeweilige Abfolge der entsprechenden Aufgabenschwerpunkte und Prozesse dar.

Zunächst wird in einem ersten Schritt die eigene (Ia) **Unternehmens- bzw. Business-Ist-Situationsanalyse** („DNA"-Analysis) durchgeführt, die vornehmlich die eigene Kernkompetenz- sowie Stärken- und Schwächenanalyse beinhaltet. Es ist dabei die Frage zu beantworten, worin die eigenen **Kernkompetenzen** (heute und morgen) gesehen werden, welche die generelle und ggf. auch technologisch-anwendungsbezogene **Basis** für heutige und zukünftige Produkt- und/oder servicespezifische Stärken beinhaltet. Die zukunftsrelevanten Kompetenzen, Einzelstärken und Entwicklungsperspektiven sind klar zu definieren und ggf. notwendige Verbesserungs- sowie „Insourcing"-Maßnahmen abzuleiten. Die Analyse und Abdeckung marktrelevanter Kompetenzfelder und Stärken sowie die Analyse relevanter Schwächen und Risiken und ihr Abbau bzw. ihre Vermeidung stehen hier mit im Vordergrund.

In einem zweiten Schritt (Ib) gilt es, die notwendige **Segmentierung** durchzuführen. Da es sich heute in der Regel nicht mehr um generelle Märkte, sondern um spezifische, immer feiner gegliederte **Markt-, Branchen-, Anwendungs-, Produkt-, Kunden- und Entscheidersegmente** handelt, sind diese genau abzuleiten, um eine spezifische Abdeckung und die notwendige Ausrichtung der einzelnen Vermarktungsinstrumente ermöglichen zu können. Das klassische „Gießkannenprinzip" mit dem Einsatz von generellen, nicht segmentspezifisch ausgerichteten Instrumenten und Maßnahmen ist heute nicht mehr erfolgreich und zielführend.

Die einzelnen möglichen **Segmentierungsdimensionen** und Stufen können beispielhaft Abb. 2 entnommen werden. Hierin wird (aus der Sicht eines Elektronikkomponentenanbieters für den Automotive-Markt) ersichtlich, dass der **Gesamtmarkt** Automotive zunächst in die zu adressierenden Branchenmärkte (z. B. PKW) aufzuteilen ist, und diese wiederum in die einzelnen zutreffenden **Branchensegmente**, die sich vom sogenannten Micro Car (z. B. Smart), über Mittelklassesegmente, SUVs (Sport-Utility-Vehicle-Segmente) bis hin zum Luxury Car (z. B. Maybach/S-Klasse) erstrecken können. (In der Automobilindustrie können heute hierzu bis über 50 Teilsegmente definiert werden.) Die darauffolgende Stufe bilden die sogenannten **Applikationssegmente** (Applikationsbereiche wie beispielsweise ABS-Systeme, Airbag-Systeme, Motormanagement-, Getriebemanagement-, Armaturensysteme, Sitzsysteme usw.). Die wiederum nächste Segmentierungsstufe stellen die sogenannten **Produktgruppen- und Einzelproduktsegmente** (Module/Modulgruppen) dar. Hier wird festgehalten, mit welchen Produkten bzw. Produktgruppen man in welchen Anwendungsbereichen vertreten ist. (Auf der untersten Ebene befinden sich dann die jeweiligen Einzelproduktsegmente.)

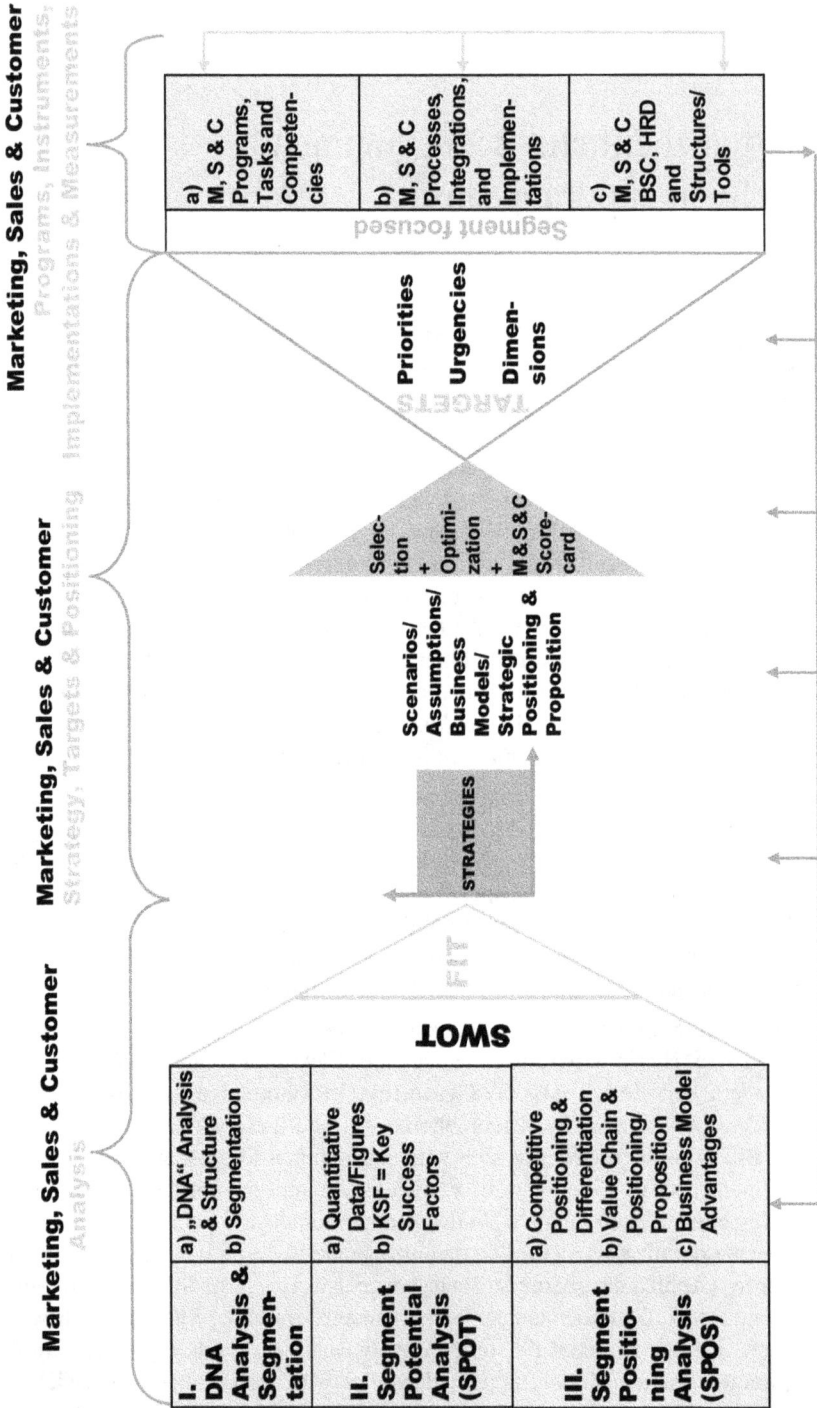

Abb. 1:     Der Bezugsrahmen eines ganzheitlichen Marketing-, Sales- und Customer-Management-Ansatzes (BtB) (© Prof. Dr. R. Hofmaier).

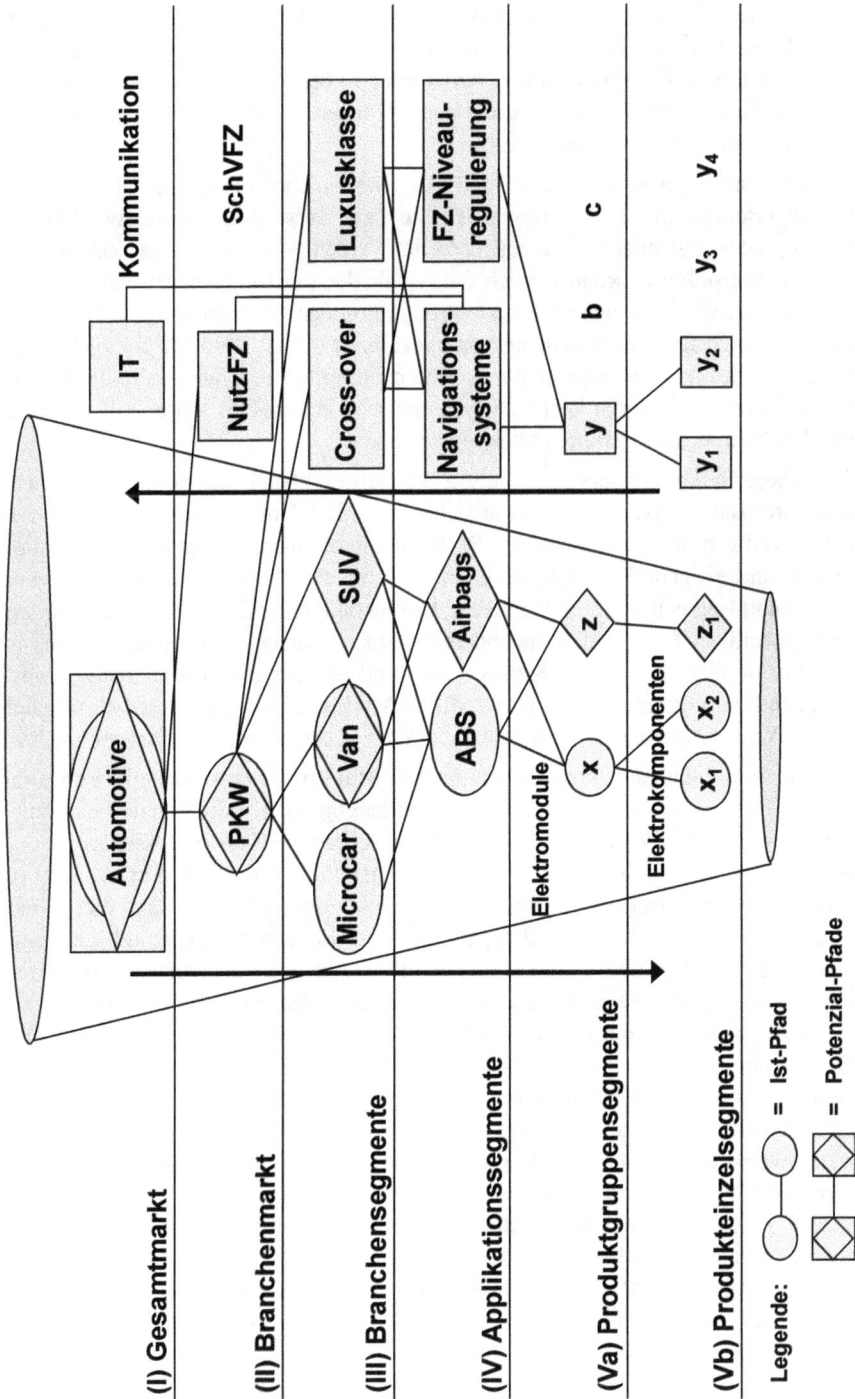

Abb. 2: Stufen einer systematischen Marktsegmentierung und Möglichkeiten eines Business-Developments nach „Pfad"-Potenzialen (© Prof. Dr. R. Hofmaier).

Führt man die Segmentierung weiter durch bis hinein in die jeweiligen **Kundenunternehmen** (meist OEMs, Systemzulieferer), können in einem nächsten Schritt vor allem die unterschiedlichen **Entscheider-, Co-Entscheider, Anwender-, Gatekeeper- und sonstige Zielgruppen** konkret definiert, herausgearbeitet und angesprochen werden (vgl. im Detail hierzu Kapitel VII: Focus-Group-Management).

In einer **zweiten** Betrachtungsweise können auf Basis einer solchen (Top-down-)Ist-Segmentierung nun auch (Bottom-up-)**Wachstumspotenziale** bzw. **New-Business-„Entwicklungspfade"** (Potenzialpfade) abgeleitet und herausgearbeitet werden (vgl. Abb. 2). Im Rahmen der skizzierten „Trichterdarstellung" können auch außerhalb des vorhandenen Businesstrichters modifizierte, erweiterte und/oder neue Produkte/Produktgruppen definiert werden für bereits adressierte Ist-, aber auch für neue Potenzialsegmente. Damit gilt es, Produkte für zusätzliche (bisher nicht adressierte) Anwendungssegmente, Branchensegmente, Branchen und/oder Gesamtmärkte zu definieren. Hierdurch lässt sich systematisch ein variables Wachstumspotenzial über **mehrere Wachstums„dimensionen"** hinweg generieren!

Der zweite Hauptbereich der Vermarktungsanalyse (vgl. Abb. 1) beinhaltet die sogenannte (II) **Marktsegmentpotenzialanalyse (SPOT)**[1], die sich einerseits (a) in einer **quantitativen** Bestimmung der jeweiligen Marktsegmente (z. B. Segmentvolumina, Potenziale, Wachstum, Ertrag, Besetzung und exogene Faktoren) definiert, andererseits in der konkreten Festlegung der **qualitativen** Marktsegmentkriterien (Kritische Erfolgsfaktoren = KEF). Die Bestimmung der Anzahl der jeweiligen Erfolgsfaktoren und ihrer Ausprägungen (heute und morgen) ist entscheidend dafür, ob über die eigenen Kompetenzen und Stärken eine **hinreichende Abdeckung** bzw. **Durchdringung** heutiger und zukünftiger Marktsegmente grundsätzlich möglich ist, was wiederum **Voraussetzung** für einen nachhaltigen und längerfristigen **Markterfolg** ist.

Der dritte Hauptbereich beinhaltet die sogenannte (III) **Marktsegmentpositionierungsanalyse (SPOS)**. Hier wird v. a. auf Basis fundierter Kundenerhebungen die eigene Positionierung im Vergleich zum Wettbewerb anhand wichtiger Kriterien (Key-Success-Factors und Key-Performance-Criteria – KSF/KPC) erhoben. Die **Ist-Positionierung** gibt Aufschluss darüber, in welchen Segmenten kritische eigene Unterdeckungen vorhanden sind, die zeitnah zu beheben sind („Frühwarnsystem"), und wo ggf. Überdeckungen gegeben sind, die abgebaut werden können. Wichtig dabei ist, dass die jeweiligen Kriterien aus Kundensicht hinreichend gewichtet werden, um die Bedeutung dieser Kriterien entsprechend (heute und zukünftig) zu berücksichtigen. Ferner können durch eine Abfrage dieser Kriterien für die nahe Zukunft auch sich neu- bzw. „herausentwickelnde" Teilsegmente erkannt werden (z. B. unterschiedliche Preis-Leistungs-Segmente), die einer Vermarktungsbearbeitung bedürfen. Die (b) Value-Chain-Positionierung und die (c) Business-Model-Positionierung erlauben ergänzend eine wettbewerbsdifferenzierende Wertschöpfungsketten- und Businessmodellpositionierung in den jeweiligen Marktsegmenten herauszuarbeiten, um die für den zukünftigen Vermarktungserfolg notwendige Erweiterung in der Wertschöpfungskettenabdeckung für den Kunden (z. B. Cross-/Up-Selling, vgl. Kapitel VI) und ggf. auch eine Erweiterung des Businessmodellansatzes (z. B. Durchführung von zusätzlichen strategischen Projektmanagementaufgaben oder alternative Bezahlung nach „Nutzungsleistungen" der eingesetzten Produkte) realisieren zu können.

---

[1]    Vgl. zur SPOT- und im Folgenden zur SPOS-Analyse ausführlich Hofmaier, 1993, S. 145–172 und Hofmaier, 1996, S. 32–61.

Nach der **Gesamtanalyse** inklusive einer Gegenüberstellung von Stärken und Schwächen zu Chancen und Risiken (SWOT) erfolgt im nächsten Hauptschritt (vgl. Abb. 1) die Ableitung von integrierten Marketing-, Vertriebs- und Kundenmanagement**strategien** und deren **Zielen** sowie **Zielpositionierungen**. Die **gesamt- und einzelstrategischen** Entscheidungen auf Basis unterschiedlicher strategischer Methoden, Modelle und Vorgehensweisen stehen hier also im Vordergrund. Dabei können unterschiedliche Szenarien, Optimierungen und Scorecard-Evaluierungen zugrundegelegt werden (vgl. Kapitel II).

Dieser Strategiekontext bildet die Basis für den nächsten Hauptschritt, nämlich die prioritätengeleitete Ausarbeitung und Konkretisierung der relevanten **Marketing-, Vertriebs- und Kundenprogramme** sowie ihrer einzelnen **Maßnahmen, Vorgehensweisen, Implementierungsschritte, Messsysteme und Feedback- bzw. Steuerungsprozesse** (vgl. Kapitel III–VII). Hierbei sind gleichzeitig notwendige Human-Resource-Maßnahmen (HRD), Scorecards, Strukturen und Tools (z. B. CRM-Tools) zu beachten.

# 2 Die Erstellung von Marktsegmentpotenzial- (SPOT) und Marktsegmentpositionierungs- analysen (SPOS)

## 2.1 Die Marktsegmentpotenzialanalyse (SPOT)

Infolge der sich ständig verändernden und weiterhin zunehmenden Vielfalt und Heterogenität v. a. der zu adressierenden Markt-, Applikations- und Kundensegmente für BtB-Unternehmen ist zunächst eine segmentdifferenzierende Marketinganalyse, d. h. in einem ersten Schritt die **Segmentpotenzialanalyse (SPOT)** durchzuführen, welche die einzelnen Ist- und Zukunftssegmente in Bezug auf ihre **quantitativen Potenziale** und ihre segmenttypischen, kritischen **Erfolgsfaktoren** (qualitative Potenziale) erfasst.

Für einen solchen Potenzialansatz spricht, dass es sich für das BtB-Marketing als ineffektiv erwiesen hat, nur Bottom-up zu planen, d. h. aufgrund vergangenheitsbezogener Umsatz-, Absatz-, Deckungsbeitragswerte etc. die zukünftigen Vorgaben wiederum lediglich „hochzurechnen". Erfolgversprechender ist hier die Ausrichtung nach den zu erfassenden Segmentpotenzialen (Volumina, Wachstums- und Renditepotenziale etc.) und damit eine Top-down-Vorgehensweise. Erst dadurch können frühzeitig (bisherige und neue) Markt- und Applikationschancen erkannt und rechtzeitig adressiert sowie ausgeschöpft werden (Kapitalisierung von Potenzialchancen).

Kriterien zur Messung der **quantitativen Segmentpotenziale** sind beispielsweise:

- das Segmentvolumen (in Stück- und Werteinheiten)
- das Segmentpotenzial (in Stück- und Werteinheiten)
- das Segmentwachstum
- die Segmentqualität (segmentbezogene Durchschnittserträge etc.)

- die Segmentbesetzung (inklusive Anbieter-/Nachfrager-Relationen, Wettbewerbsstatus/ Verhalten, Eintritts-/Austrittsbarrieren)
- die exogenen Faktoren (u. a. Substitutionspotenzial; ökonomische, ökologische, politische, soziale, technologische Rahmenfaktoren und Einflusspotenziale)

Insofern verlässt man die schmale Basis eines eher „konservierenden" Marketingansatzes (Momentumstrategie) und konzentriert sich auf einen breiteren, bedarfsinitiierenden bzw. stimulierenden und schließlich bedarfsabdeckenden Wachstumsansatz (Potenzialstrategie). Dieser kann **überdurchschnittliche** Entwicklungsraten (auch in abnehmenden Wachstums- oder stagnierenden Märkten) durch Nutzung des **„strategischen Hebeleffektes"** (potenzial- geleitete Segmentfokussierung der Ressourcen) ermöglichen. Ein Top-down-Vorgehen bein- haltet damit die Bestimmung des gesamten Segmentpotenzials nach Segmentkennzahlen je SGE (Strategische Geschäftseinheit), BC (Business-Center) bzw. BU (Business-Unit) oder Produktgruppe für heute und morgen. Hierbei muss auch die Frage beantwortet werden, inwieweit bestehende und neu zu adressierende Segmente durch aktuelle bzw. zu diversifi- zierende Produkte und Services (inklusive Solution-Bundling) zu bedienen sind (Wachs- tumsabsicherung und Added-Value-Optimierung).

In einem weiteren Schritt werden die **„Kritischen Erfolgsfaktoren" (KEF)** (**qualitative** SPOT-Analyse) je Segment herausgearbeitet und gemäß ihrer Bedeutung in eine Rangfolge gebracht.

**Haupt**indikatoren für die Bestimmung der **Kritischen Erfolgsfaktoren (KEF)** in den jewei- ligen Segmenten können unter anderem sein:

- Kriterien der Produktqualität
- Kriterien der Servicequalität
- Kriterien der (Gesamt-)Lösungskompetenz und Qualität
- Kriterien der Innovationskompetenz und Qualität
- Kriterien der Produkt- und/oder Serviceprogrammbreite
- Kriterien der Komplexitätsbeherrschung bzw. Integrationskompetenz/Qualität
- Kriterien der Neubedarfsgenerierung und (wertschöpfungsübergreifenden) Abdeckung (New-Product-/Business-Development)
- Kriterien der generellen New-Business-Modellierung
- Kriterien der Cross- und Up-Selling-Kompetenz
- Kriterien der Projektmanagementkompetenz
- Kriterien der Vertriebskompetenz
- Kriterien der Kommunikationskompetenz und Image-/Brandqualität.
- Kriterien der Customer-Relationship-Kompetenz
- Kriterien der Lieferschnelligkeit und Lieferflexibilität
- Kriterien der Preis-Leistungs-Differenzierungskompetenz und deren Flexibilität
- Kriterien der Kundenspezialisierung
- usw.

Durch **beide Schritte** (quantitative und qualitative SPOT-Analyse) wird eine **erste Priori- sierung** der für das Unternehmen **relevanten** Markt-, Applikations- und Kunden**segmente** (als Voraussetzung für eine zielführende Vermarktung) ermöglicht.

Als Beispiel für die Relevanz der rechtzeitigen Analyse von KEF[2] und der dadurch abzuleitenden Gestaltungsmaßnahmen wird auf das folgende Beispiel in Abb. 3 eingegangen. Hierdurch werden die Möglichkeiten der **Marktfeinsegmentierung** sowie der entsprechenden **Segmentpriorisierung** ersichtlich. Dadurch kann sich wieder eine unterschiedliche **Ausgestaltung** der Marketing-, Vertriebs- und Kundenmanagementinstrumente ergeben. Ausgangssituation für die Analyse der Key-Success-Factors (KSF) ist der UK-Elektromotorenmarkt bezüglich der Segmente A und B (Today; vgl. Abb. 3). Die kleinste Segmenteinheit ist geprägt durch eine homogene Ausprägung der KSF. Für den herangezogenen Elektromotorenmarkt ergeben sich daher zwei unterschiedliche Segmente (A und B). Gemäß ihrer unterschiedlichen KSF-Ausprägung beinhalten sie jeweils einen differenzierten Vermarktungsansatz. **Segment A** stellt ein sogenanntes **High-Value-**Segment dar, das eine **hervorragende Produktqualität** sowie hohe Innovations- und Reputationskompetenz bedingt und darauf **abgestimmte Vermarktungsinstrumente** (sehr hohe qualitative und innovative Produkte, Vertriebs- und Kundenmanagementinstrumente) heute und v. a. zukünftig erfordert. Nur dadurch kann heute und morgen der angestrebte Vermarktungserfolg auch erreicht werden und eine stärkere Durchdringung erfolgen.

| KSF \ Segment & Time Perspective | Today | | Tomorrow (next 2-3 years) | | |
|---|---|---|---|---|---|
| | Segment A | Segment B | Segment A | Segment B | Segment C |
| **Product Quality** | ⬤ | ◨ | ◓ | ◌ | ○ |
| **Product Innovation** | ◓ | ◔ | ⬤ | ○ | ○ |
| **Consulting Quality & Experience** | ◨ | ◔ | ◓ | ○ | ○ |
| **Reputation** | ◓ | ◨ | ◨ | ◓ | ○ |
| **Delivery Flexibility** | ◔ | ○ | ◨ | ◔ | ◔ |
| **Value-Price-Ratio** | ◔ | ◓ | ◨ | ◓ | ⬤ |

Key Success Factors (KSF):
- (a) Product Quality
- (b) Product Innovation (lead user driven)
- (c) Consulting Quality & Experience
- (d) Reputation
- (e) Delivery Flexibility
- (f) Value-Price-Ratio

Degree of Importance of KSF (Weighting):
- ⬤ Very High Importance
- ◓ High Importance
- ◨ Above Average Importance
- ◔ Average Importance
- ○ Below Average Importance

Abb. 3:     Markt(fein)segmentierung mithilfe der Analyse der Kritischen Erfolgsfaktoren (KEF) (© Prof. Dr. R. Hofmaier).

Für **Marktsegment B** ist hingegen abzuklären, ob eine erfolgreiche Positionierung heute möglich ist und wie diese in naher Zukunft (Trend zur Standardisierung) entsprechend realisierbar ist. Die Frage ist nun, wenn heute bereits die Ausprägung der KSF für morgen analysiert wird,

---

[2]     Vgl. zur KEF-Analyse generell auch Hofmaier, 1999, S. 130ff. und im Detail Kotler/Cox, 1988, S. 249ff.

ob es dann wirtschaftlich sinnvoll ist, rechtzeitig sogenannte **standardisierte B-Produkte und B-Services** überhaupt **„preisgünstig"** anzubieten. Dies geschieht jedoch nur dann, wenn rechtzeitig (heute) gemäß der eigenen Beschaffungs-, Produktions- und Vermarktungskosten eine entsprechende Kostenersparnis gegenüber dem relevanten Wettbewerb geplant und realisiert werden kann. Ist es also überhaupt sinnvoll, in zwei bis drei Jahren in Segment B und C mitanzubieten oder sollte man sich lieber als **„Innovations- und Qualitätsanbieter"** neben Segment A auf **andere High-Value-Segmente** mitausrichten? Ein Anbieten und Konkurrieren im zukünftigen Segment B und C (Segment B teilt sich zukünftig in Segment B und C mit unterschiedlichen KSF-Ausprägungen auf) ist eben nur dann sinnvoll, wenn die unternehmens- und vermarktungsspezifischen Faktoren rechtzeitig so gestaltet werden können, dass **relevante Kosten erheblich gesenkt** werden können (was ggf. eine Produktionsvergabe ins Ausland beinhalten kann) und damit gleichzeitig die **erforderliche Preissenkung** eine noch tragfähige Marge ermöglicht. Zudem ist abzuklären, ob ein **paralleles** Anbieten im Low-Value- oder auch „Billigpreis"-Segment nicht die Qualitätspositionierung (bzw. Glaubwürdigkeit) im High-Value-Segment **beeinträchtigt.** Bei einer solchen **„Differenzierungsstrategie"** kann auch eine sogenannte Zwei-Marken-Strategie erforderlich werden.

All diese Fragestellungen können **rechtzeitig** in Angriff genommen, geklärt und gelöst werden, wenn auch in die nahe Zukunft ausgerichtete **Segmentierungs- und KEF-Analysen durchgeführt** werden, wenn die hierbei miteinzubeziehenden **Kundenbefragungen** entsprechend ausgerichtet sind und wenn hinreichend Zeit für Vermarktungs- und Gestaltungssimulationen und Alternativenvorbereitungen gegeben ist. Insofern beinhalten derartige KEF-Analysen nicht nur die Beantwortung der richtigen **Segmentfokussierung** und Ausrichtung, sondern auch die Vorbereitung und Ableitung **priorisierter, segmentdifferenzierter Vermarktungsinstrumente.**

## 2.2    Die Marktsegmentpositionierungsanalyse (SPOS)

In diesem Schritt wird nun die Analyse der Ausgangssituation um eine wettbewerbsspezifische Positionierungsbetrachtung je Segment nach relevanten Geschäftskennzahlen erweitert **(Segmentpositionierungsanalyse SPOS/vgl. Abb. 4).** Die zu klärende Frage bezieht sich hier auf die konkrete Positionierung der SGEs bzw. Business-Units/Produkte im direkten Vergleich zur jeweils relevanten Konkurrenz je Segment aus Kundensicht auf Basis von Geschäfts-, Marketing-, Vertriebs-, Kunden-, F&E-, Produktionskennzahlen usw. Hier ist das Ziel die Ermittlung und Festlegung der realistischen **Positionierung** und ihrer **Verbesserungsmöglichkeiten** für heute und morgen (unter gegebenen Annahmen).

Häufig verwendete **Hauptkennzahlen** bzw. **Kriterien** der **Segmentpositionierungsanalyse (SPOS)** sind u. a.:

*   Kennzahlen der **Geschäftspositionierung** (quantitative Positionierungskennzahlen)
    *   – Segmentanteil (absolut und relativ)
    *   – DB/Rendite
    *   – Share-of-Wallets (Großkundenmarktanteile)
*   Kennzahlen der **Marketing-, Vertriebs- und Kundenpositionierung**
    *   – Kriterien der Produktqualität
    *   – Kriterien der Servicequalität
    *   – Kriterien der (Gesamt-)Lösungskompetenz und Qualität

- Kriterien der Innovationskompetenz und Qualität
- Kriterien der Produkt- und/oder Serviceprogrammbreite
- Kriterien der Komplexitätsbeherrschung bzw. Integrationskompetenz/Qualität
- Kriterien der Neubedarfsgenerierung und (wertschöpfungsübergreifende) Abdeckung (New-Product-/Business-Development)
- Kriterien der New-Business-Modellierung
- Kriterien der Cross- und Up-Selling-Kompetenz
- Kriterien der Projektmanagementkompetenz
- Kriterien der Vertriebskompetenz
- Kriterien der Distributionskompetenz
- Kriterien der Kommunikationskompetenz und Image-/Brandqualität
- Kriterien der Customer-Relationship-Kompetenz
- Kriterien der Lieferschnelligkeit und Lieferflexibilität
- Kriterien der Preis-Leistungs-Differenzierungskompetenz und deren Flexibilität
- Kriterien der Kundenspezialisierung
- Kennzahlen der **F&E-Positionierung**
  - Technologiekompetenz und Qualität
  - Produkt-/Serviceentwicklungskompetenz und Qualität
  - Endogene und exogene Innovationskompetenz und Qualität
  - Patent- und Lizenzkompetenz
- Kennzahlen der **Produktionspositionierung**
  - Produktionsqualität und Flexibilität
  - Produktionskosten
  - „Virtuelle" Produktionskompetenzen

Nach der im Rahmen der SPOT-Analyse durchgeführten **Segmentgewichtung** und Beurteilung sowie der jetzt vorgenommenen **Segmentpositionierung** (SPOS) und der zu realisierenden **Verbesserungen** bezüglich einer **optimalen Abdeckung** der **Kritischen Erfolgsfaktoren (KEF)** für heute und morgen (vgl. Abb. 3), sind nun weitere **Chancen** und **Risiken** der einzelnen Segmente zu erfassen und gezielt durch die eigenen **Stärken** soweit wie möglich zu **kapitalisieren**. Durch die Gegenüberstellung der eigenen Stärken und Schwächen im Vergleich zu den segmentspezifischen Chancen und Risiken (SWOT-Matrix; vgl. Abb. 6 und 7) können durchaus vorhandene Businesssegmente tiefer durchdrungen bzw. erweitert werden und ggf. neue erfolgreich adressiert werden. Des Weiteren sind dabei Risiken zu vermeiden und Schwächen soweit nötig abzubauen. (Nicht selten wird man herausfinden, dass die eigenen Stärken zu wenig chancengeleitet und proaktiv vermarktet werden!)

Gemäß der Positionierungsanalyse und ihrer Ergebnisse in Abb. 4 sind ganz klar v. a. **vier Optimierungsmöglichkeiten** notwendig und sehr wichtig für die weitere Vermarktung, nämlich die Verbesserung der „physischen Produktleistung" der hier analysierten Produkte sowie die eindeutige Verbesserung der Produktkompatibilität, Servicegüte und des Serviceumfangs. (Wird dies nicht durchgeführt, droht nicht nur eine Verschlechterung der Vermarktungschancen, sondern ggf. mittelfristig eine Verdrängung durch den Wettbewerb.)

Umgekehrt ist bei der Anzahl angemessener Einzel„features" eine Überdeckung abgeleitet worden, die durch eine gezielte **Reduktion** nicht mehr relevanter Einzelmerkmale behoben werden kann. (Ggf. können durch eine merkmalsspezifische Preis-Leistungs-Differenzierung noch qualitativ hochwertige Spezialsegmente bzw. Nischen mitabgedeckt werden.) Aus Spalte 3 in Abb. 4 lässt sich zudem die Entwicklung der Kritischen Erfolgsfaktoren und

Anforderungen in der nahen Zukunft abfragen. Dadurch lässt sich auch die Frage beantworten, ob die abgefragten Segmente noch in sich homogen sind, oder ob diese bereits in unterschiedliche heterogene Teilsegmente aufzuteilen und durch einen entsprechend differenzierten Marketingmix zu bearbeiten sind.

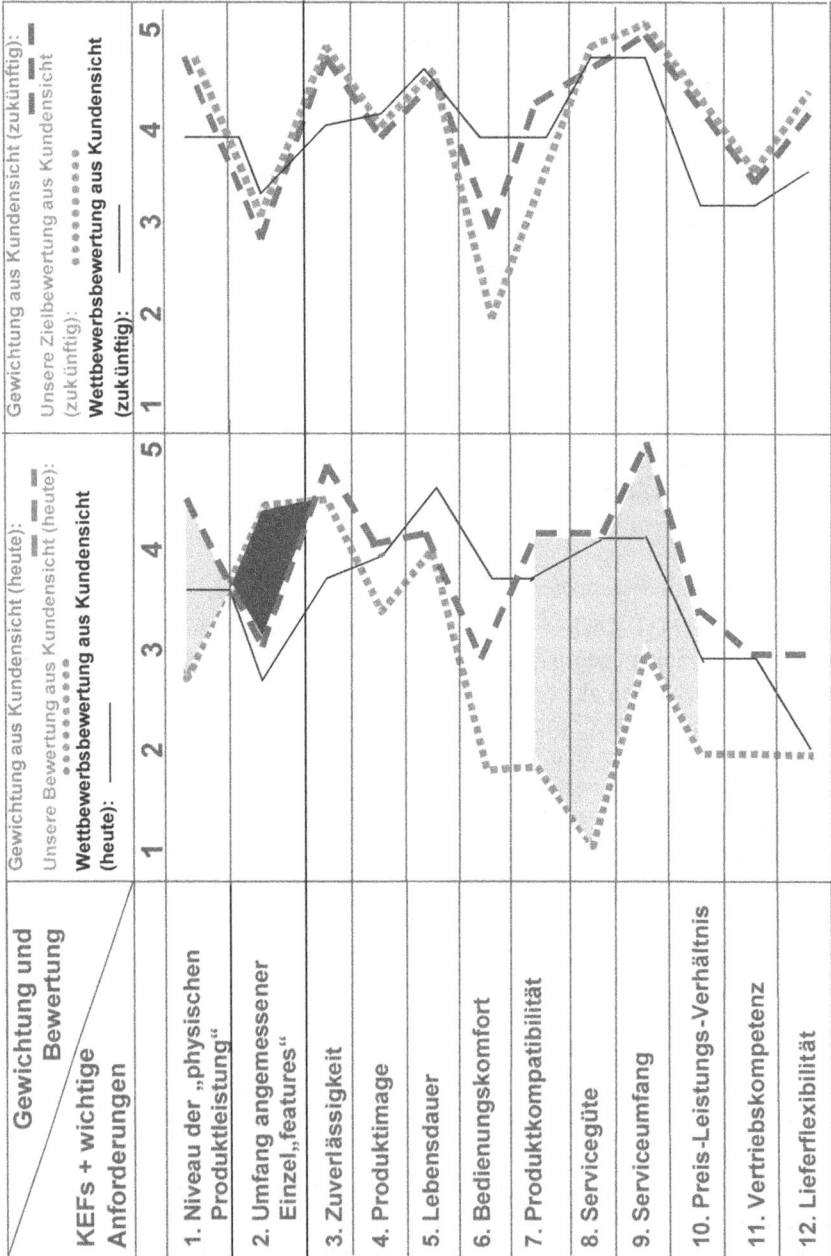

Abb. 4:    Segmentgeleitete Positionierungsanalyse zur Ableitung von Verbesserungsmöglichkeiten (© Prof. Dr. R. Hofmaier).

# 3  Die Ableitung von Marktdurchdringungs-, Marktentwicklungs- und Wachstumspotenzialen

In Zusammenhang mit der Durchführung notwendiger Vermarktungs- und Strategieanalysen ist die Herausarbeitung von **nachhaltigen** und damit längerfristigen **Wachstumschancen** und Potenzialen von großer Bedeutung. Deshalb wird im Folgenden ein diesbezüglicher Systematisierungs- und Entwicklungsansatz gewählt, die sogenannte **„Acht-Felder-Potenzial-Matrix"** zur Ableitung von **Wachstumspotenzialen** und Definition von **Areal-strategien** für BtB-Unternehmen (vgl. Abb. 5).

| Segmente / Produkte/Services/Businesses | **Bisherige Segmente**<br>Gesamtmärkte & Regionen<br>∟ Branchenmärkte<br>∟∟ Branchensegmente<br>∟∟∟ Applikationssegmente<br>∟∟∟∟ Produktsegmente<br>∟∟∟∟∟ Kundensegmente | **Neue Segmente**<br>Gesamtmärkte & Regionen<br>∟ Branchenmärkte<br>∟∟ Branchensegmente<br>∟∟∟ Applikationssegmente<br>∟∟∟∟ Produktsegmente<br>∟∟∟∟∟ Kundensegmente |
|---|---|---|
| **Vorhandene** Produkte & Services | (I)<br>Segmentdurchdringung | (V)<br>Segmentexpansion |
| **Modifizierte** Produkte & Services | (II)<br>Leistungsmodifikation<br>(Erweiterte Leistungsdurchdringung) | (VI)<br>Modifizierte Segmentexpansion<br>(Erweiterte Segmentexpansion) |
| **Neue** Produkte & Services | (III)<br>Leistungsinnovation<br>(Innovative Segmentdurchdringung) | (VII)<br>Innovative Segmentexpansion |
| **Erweitertes/Neues** Businessmodell | (IV)<br>Business-Modifikation/Innovation<br>(Erweiterte Businesssegmentdurchdringung) | (VIII)<br>Business-Diversifizierung<br>(Erweiterte Businesssegmentexpansion) |

Abb. 5:    Die „Acht-Felder-Potenzial-Matrix" bzw. Arealstrategiematrix (für BtB-Unternehmen) (© Prof. Dr. R. Hofmaier).

Die „**Acht-Felder-Potenzial-Matrix**"[3] basiert auf den in Abb. 2 dargestellten Segmentie-rungsstufen und erlaubt, in unterschiedlichen Schritten mögliche **Wachstumspotenziale** zu identifizieren und zu erschließen. In Feld I **(Ist-Segmentdurchdringung)** geht es darum, durch sogenannte „Push"-Vermarktungsmaßnahmen in den **bisherigen Segmenten** (Gesamtmarkt/ Branchenmarkt/Branchensegmente/Applikationssegmente/Kunden- und Produktsegmente/ Kundensegmente) **und Regionen** (Ist-Regionen) **mehr** Produkte und Services der **bisher an-gebotenen Leistungspalette** zu verkaufen (z. B. durch Partizipation am wachsenden Kunden-bedarf und/oder durch Gewinnung von Segmentanteilen gegenüber dem Wettbewerb). Hinge-gen beinhaltet Feld II **(Erweiterte Segmentdurchdringung)** eine meist **qualitative Erweiterung des Leistungsangebotes** (erweiterte bzw. modifizierte Leistungsverbesserung) zur tieferen Kundendurchdringung in den vorhandenen Segmenten und Regionen. Das Wachs-tumspotenzialfeld III **(Innovative Segmentdurchdringung)** bezieht sich auf eine **innovative Expansion des Leistungsangebotes** (Bedarfsexpansion) bezüglich einer qualitativ erweiterten Kundendurchdringung in den Ist-Segmenten und Ist-Regionen. Feld IV **(Erweiterte/Neue Businesssegmentdurchdringung)** bezieht sich gleichfalls auf eine entsprechend intensivere Kundenmarktdurchdringung auf Basis eines veränderten bzw. **erweiterten Businessmodells**. Dies kann beispielsweise eine kombinative Erweiterung des integrierten Produkt-Service-Angebotes beinhalten, bei dem durch neue Bezahlungsoptionen bzw. Servicekombinationen zum Basisproduktgeschäft eine Expansion des Ist-Bedarfs möglich ist (beispielsweise erfolgt anstatt der Gesamtpreisbezahlung bei einem Gerätekauf die Bezahlung erst zur Gebrauchsleis-tung bzw. wird zusätzlich ein Zurverfügungstellen von Mietoptionen, Sale- und Lease-Back-Optionen, Sharing-Optionen, Bundling- und Teillösungsoptionen etc. ermöglicht).

Weitere erhebliche Wachstumsoptionen ergeben sich nun daraus, dass die **bisherigen** Leis-tungen nicht nur in den bisherigen Regionen und Ländern, sondern in **zusätzlich priorisier-ten Regionen** angeboten werden sowie nicht nur in den bisherigen **Kundensegmenten** (z. B. Groß-OEMs), sondern für **neue Kundenzielgruppen** (z. B. Klein-OEMs, Systemlieferanten, Lösungsanbieter) aber auch **neue Applikationsbereiche** (Elektronikmodule für zusätzliche Applikationen), **neue Branchensegmente** (Elektronikmodule für zusätzliche Produkt- und Modellreihen), **neue Branchenmärkte** (Elektronikmodule nicht nur für die PKW-Industrie, sondern auch für die Nutzfahrzeugindustrie, Schienenverkehrsfahrzeugindustrie) und für **neue Gesamtmärkte** (Elektronikmodule/-lösungen für die Flugzeugindustrie) vermarktet werden (Potenzialfeld V: Segmentexpansion) bzw. zur Vermarktung stehen.

Ein **analoges, vierstufiges Segmentierungsvorgehen** gilt nun jeweils auch für **modifizierte Leistungen** (Feld VI: **Modifizierte Segmentexpansion**), für **innovierte Produkte und Services** (Feld VII: **Innovative Segmentexpansion**) sowie für ein entsprechend **neues Bu-sinessmodell** (Feld VIII: **Innovative Businessexpansion bzw. Businessdiversifizierung**). Gerade mit modifizierten, innovierten Produkten und erweiterten Businessmodellen können hinreichend neue Märkte, Segmente, Zielanwendungen und Regionen etc. erschlossen wer-den, wie viele Innovationsbeispiele von industriellen Mittelstands- (v. a. „Hidden Champi-ons") und Großunternehmen zeigen.

---

[3]    Diese Matrix baut auf der grundsätzlichen „Vier-Felder-Matrix" auf; vgl. Ansoff (1966), S. 132ff.

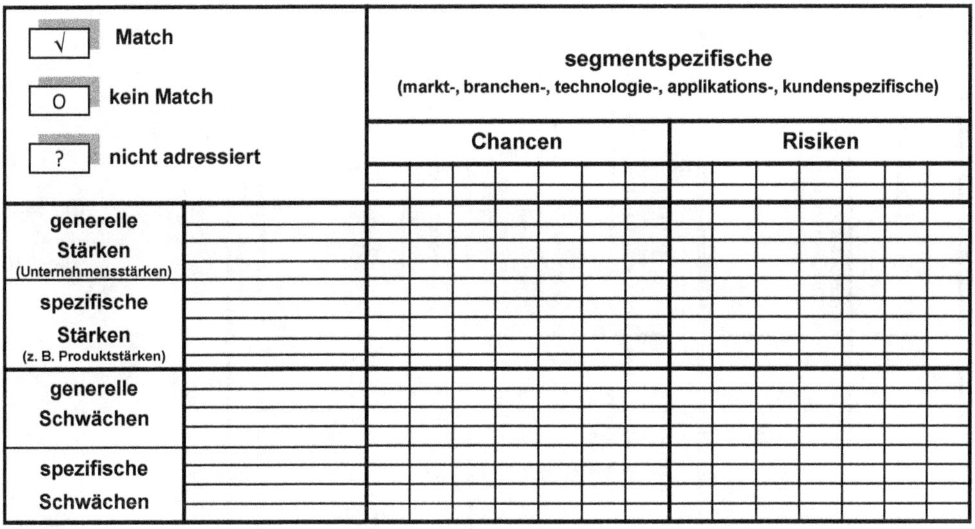

| √ Match    O kein Match    ? nicht adressiert | segmentspezifische (markt-, branchen-, technologie-, applikations-, kundenspezifische) | |
|---|---|---|
| | Chancen | Risiken |
| generelle Stärken (Unternehmensstärken) | | |
| spezifische Stärken (z. B. Produktstärken) | | |
| generelle Schwächen | | |
| spezifische Schwächen | | |

Legende:
Auflistung von Stärken und Schwächen nach dem Grad ihrer Bedeutung.
Signierung in den einzelnen Feldern, ob eine entsprechende Ausrichtung bereits erfolgt ist oder nicht,
bzw. ob kein entsprechender Vermarktungszusammenhang besteht.

Abb. 6: SWOT-Matrix (Strengths-Weaknesses/Opportunities-Threats) (© Prof. Dr. R. Hofmaier).

Eine unterstützende Methode zur Auffindung weiterer Wachstumsoptionen, stellt auch hier die schon angesprochene **SWOT-Matrix** (**S**trengths/**W**eaknesses/**O**pportunities/**T**hreats)[4] dar (vgl. Abb. 6 und 7). Sie kann unterschiedlich ausgestaltet sein (mit Schwerpunkt Markt-, Technologie-, Anwendungs- und/oder Kundenchancen) und eine Ableitung von weiteren Geschäftsoptionen mit entsprechend korrespondierenden Stärken ermöglichen. Damit können Überlegungen verfolgt werden, inwieweit diese Stärken die adressierten Chancen „zur Vermarktungsreife bringen" können, d. h. in Geschäftsmöglichkeiten umgesetzt werden können (linker oberer „Quadrant"), unter Vermeidung möglicher Risiken und der bestmöglichen Reduktion von Schwächen. Als Beispiel zur SWOT-Matrix kann ein Hersteller unterschiedlicher Produkte für Industriemärkte herangezogen werden, der für Industrieapplikationen im Sicherheitsbereich spezifische LED-Light-Pipes entwickelt und vermarktet. Aufgrund einer Chancenanalyse wurde herausgefunden, dass auch im PKW-Segment durchaus grundsätzliche Bedarfskonfigurationen für die zukünftige Innenraummodulbeleuchtung vorhanden sind. Durch wirtschaftsstufenübergreifende Zielgruppenanalysen kann dieser Bedarf mit ausgewählten Automotive-OEMs und deren Kundenzielgruppen konkretisiert und spezifiziert werden. Auf der Basis der eigenen Kernkompetenzen und Stärken können nun konkrete Produktmodifikationen und Anwendungen entwickelt und Lead-User-gestützt vermarktet werden, unter Vermeidung möglicher Risiken und Minimierung möglicher Probleme und Schwächen.

---

[4]  Vgl. zur SWOT-Matrix u.a. Meffert, 2012, S. 237–242.

| Exogener Fokus / Endogener Fokus | Nach: Marktsegment/ Applikationssegment/ Technologie- & exogenen Faktoren | Chancen | Risiken |
|---|---|---|---|
| | | • Höheres Ausstattungsniveau im Premium-Car-Bereich<br>• Top down-Entwicklung im Markt<br>• Bedarfsentwicklungs- & Deckungspotenzial bzgl. zusätzl. Erwärmungs-/Heizungsmöglichkeiten<br>• Diesbezügliche Technologieentwicklungen | • Kunden (OEM) & End-user-Akzeptanz<br>• Subtitutionstechnologien<br>• Wettbewerbsrisiken |
| **Stärken**<br>Nach: Kernkompetenzen & generellen (Untern.-)Stärken sowie spezifischen Produkt-/Applik.-/Technologie-/Service-Stärken | • Spezifisches Prozessor-Know-how<br>• Automotivebasierendes Applik.-Know-how (Heizungssteuerung etc.)<br>• Integrations-Know-how<br>• Diesbezgl. Service-/Consulting-Know-how<br>• Grundsätzliches technologisches Weiterentwicklungs-/Know-how-Potenzial | **Chancen-Stärken-(Aktions-)Bereich ①:**<br>Bedarfskreierung von „Beheizungs"-Added-Values durch Einsatz & Lead-User-gestützte Vermarktung dieser Stärken<br><br>Entwicklung neuer modifizierter Prozessorleistungen zur Erwärmung/Heizung weiterer bedarfsrelevanter Applikationen bei Premium-Cars (z.B. elektronische Komplettbeheizung der Gesamtverglasung, aller Sitze, Kopfstützen & Armlehnen, Schaltkonsolen & Schaltknüppel, integrierte Kaffeemaschine & Warmhaltebehälter etc.) | **Stärken-Risiken-Bereich ②:**<br>→ Vermeidung von Risiken bzw. Nutzung von Akzeptanzstrategien<br><br>• Rechtzeitige Realisierung von Win-win-Projekten mit ausgewählten (Leit-)Kunden & „Pull Research" (Enduser-orientierte, akzeptanzfördernde Markterhebung/Ergebnisse)<br>• Innovationsführerschaft (gegenüber dem Wettbewerb)<br>• Abklärung und Differenzierung gegenüber möglicher Substitutionen |
| **Schwächen** | • Relativ lange Entwicklungszeiten | **Schwächen-Chancen-Bereich ③:**<br>Verkürzung der Entwicklungszeiten durch Simultaneous-Product-Development<br><br>z.B. durch integrierte Lead-User-orientierte Produktentwicklung | **Schwächen-Risiko-Bereich ④:**<br>Forcierung von (II-) & (III-)Maßnahmen<br><br>Rechtzeitige Win-win-Generierung & Lead-user-orientierte Produkt- und Anwendungsentwicklung |

Abb. 7:    SWOT-Matrix mit Beispiel (© Prof. Dr. R. Hofmaier).

Ein anderes Beispiel gibt die „ausgefüllte" SWOT-Matrix in Abb. 7 wieder. Ein Anbieter von Prozessen für Heizungsprojekte im PKW-Innenbereich hat für die Zukunft folgende Marktsegmentchancen eruiert: Höheres Ausstattungsniveau im Premium-Car-Bereich und hinreichendes Bedarfsentwicklungspotenzial für zusätzliche „Beheizungs"anwendungen. Seine Kernkompetenzen und Stärken beinhalten v. a. ein entsprechendes Produkt- und Anwendungsentwicklungs-Know-how mit Lead-User-gestütztem Consulting. Diese Stärken in Verbindung mit den marktgegebenen Chancen können eine Lead-User-gestützte Bedarfs-, Pilot- und Produktanwendungsentwicklung ermöglichen und damit die Ausstattung des Premium-Car-Bereichs mit entsprechenden eigenen Produkten. Zusätzlich sollten Risiken durch eigene Stärken vermieden werden (z. B. Akzeptanzunterstützung) sowie mögliche Schwächen zur besseren Chancennutzung gezielt abgebaut werden (vgl. Abb. 7).

Eine zusätzliche Methodik zur **Auffindung** von grundsätzlichen Geschäftsentwicklungs- und Produkteinsatzmöglichkeiten stellt die **Segment-Leistungsmatrix** dar (vgl. Abb. 8):

| Markt-segment / SGE/Produkt-Gruppe/BU (Services) | Branchensegment A: ...... | | | | | | | | | Branchen-segment B: ...... | | Branchen-segmente: A/B: ...... | |
|---|---|---|---|---|---|---|---|---|---|---|---|---|---|
| | Applikations-segment $A_1$ | | | Applikations-segment $A_2$ | | | Applikations-segment $A_3$ | | | Applikations-segment $B_1$ | | Applikations-Segmente $A_1$.../ $B_1$... | |
| | Kd. $a_1$: ... | Kd. $b_1$: ... | Kd. $c_1$: ... | Kd. $a_2$: ... | Kd. $b_2$: ... | Kd. $c_2$: ... | Kd. $a_3$: ... | Kd. $b_3$: ... | Kd. $c_3$: ... | Kunde (Kd.) .../... | Kunde (Kd.) .../... | K.: Σ ... | K.: Σ ... |
| Pr.-Gr. 1: ................. ................. | | | | | | | | | | | | | |
| Pr.-Gr. 2: ................. ................. | | | | | | | | | | | | | |
| Pr.-Gr. 3: ................. ................. | | | | | | | | | | | | | |
| Pr.-Gr. 4: ................. ................. | | | | | | | | | | | | | |
| Pr.-Gr. N: ................. ................. | | | | | | | | | | | | | |
| Σ 1 - N | | | | | | | | | | | | | |

Abb. 8: Segment-Leistungsmatrix (Segment-Produkt/Servicematrix) (© Prof. Dr. R. Hofmaier).

In der ersten Spalte werden für ausgewählte Vermarktungssegmente die vorhandenen sowie infrage kommenden Produkte und Services aufgelistet (Ist- und mögliche Leistungen bzw. Produkte/Services). Diese werden nun in den folgenden Spalten den jeweiligen Hauptsegmenten (A = Branchensegment: z. B. SUV, B = Branchensegment Van) sowie im Detail den jeweiligen Applikations- und/oder Produkt- und Kundensegmenten konkretisiert zugeordnet (z. B. nach Absatz, Umsatz, Menge). Durch entsprechende Kreuzvergleiche und Plausibilitätsprüfungen kann nun herausgefunden werden, ob in einigen Segmenten eine grundsätzlich tiefergehende Durchdringung möglich ist (im Vergleich zu ermittelten Segmentvolumina, Wachstumsraten etc.) und ob einige Segmente **erschließbar** sind, die bisher (meist historisch bedingt) noch nicht adressiert wurden, jedoch grundsätzlich (siehe analog besetzte Segmente) gewinnbar sind. (Warum sollten z. B. bisher erschlossene Applikationssegmente bei SUVs nicht auch bei Vans etc. erreichbar sein?)

Ein weiterer zusätzlicher, häufig vernachlässigter Wachstumspotenzialansatz ist im Servicebereich zu sehen (vgl. Abb. 9). Durch eine systematische Klassifizierung der **Ist-Services** nach den Dimensionen **Kaufmännische** und **Technische Services**, sowie **Strategische** und **Operative Services**, letztere aufgeteilt nach **A-, B- und C-Services**, lassen sich durchaus Service„lücken" erkennen und schließen. Bei einer Reihe von untersuchten BtB-Unternehmen konnte festgestellt werden, dass diese hauptsächlich technische und kaufmännische C-Services anbieten, jedoch i. d. R. wenige B-Services, **kaum** jedoch A-Services und **meist keine** strategischen Services. Da C-Services definiert werden können als Me-too-Services, die meist „austauschbar" sind und durch die Konkurrenz auch angeboten werden sowie in der Regel nicht in Rechnung gestellt werden können (bzw. keine Marge abwerfen), jedoch einen zu „bezahlenden" Aufwand darstellen, ist es sicher sinnvoll, verstärkt die „höherwertigen" Servicekategorien weiterzuentwickeln und **anzubieten**.

So sind **B-Services** dadurch charakterisiert, dass sie – zumindest indirekt – über das Hauptprodukt mitverrechnet werden können. **A-Services** haben einen **mehrfachen Vorteil**: Sie bieten dem Kunden einen nachvollziehbaren Added Value, den er bereit ist zu bezahlen und der für den Anbieter eine zusätzliche Marge ermöglicht. Zudem können A-Services zu einer verbesserten Wettbewerbsdifferenzierung beitragen, da der Wettbewerber diesen Service (noch) nicht bzw. in dieser Art nicht anbietet. A-Services können beispielsweise Engineering-, Test-, Vorentwicklungs-, Design-, Berechnungs-, Vermarktungs- und spezielle Betreuungs- bzw. Belieferungsdienstleistungen etc. für den Kunden darstellen.

Des Weiteren kann durch **Strategische Services** häufig eine **vertiefende Kundenabdeckung** und **Durchdringung** erfolgen mit der Chance einer weiteren Bedarfskreation für den Kunden und somit einer weiterführende Geschäftsentwicklung und Zusammenarbeit mit dem Kunden. **Strategische Services** können von Produktentwicklungsservices über spezifische Total-Cost-of-Ownership-Services bis hin zu strategischen Projektmanagementservices oder einer sogenannten „Generalauftragnehmerschaft für den Kunden" gehen. Gerade letztere erlauben ein weiter- und tiefergehendes Kundenverständnis und damit auch eine weitergehende und auszubauende Kunden(bedarfs)entwicklung.

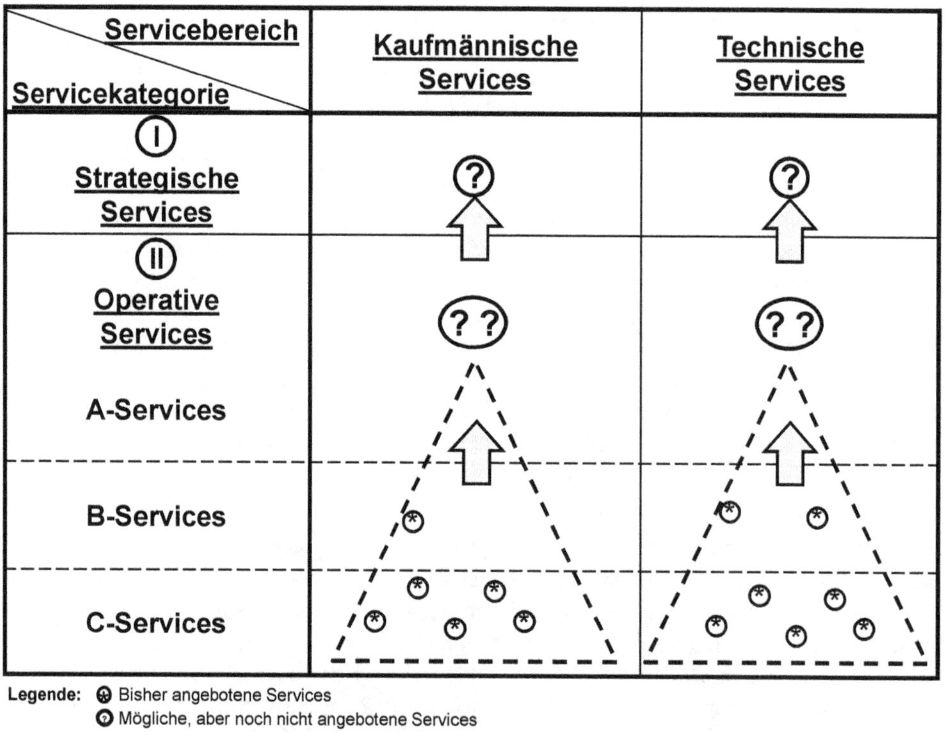

Legende: ⊛ Bisher angebotene Services
⊘ Mögliche, aber noch nicht angebotene Services

Abb. 9:     Service-Entwicklungsmatrix (nach strategischen und operativen Services) (© Prof. Dr. R. Hofmaier).

# 4 Ausprägungsformen von marketing-, vertriebs- und kundenmanagementfokussierten Vermarktungsformen und ihre Integration

Für die Anwendung und Umsetzung des in diesem Buch angewandten **integrativen Vermarktungsansatzes** ist es generell wichtig, sich darüber im Klaren zu sein, **wie fokussiert** der bisherige Vermarktungsansatz gemäß Methoden und Instrumenten, Einstellungen und entsprechend ausgeprägten Entscheidungskompetenzen etc. im eigenen Unternehmen wirklich durchgeführt und „gelebt" wird und ob bzw. wie eine entsprechend fachlich **abgestimmte** sowie tatsächlich **methodisch-integrative** Vorgehensweise **notwendig** und schrittweise zu **implementieren** ist. So kann zunächst anhand spezifischer Kriterien definiert werden, ob das eigene Unternehmen ein tatsächlich „Marketing- und Vertriebs**integriertes**" Vermarktungsmanagement besitzt oder ob es – was häufig in BtB-Märkten der Fall ist – v. a. ein **vertriebsdominiertes** oder zumindest vertriebsfokussiertes Unternehmen ist (vgl. Abb. 10). Sollte dies der Fall sein, so hat sich gezeigt, dass der **Aufbau** eines „schlagkräftigen" Marketings **und** dessen schrittweise **Integration** hin zu einem gleichberechtigten und damit integrativen Marketing- und Vertriebsmanagement sehr wichtig und hilfreich für ein **erfolgreiches** Vermarktungsmanagement[5] ist.

Ein typisch vertriebsdominantes Vermarktungsmanagement (meist traditionell begründet) lässt sich vor allem durch entsprechend umfassende Vertriebsfunktionen und Vertriebsmitarbeiter (im Vergleich zum Marketing), vertriebszugeordnete Entscheidungskompetenzen und Vermarktungsmethoden, entsprechende vertriebliche Funktionsträger in oberen bzw. obersten Entscheidungsgremien und vertriebsdominante Vermarktungsprozesse **identifizieren**. Ähnliches gilt bei der expliziten Betrachtung und Miteinbindung der **Kundenmanagementperspektive** als dritter Vermarktungsdimension. Vielfach ist es heute für ein BtB-Unternehmen erforderlich, neben dem Vertriebs- und Marketingmanagement auch ein **spezifisches** Kunden- bzw. Key-Account-Management[6] (vgl. Kap. VI) integrativ zu gestalten und zu implementieren (vgl. Abb. 11), da dies durch ein rein vertriebsdominantes Vermarktungsmanagement alleine nicht Erfolg versprechend ist.

---

[5]    Neben der Praxisevidenz dieses Zusammenhangs siehe auch eine Reihe erster diesbezüglicher Untersuchungen z. B. Haase, 2006.

[6]    Vgl. zu einem solchen zu integrierenden spezifischen Key-Account-Management Hofmaier, 2012, S. 6–13.

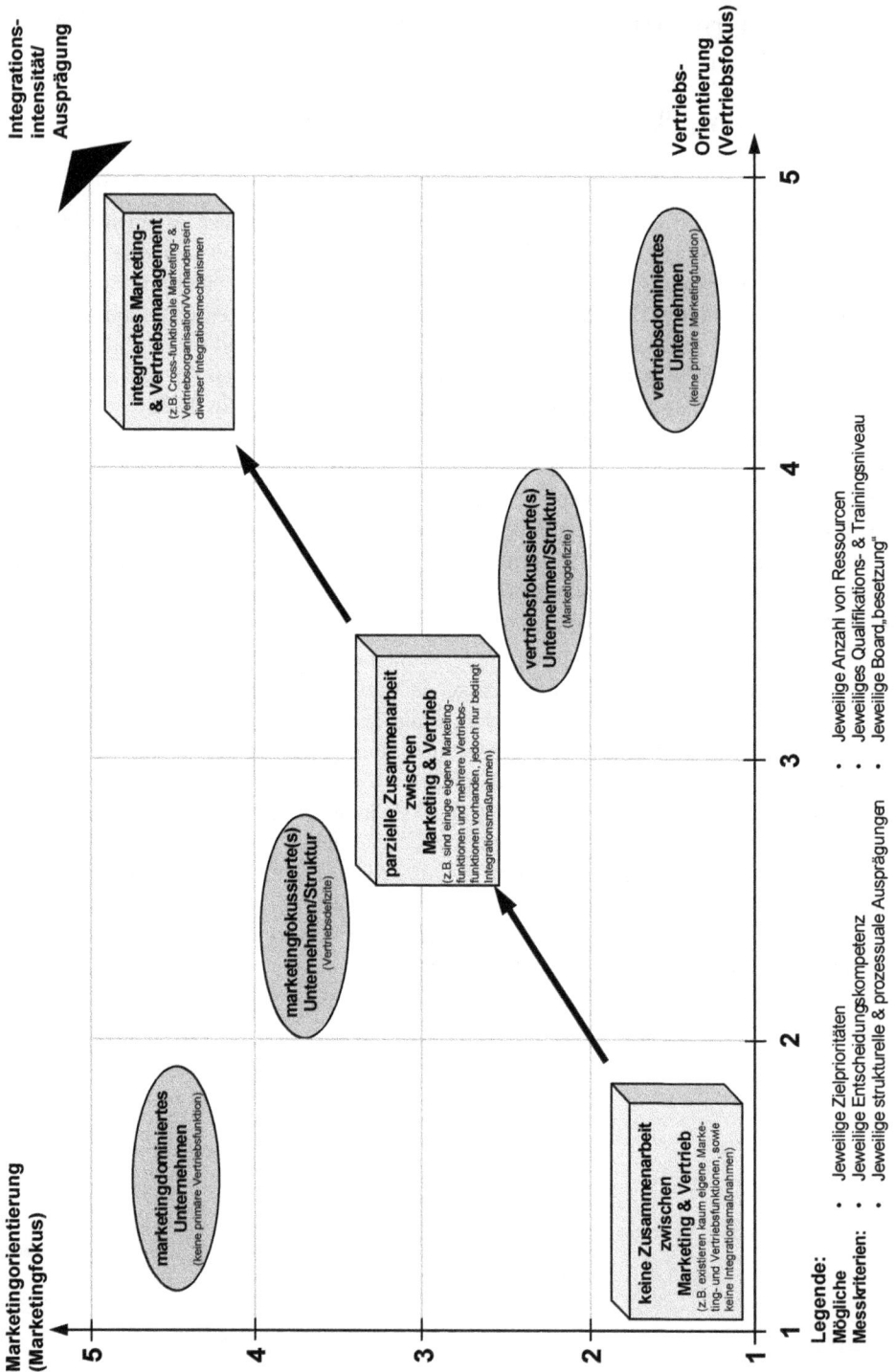

Abb. 10:    Identifikations- und Integrationsmatrix für das BtB-Vermarktungsmanagement (© Prof. Dr. R. Hofmaier).

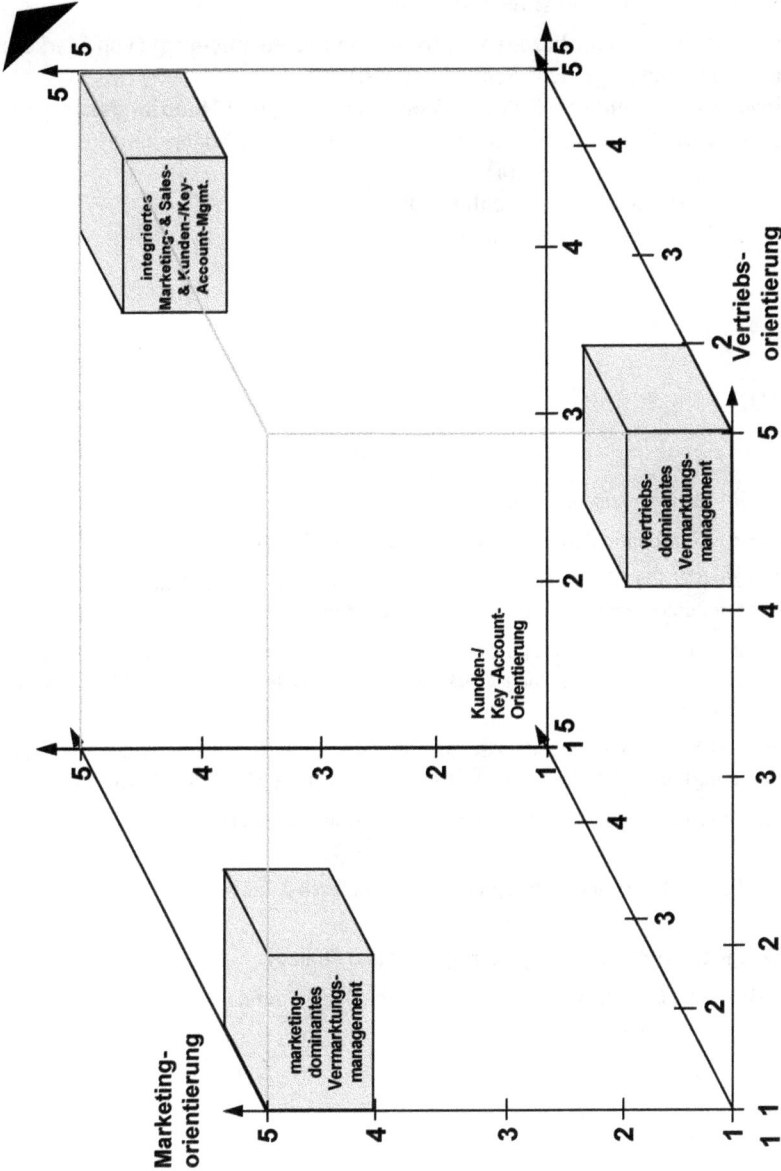

Abb. 11:    Integrationsmatrix für ein Marketing-, Sales- und Kunden-/Key-Account-orientiertes Vermarktungs-management (BtB) (© Prof. Dr. R. Hofmaier).

Werden nun beispielsweise Marketing- und/oder Kundenmanagement**defizite** erkannt, so können sie neben der **inhaltlich-themenbezogenen** Abstimmung (integrative Berücksichtigung von marketing-, vertriebs- und kundenmanagementrelevanten Themenbereichen) zusätzlich folgende **Integrationsmechanismen** beinhalten (vgl. ebenfalls Abb. 10: von der Nicht-Zusammenarbeit hin zum integrierten Vermarktungsmanagement).

**Schrittweise** Angleichung und **Integration** durch:

1. **Aufgaben- und personenbezogene** Information und Abstimmung (von Marketing, Vertrieb und Kundenmanagement-Schwerpunkten)
2. Partizipative **Entscheidungsfindung, Verantwortung** und **Handlungskompetenz**
3. Integrative Durchführung entsprechender Programm-, Methoden- und Implementierungsmaßnahmen **(Prozessintegration)**
4. **Organisationstrukturelle** und schließlich
5. **Unternehmenskulturelle** Integration

# Literatur

Ansoff, J. (1966) Management-Strategien, München

Haase, K. (2006) Koordination von Marketing und Vertrieb, Wiesbaden

Hofmaier, R. (2010/2013) Die Optimierung der Zusammenarbeit von Marketing und Vertrieb in Mittelstands- und Großunternehmen – Empirische Studien, München

Hofmaier, R. (2012) Möglichkeiten und Chancen einer konzeptionellen Fundierung und Weiterentwicklung des Key Account Management (BtB), in: FORUM Betriebswirtschaft München, Heft 01, S. 6–13

Hofmaier, R. (1999) Systematische Marktsegmentierung und Hit Rate-Optimierung (im Business-to-Business-Marketing), in Pepels, W. (Hrsg.) Business to Business Marketing, Neuwied, S. 130–139

Hofmaier, R. (Hrsg.) (1995) Erfolgsstrategien in der Investitionsgüterindustrie, 2. Aufl., Landsberg a. Lech

Hofmaier, R. (Hrsg.) (1993) Investitionsgüter- und High-Tech-Marketing (ITM), 2. Aufl., Landsberg a. Lech

Kotler, P./Cox, K.K. (1988) Marketing Management and Strategy, 4. Aufl., London

Meffert, M./Burmann, C./Kirchgeorg, M. (2012) Marketing – Grundlagen marktorientierter Unternehmensführung, 11. Aufl., Wiesbaden

# II Das strategische Marketing-, Vertriebs- und Kundenmanagement (BtB)

Für den **integrativen Vermarktungsstrategieansatz** sind zunächst ausgewählte Methoden des strategischen Marketing-, Vertriebs- und Kundenmanagements wichtig. Einen Überblick über **ausgewählte Methoden** der grundsätzlichen **strategischen Zielfindung, Strategie-(fein-)definition** und Ableitung entsprechender **programmatischer** Gestaltungsempfehlungen im BtB-Bereich erlaubt Abb. 12.

| Strategiekategorien & Ausrichtungen / Strategiemethoden & Programme | Strategiefindungsmethoden, Ziel- und Programmoptionen | |
|---|---|---|
| **(1)** **Basis- bzw. Normstrategien** | **(MA-WP-)Portfolio-Strategiemethode:** | Einführungs-/Akquisitions-/Wachstums-/Abschöpfungs-/Desinvestment-/Konsolidierungsstrategien & Programme etc. |
| **(2)** **Arealstrategien** | **Acht-Felder-Potenzial-Matrix:** (nach Markt-/Branchen-/Applikations- & Produkt-/Kundensegmenten) | Marktsegmentdurchdringungs-/Entwicklungs- bzw. Erweiterungs-/Produktentwicklungs-/Diversifikationsstrategien & Programme |
| **(3)** **Wettbewerbspositionierungsstrategien** | **Wettbewerbsportfoliomethode:** | Differenzierungs- (z.B. Innovations-/Qualitäts-/Service-/Technologiedifferenzierung) versus Volumen-/Kostenführerschaft & Kundenspezialisierungsstrategien & Programme |
| **(4)** **Marktsegmentstrategien** | **Marktsegmentstrategiematrix:** | Multisegment-/ Selektive Segmentexpansions-/ Segmentkomprimierungs-/Segmentdifferenzierungs-/ Segmentspezialisierungs- & Nischenstrategien & Programme |
| **(5)** **USP- und Kernkompetenzstrategien** | **USP-Entwicklungsmethode (Matrix):** | Kernkompetenz-(KK-)Findungs-/ KK-Entwicklungs-/ Kunden-Value-Entwicklungs- & Value-Potenzial-Differenzierungsstrategien & Programme |
| **(6)** **Positionierungsstrategien** | **Positionierungs- und Profilvergleichsmethode:** (nach Markt-/Branchen-/Applikations- & Kunden-/Produktsegmenten) | Innovations-, Qualitäts-, Produktset-/Programm-(breiten-/tiefen-), Service-, Design-, Synergien-, Applikations-, Technologie-, Verbesserungs- & Profilierungsmaßnahmen etc. |
| **(7)** **Marketing-, Vertriebs- und Kundenprogrammstrategien** | **Strategische Ableitung (Strategisches Vermarktungsmix):** | CPM – Integratives-Customer-Product-Mgmt. / CSM – Customer-Sales & Distribution-Mgmt. / CDM / KAM – Customer-Development-Mgmt. & Key Account-Mgmt. / CRM – Integriertes Customer-Relationship-Mgmt./ CCM – Customer-Communication-Mgmt. / CPrM – Customer-Pricing-Mgmt. |

Abb. 12:    Integrierte strategische Ziel- und Programmoptionen (BtB) (© Prof. Dr. R. Hofmaier).

# 1 Die „klassischen" Vermarktungsstrategien

Einen ersten Ansatz für die grundlegende Strategiefindung (klassische Vermarktungsstrategien) stellen zunächst die sogenannten **Basis- bzw. Normstrategien**[7] **dar**, die auf den Informationen und Erhebungen der SPOT- und SPOS-Analyse aufbauen.

## 1.1 Basis- bzw. Normstrategien des Vermarktungsmanagements

Hier gilt es zunächst die strategische Ist-Portfolio-Positionierung in den einzelnen bewerteten Marktsegmenten im Vergleich zum Gesamtwettbewerb zu erstellen und damit ein strategisches **Ist-Portfolio** (mit unterschiedlichen Aggregationsstufen: z. B. Gesamtunternehmen, einzelne Business- und Produktbereiche, einzelne Länder etc.) abzuleiten. **Aufgrund der Ist-Positionierung** (nach den beiden Dimensionen MA = Marktattraktivität und WP = Wettbewerbsposition) (vgl. Abb. 13) kann zunächst eine **grundsätzliche Basis- bzw. Normstrategie** abgeleitet werden. Diese Strategie-Ziel-Ableitung erfolgt auf Basis der Ist-Positionierung im Strategieportfolio. So kann beispielsweise für den Produktbereich Messsysteme A (DS) aufgrund der relativ hohen Marktattraktivität eine grundsätzliche **Wachstumsstrategie** definiert werden, für die Messsysteme B (DS) kann eine **Konsolidierungsstrategie** und für die Messsysteme B (EU) eine **Desinvestmentstrategie** durchgeführt werden. Für den **Hauptumsatzträger** Messsysteme A (DS) wäre ein **selektives** strategisches Vorgehen wichtig, d. h. kurzfristig die Reduktion des „negativen" Deckungsbeitrags durch Senkung der variablen Kosten und Halten der Marktposition, mittelfristig eine **Produktentwicklungs- und Neueinführungsstrategie** (ggf. Akquisitionsstrategie) für ein Nachfolgeprodukt in einem attraktiven Markt. Ob und inwieweit für die Messsysteme C (EU) eine **Abschöpfungsstrategie** infrage kommt, gilt es durch weitere Detailanalysen zu klären. Insgesamt zeigt sich klar, dass für den hier aufgezeigten Geschäftsbereich eine bisherige erfolgreiche **basisstrategische Ausrichtung** nicht erfolgt ist und der momentane Ist-Positionierungsstatus (s. a. DBs) als sehr **kritisch** zu sehen ist. Es fehlen Produkteinführungen sowie Wachstumsprodukte in attraktiven Marktsegmenten wie auch tragfähige Möglichkeiten einer fundierten **Abschöpfungsstrategie**, welche zur Realisierung notwendiger Investments erforderlich ist.

Aus Abb. 14 kann entnommen werden, welche **Hauptkriterien** sowohl für die Beurteilung der **Marktattraktivität** für die unterschiedlichen Segmente wie auch für die diesbezügliche (Wettbewerbs-)**Positionierung** herangezogen werden können und wie sich der Gesamtpositionierungswert für das Ist-Portfolio errechnet.

---

[7]  Vgl. zu den klassischen Portfoliomethoden und -strategien u. a. Kotler/Keller/Bliemel, 2007, S.96ff; grundsätzlich Homburg, 2012; Backhaus/Voeth, 2010.

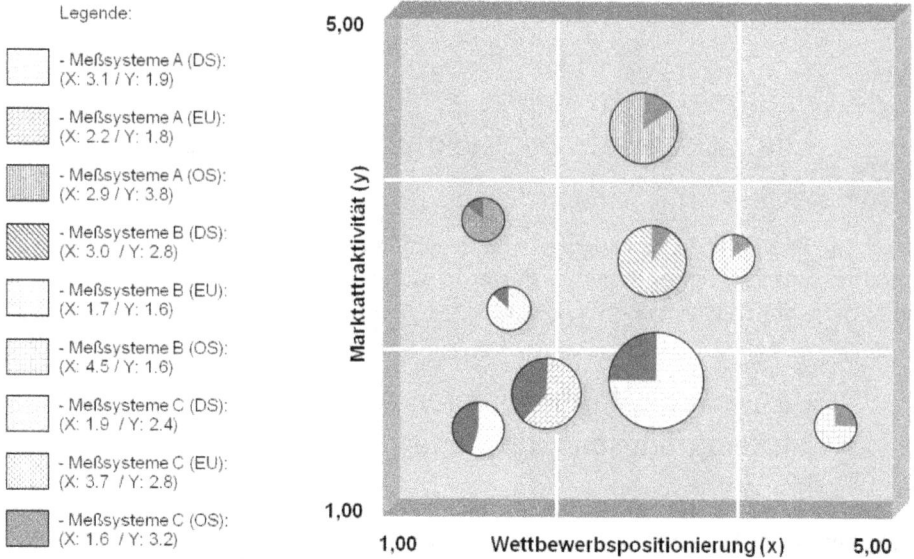

**Legende:**

- Meßsysteme A (DS): (X: 3.1 / Y: 1.9)
- Meßsysteme A (EU): (X: 2.2 / Y: 1.8)
- Meßsysteme A (OS): (X: 2.9 / Y: 3.8)
- Meßsysteme B (DS): (X: 3.0 / Y: 2.8)
- Meßsysteme B (EU): (X: 1.7 / Y: 1.6)
- Meßsysteme B (OS): (X: 4.5 / Y: 1.6)
- Meßsysteme C (DS): (X: 1.9 / Y: 2.4)
- Meßsysteme C (EU): (X: 3.7 / Y: 2.8)
- Meßsysteme C (OS): (X: 1.6 / Y: 3.2)

Abb. 13:     Beispiel einer MA-WP-„Portfolio-Strategie-Analyse" (© Prof. Dr. R. Hofmaier).

## 1.2     Arealstrategien

Neben den grundsätzlichen Basis- und Normstrategien sind in einem weiteren Schritt die notwendigen **Arealstrategien** zu bestimmen. Wie analog in Abb. 5/Kapitel I beschrieben, können hier durch eine **integrierte** Analyse aus Marketing-, Vertriebs- und Kundensicht acht unterschiedliche Dimensionen und **Strategien** zur Auffindung von **Wachstumspotenzialen** (durch Marktsegmentdurchdringung, Expansion, Produkt-/Leistungsentwicklung bzw. Innovation und Diversifikation etc.) abgeleitet und erschlossen werden.

## 1.3     Wettbewerbsstrategien

Für die weitere gesamtstrategische Zielfindung gilt es, die relevante **Wettbewerbsstrategie**[8] zu konkretisieren. Im Rahmen der bisherigen Strategiefindung kommt es nun auf die **wettbewerbsspezifische Ausrichtung der Vermarktungsstrategie** an (vgl. Abb. 15). Hierbei werden v. a. in hochentwickelten und qualitativ anspruchsvollen Märkten **unterschiedliche Ausprägungen von Differenzierungsstrategien** (gerade für Mittelstands- und Großunternehmen im internationalen Wettbewerb) ausgewählt.

---

[8]     Vgl. hierzu die grundlegenden Arbeiten von Porter, M. (1984) und Porter, M. (1985).

| Kriterien der Segmentattraktivität (MA) | Gew. | Kurzcharakteristik | | | Bewertung negativ ↔ positiv | | | | | Gesamtwert: Bewertung x Gewichtung |
|---|---|---|---|---|---|---|---|---|---|---|
| | | Best Case | Most realistic scenario | Worst case | 1 | 2 | 3 | 4 | 5 | |
| 1. Marktvolumen/ Potenziale | | | | | | | | | | |
| 2. Marktentwicklung/ Wachstum | | | | | | | | | | |
| 3. Marktqualität/ Rentabilität | | | | | | | | | | |
| 4. Marktbesetzung: a) Wettbewerbsdruck b) Eintrittsbarrieren c) Anbieter-/ Abnehmerstruktur | | | | | | | | | | |
| 5. Exogene Faktoren | | | | | | | | | | |
| Summe: Segmentattraktivität | | | | | | | | | | |
| Kriterien der Segment-Wettbewerbsposition (WP) | Gew. | Kurzcharakteristik | | | Bewertung negativ ↔ positiv | | | | | Gesamtwert: Bewertung x Gewichtung |
| | | Best Case | Most realistic scenario | Worst case | 1 | 2 | 3 | 4 | 5 | |
| 1. Geschäftsposition: a) Marktanteil b) Renditevergleich | | | | | | | | | | |
| 2. Marketingposition: a) Produktqualität b) Preisniveau c) Vertriebs- und Serviceposition | | | | | | | | | | |
| 3. F&E-Position: a) Technologie- & Entwickl.-Know-how b) Innovationspotenzial | | | | | | | | | | |
| 4. Produktionsposition: a) Produktionsflexibilität b) Produktionskosten | | | | | | | | | | |
| 5. Organisations-/ Personal-IT-Position: | | | | | | | | | | |
| Summe: Segment-Wettbewerbsposition | | | | | | | | | | |

Abb. 14:     Hauptindikatoren einer Ist-Portfolio-Analyse und Ziel-Portfolioausrichtung (© Prof. Dr. R. Hofmaier).

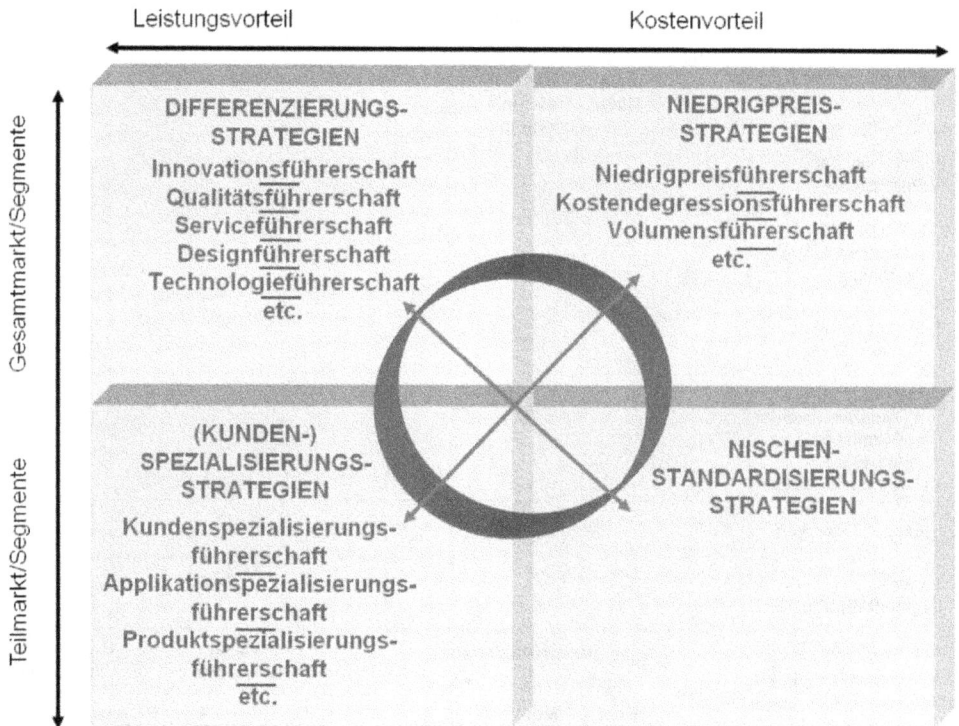

Abb. 15:   Grundsätzliche Wettbewerbsstrategien und ihre Ausprägungen (in Anlehnung an Porter) (© Prof. Dr. R. Hofmaier).

Diese Differenzierungsstrategien kommen häufig in Form einer Innovationsführerschaft (vgl. z. B. das Unternehmen 3M), aber auch Qualitäts-, Service-, Design- oder Technologieführerschaft etc. zur Anwendung. Im Gegensatz hierzu können bei einer breiten Marktabdeckung auch die sogenannten **Niedrigpreisstrategien** von Bedeutung sein, die sich v. a. durch Niedrigpreis-, Kostendegressions-, Volumensführerschaft etc. ausdrücken können. Die Niedrigpreisstrategien sind v. a. für diejenigen Unternehmen relevant, die aufgrund ihrer hohen Produktionsallokation und damit Produktionsmenge gezielt auch Stückkostendegressions- und Erfahrungskurveneffekte nutzen sowie in entsprechende Preisführerschaften (z. B. Niedrigpreise) mit umsetzen können. Differenzierungsstrategien für ausgewählte Teilmärkte bzw. spezifische Marktsegmente sind gerade auch für Mittelstandsunternehmen (s. a. „Hidden Champions") im Rahmen des Ausbaus und zur Erreichung einer „uniquen" **Preferred-Supplier-Position** wichtig, weil hierdurch v. a. eine Me-too- und somit Preissenkungsstrategie im internationalen Wettbewerb häufig vermieden werden kann und Added Values durch Kunden-, Applikations- und Produktspezialisierungen realisiert werden können.

In diesem Zusammenhang ist es häufig wichtig, neben einer **Differenzierungsstrategie (nach außen)** gleichzeitig z. B. eine **„Standardisierungs"- bzw. Kostensenkungs-/Synergiestrategie (nach innen)** zu kombinieren (siehe Plattform-, Modul- und Packagingstrategien), um **beide** strategischen Effekte im internationalen Wettbewerb zu nutzen. Auch wird eine monokausale Differenzierungsstrategie immer öfter meist durch eine „multivariante" Differenzierungsstrategie (z. B. Kombination von Qualitäts- und Prozessführerschaft) abgelöst.

Die Nischen-Standardisierungsstrategien kommen für kleine Marktsegmente infrage, die in solchen **Marktnischen** Standardisierungs- bzw. Rationalisierungsmaßnahmen durchführen können, die ihnen entsprechende Kostensenkungseffekte bei einer relativ geringen Produktionsmenge ermöglichen (siehe auch auch sogenannte „virtuelle" Unternehmen).

Zu beachten ist jedoch auch, dass Anbieter in sogenannten **High-Value- oder (Hoch-)Qualitäts-Marktsegmente** durchaus eine **Preis-Leistungs-Differenzierung nach unten** (Top-down-Strategie) durchführen können, wenn der internationale Wettbewerb von unten systematisch in höherwertige Segmente (Bottom-up) vorstoßen sollte, um einerseits z. B. einen sogenannten „Verteidigungskorridor" aufzubauen, andererseits die häufig abnehmenden Marktvolumina in High-Value-Segmenten über eine Durchdringung der darunterliegenden Segmente zu kompensieren.

## 1.4    Marktsegmentstrategien

Die sogenannten **Marktsegment-(bzw. Segmentfokussierungs-)strategien**[9] können durch folgende relevante Schwerpunkte typisiert werden (vgl. Abb. 16):

- **Multisegmentexpansionsstrategien**: Hier werden viele, meist horizontal angesiedelte Marktsegmente mit verschiedenen Produkten bzw. Services bedient. So kann beispielweise ein Halbleiterhersteller sowohl in vielen Hauptsegmenten (z. B. Automobil-/Luft- und Raumfahrt-/IT-/Telekommunikationsindustrie), wie auch in verschiedensten Teilsegmenten eines Hauptsegments (Applikations- und Kundensegmente: z. B. ABS-/Assist-Applikationen/OEM vs. Systemzulieferer) seine Produkte und Dienstleistungen anbieten. Die Nutzung dieses **Expansionsansatzes** kombiniert mit **Synergieeffekten** (nach innen) kann ggf. durch strategische Allianzen bzw. Akquisitionsstrategien abgesichert werden, die es erlauben, die notwendige Komplettierung eines umfassenden Produktsegmentangebots schnell und kompetent zu realisieren.
- **Selektive Expansionsstrategien**: Die strategische Segmentfokussierung bei einer selektiven Expansionsstrategie liegt in der schrittweisen Segmentausweitung und Abdeckung auf der Basis einer bisher begrenzten Segmentbreite. Typische Unternehmen sind diejenigen, die sich im Laufe der Zeit mit wenigen Produkten auf wenigen Segmenten hin ausrichteten und nun schrittweise mit einzelnen Produkten neue Segmente adressieren. Dies erfolgt häufig in Zusammenhang mit einer Markterweiterungsstrategie in Form einer regionalen bzw. Branchen-, Applikations- und/oder Kundensegmentexpansion (vgl. erfolgreiche Schaumstoff-, Kunststoff-, Klebstoff- und LED-Hersteller in ausgewählten Automotive-, Luftfahrt- und Bauindustriesegmenten).
- **Segmentkomprimierungsstrategien**: Auf der anderen Seite können es segment- und kundenspezifische Erfordernisse sowie begrenzte Ressourcenpotenziale erforderlich machen, sich unter Beachtung der „economies of scale" auf ausgewählte (in der „Tiefe" wachsende) Segmente unter Berücksichtigung von produkt- bzw. technologie„**verbindender" Kompetenzeffekte** (Synergien) zu **konzentrieren**. Dies kann eine **Reduzierung** der Vermarktungssegmente in der Breite beinhalten, ggf. auch in Verbindung mit einer **Segmentdifferenzierung** in der Tiefe (vgl. die erfolgreiche strategische Ausrichtung des technischen Gasanbieters LINDE). Auch hier können zudem ausgewählte Outsourcing-, Insourcing-

---

[9]    Vgl. hierzu ausführlich: Hofmaier, 1993, S. 77ff.

und/oder Kooperationsstrategien rechtzeitig zum gewünschten Unternehmenswachstum führen, wie sich am Beispiel japanischer Maschinenbauunternehmen mit amerikanischen Partnern bzw. an ausgewählten deutsch-chinesischen Joint Ventures verfolgen lässt.

- **Segmentdifferenzierungsstrategien**: Diese Strategien können erforderlich werden, wenn eine **Bündelung** der Kompetenzen und Ressourcen auf wenige Segmente erfolgen muss und **zusätzliche** Auftragsvolumina durch „Ausweitung" der eigenen Angebotspalette in der Programmtiefe unter Nutzung von Spezialkompetenzen generiert werden können. Aufgrund von Technologie-, Produkt- und/oder Servicekompetenzen können damit weitere Bedarfsfelder in bisherigen Kundenmärkten erschlossen werden.

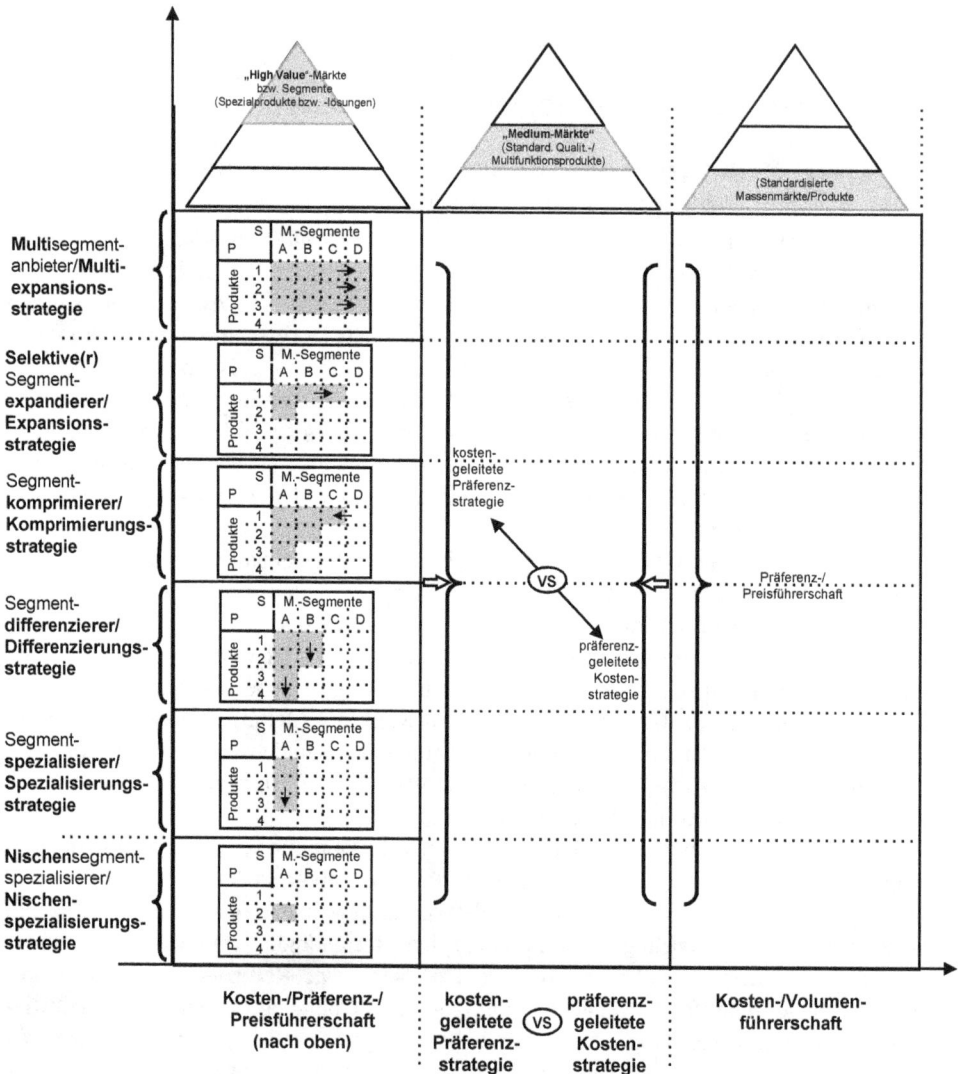

Abb. 16:      Marktsegment-Strategiematrix (© Prof. Dr. R. Hofmaier).

- **Segmentspezialisierungsstrategien**: Eine Segmentspezialisierung kann dann zur Zielsetzung werden, wenn die **Fokussierung** auf (globale/lokale) **segmentspezifizierte** Kundenanforderungen längerfristig einen größeren ROI ermöglicht (Kapitalisierung „einmaliger" Segmentkompetenzen/-rentabilitäten) als eine „Verzettelung" auf den unterschiedlichsten Marktsegmenten. (Die erfolgreiche Segmentspezialisierung einiger Drehmaschinen-, Tunnelantriebs-, Spezialbohrgeräte- und Elektronikkomponentenhersteller kann hier beispielhaft genannt werden.)
- **Nischensegment-Spezialisierungsstrategien:** Sie stellen die Möglichkeit einer sehr **produktbegrenzten** Segmentspezialisierung aus Gründen sehr „enger" und vielfach (einzelprodukt-)gebundener Kompetenz- und Unternehmungsressourcen dar. Doch gerade auch dadurch können Eintrittsbarrieren gegenüber dem Wettbewerb aufgebaut und verteidigt sowie eine tragfähige **Nischensegment-Rendite** erzielt werden. Die Gefahr besteht hier jedoch in einer mittel- bis langfristig zu einseitig ausgerichteten Strategie, wenn etwa vorhandene Produkttechnologie-, Regional- und Kundenvorteile nicht mehr aufrechterhalten werden können bzw. substituiert werden.

## 1.5    USP- und Kernkompetenzstrategien

Die **Unique-Selling-Proposition-(USP)- und Kernkompetenzstrategien**[10] beinhalten die konkrete Ableitung von ein, zwei bis maximal drei USPs, USP-Hauptmerkmalen und Kernkompetenzmerkmalen, um mittel- bis längerfristig eine strategisch entscheidende und abhebende **(unique) Marktführungsposition** erlangen und behaupten zu können. Meist in Zusammenhang mit (multivarianten) Differenzierungsstrategien beinhaltet die Entwicklung von tragfähigen USP-Vermarktungspositionierungen die folgenden Schritte (vgl. Abb. 17).

Ausgehend von einer **Markt- bzw. Kundenhauptanforderung** und der korrespondierenden eigenen **Kernkompetenz**, die im Markt „unique" sein sollte, wie z. B. einer sogenannten **(A) Innovationsführerschaft** (vgl. hierzu Unternehmen wie 3M, Apple, Intel, Putzmeister, Sennheiser etc.), so ist kurz- bis mittelfristig zu prüfen, ob diese **Kompetenz** (Kern-Value) auch zukünftig relevant ist und für die Kunden einen **eindeutigen Added Value** (qualitativen und quantitativen Wertschöpfungsvorteil) ergibt. Entsprechend ist die eigene **Kernkompetenz** nicht nur zu erhalten, sondern gezielt weiterzuentwickeln. Zudem müssen wichtige Synergievorteile und ein „kontinuierlicher" **Nutzenvorteil** bzw. **Added Value** für die Kunden – auch in Zukunft – **realisiert** werden können **(längerfristiger Win-win-Vorteil)**. Dabei ist zu beachten, dass hierdurch auch **künftig klare Wettbewerbsvorteile** zu erreichen sind.

Ergänzend sei auch hier auf die sogenannten **(G) Prozess- und Modelltransferkompetenzen** verwiesen, die immer häufiger mit Innovations- und Qualitätsstrategien kombiniert werden und sowohl Möglichkeiten der **Prozessoptimierung** (Zeit-, Kosten- Ressourceneinsparungen etc.) beinhalten können, aber sich auch auf Businesstransfereffekte und damit **Businessmodellverbesserungen** fokussieren können (inklusive Margen- und Ressourcemodelle/Verbesserungen). (Vgl. zum Business-Modelling auch Johnson/Christensen/Kagermann, 2008, S. 51ff.)

---

[10]    Vgl. zur USP-Thematik u. a. auch Backhaus/Voeth, 2007, S. 19ff.

| USP-Strategiefokus & Entwicklung / USP-Potenzial & Kernkompetenz-merkmale | Kernkompetenzen, Einzelstärken, Leistungsvorteil & „Uniqueness" | Zukünftige Relevanz & mögliche Synergie-vorteile | Fähigkeit & Möglichkeit zur Weiterentwicklung der Kernkompetenz | Erhebliche Verbesserung des Kunden-Values (Added Value) & längerfristige Win-win-Partnerschaft | Zusätzliche & klare Differenzierung gegenüber dem relevanten Wettbewerb | USP-Priorität |
|---|---|---|---|---|---|---|
| A Innovationskompetenzen (Innovationsführerschaft) | | | | | | |
| B Qualitätskompetenzen | | | | | | |
| C Produktset- & Programmkompetenzen | | | | | | |
| D Servicekompetenzen | | | | | | |
| E Designkompetenzen | | | | | | |
| F Beziehungs- & Kundenentwicklungs-kompetenzen | | | | | | |
| G Prozess- & Modelltransferkompetenzen | | | | | | |
| H Integrations-, Applikations-, Verfahrens- & Technologiekompetenzen | | | | | | |

Abb. 17:     USP- und Kernkompetenzstrategien (USP-Profilierung) (© Prof. Dr. R. Hofmaier).

## 1.6 Positionierungsstrategien

Positionierungsstrategien bauen auf der SPOS-Analyse und der diesbezüglichen Profilvergleichsmethode (vgl. Abb. 4) auf. Durch sie werden wichtige Profilindikatoren aus Kundenbewertungs- und Wettbewerbsvergleichen abgeprüft und sich notwendig ergebende Profilierungsprogramme und Maßnahmen abgeleitet. Diese können sich auf entsprechende Verbesserungsmaßnahmen der Innovations-, Qualitäts-, Produktprogramm-, Service- und Designprofilierung etc. beziehen.

## 1.7 Marketingprogrammstrategien-, Vertriebs- und Kundenprogrammstrategien

Die aus den vorherigen Strategien abgeleiteten diesbezüglichen **Programmstrategien** beziehen sich schwerpunktmäßig auf den strategischen Programmmix eines Customer-Product-Managements (CPMs), Customer-Sales-and-Distribution-Managements (CSMs), integrierten Customer-Relationship-Managements (CRMs), Customer-Development-and-Key-Account-Managements (CDMs/KAMs), Customer-Communication-Managements (CCMs) und Customer-Pricing-Managements (CPrMs) (vgl. hierzu die Kapitel III–VII).

## 2 Die Strategieprofilentwicklung und die integrierte Marketing-, Vertriebs- und Kunden-Strategy-Map

Für die Zusammenfassung und Kombination der zu verfolgenden, jedoch auch zu integrierenden Strategieansätze sind die jeweiligen **Kombinationsmöglichkeiten** gemäß ihrer Zielsetzung und Realisierungsmöglichkeiten zu überprüfen und in eine Gesamtstrategie zu überführen. Dies kann vereinfachend und komprimiert anhand der **Strategiekombinationsmatrix** bzw. **Strategieprofilmatrix** (vgl. Abb. 18) dargestellt werden. Hier ist grau hinterlegt, welche (segment- und produktbezogen) Strategiekombinationen möglich sind als Voraussetzung für eine sich anschließende Konkretisierung und Quantifizierung.

Diese Strategieprofilbildung kann über mehrere **Aggregationsstufen** im Unternehmen (segment-, produkt-, bereichs-, regionenbezogen) evaluiert, abgestimmt und zusammengefasst werden. Dabei kann auf drei weitere methodische Ansätze zur Konkretisierung und Transparenz zurückgegriffen werden, nämlich

- die **integrierte Marketing-, Vertriebs- und Kundenmanagement-Strategy-Map** und ihre **Implementierungsmatrix** (Abb. 19 und 20),
- die **Strategie- und Prozessmatrix** (Abb. 21) sowie
- die **integrierte Marketing-, Vertriebs- und Kundenmanagement-Scorecard** (Abb. 22).

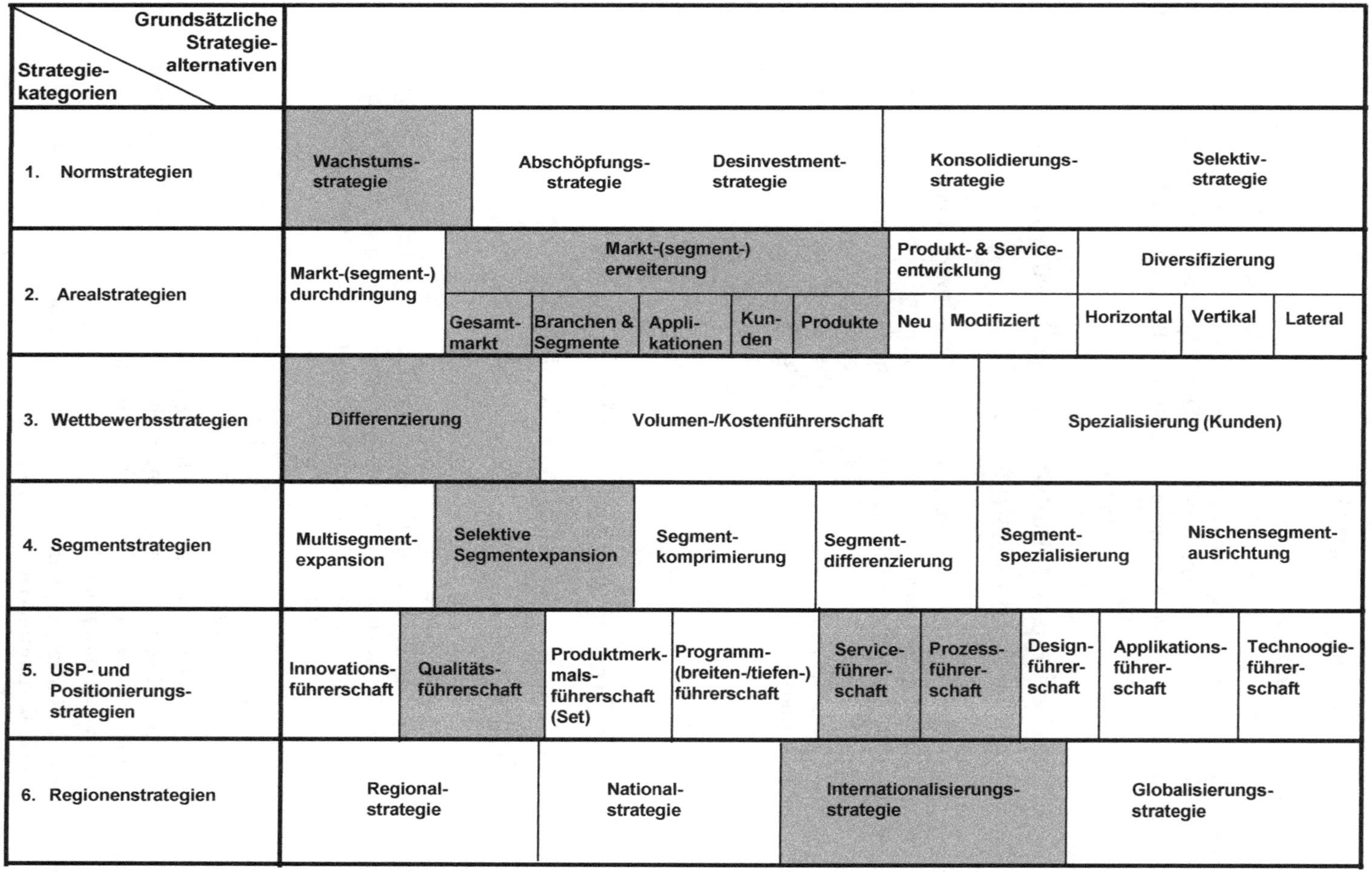

**Grundsätzliche Strategie-alternativen / Strategie-kategorien**

**1. Normstrategien**
- Wachstumsstrategie
- Abschöpfungsstrategie
- Desinvestmentstrategie
- Konsolidierungsstrategie
- Selektivstrategie

**2. Arealstrategien**
- Markt-(segment-)durchdringung
- Markt-(segment-)erweiterung: Gesamtmarkt | Branchen & Segmente | Applikationen | Kunden | Produkte
- Produkt- & Serviceentwicklung: Neu | Modifiziert
- Diversifizierung: Horizontal | Vertikal | Lateral

**3. Wettbewerbsstrategien**
- Differenzierung
- Volumen-/Kostenführerschaft
- Spezialisierung (Kunden)

**4. Segmentstrategien**
- Multisegmentexpansion
- Selektive Segmentexpansion
- Segmentkomprimierung
- Segmentdifferenzierung
- Segmentspezialisierung
- Nischensegment-ausrichtung

**5. USP- und Positionierungsstrategien**
- Innovationsführerschaft
- Qualitätsführerschaft
- Produktmerkmalsführerschaft (Set)
- Programm-(breiten-/tiefen-)führerschaft
- Serviceführerschaft
- Prozessführerschaft
- Designführerschaft
- Applikationsführerschaft
- Technoogieführerschaft

**6. Regionenstrategien**
- Regionalstrategie
- Nationalstrategie
- Internationalisierungsstrategie
- Globalisierungsstrategie

Abb. 18:    Strategiekombinationsmatrix (Strategieprofilmatrix) (© Prof. Dr. R. Hofmaier).

Die **integrierte Marketing-, Vertriebs- und Kundenmanagement-Strategy-Map** (Abb. 19) beinhaltet zunächst die strategischen **Voraussetzungen** und **Prämissen** (Impacts), die gemäß der generellen strategischen Unternehmens- bzw. Geschäftsbereichsausrichtung zu definieren sind. Sie können die erforderlichen, mittel- und längerfristigen **Finanz-, Ressourcen- und Innovationsprämissen** (vgl. hierzu auch die Marketing-, Sales- und Customer-Scorecard in Abb. 22) sowie Prozessimplikationen und sonstige Veränderungsprämissen beinhalten. Im nächsten Schritt sind nun in **wechselseitiger Abstimmung** die jeweiligen **strategischen Marketing-, Vertriebs- und Kundenziele** abzuleiten, zu konkretisieren und zu priorisieren (für die nächsten ein bis zwei Jahre bezüglich der wichtigsten Marktsegmente und Produktbereiche). Solche strategischen **Marketingziele** wären beispielsweise bestimmte Marktanteile (quantitativ), Marktpositionierungen (quantitativ/qualitativ) und Imageziele (qualitativ), entsprechende **Sales-ziele** wären Absatz-, Umsatz- und Akquisitionsziele, diesbezügliche **Kundenziele** wären beispielsweise Kundengruppenanteile, Key-Account-Marktanteile und KAM-Implementierung, Kundenloyalität, Preferred-Supplier- Positionierung etc.

In einem weiteren Arbeitsschritt (vgl. hierzu im Detail Kapitel III) werden hieraus die **strategiegeleiteten Marketingprogramme und Instrumente**, wie **Produktprogramme** (z. B. Produktprogrammerweiterungen, Differenzierungen, Spezialisierungen), **Einzelprodukt-programme** (qualitative Produktgestaltung und Produktentwicklung, Markenmanagement), **Preis- und Konditionenprogramme** (z. B. Preis-Leistungs-Differenzierungen, Verringerung der Konditionenspreizung), sowie die entsprechenden **Kommunikationsprogramme** (z. B. die Ausgestaltung der Onlinekommunikationsprogramme, Direktmarketing-, Print- und viralen Kommunikationsprogramme, Event- und Sponsoring-Programme etc.) abgeleitet sowie kennzahlengeleitet definiert und überprüft (Messkriterien). Aber auch sogenannte Marktentwicklungs-, Internationalisierungs- und New-Business-Programme können hier festgelegt werden.

Die **strategiegeleiteten Sales-Programme und Maßnahmen** beinhalten u. a. die nationale und internationale **Sales-Organisation** und **Sales-Struktur** (Art, Umfang und Ausprägung des Außendienst-, Innendienstvertriebs, des Direct- und eSales, der Kompetenzzentren der Distributionsorgane und Struktur etc.). Zusätzlich beinhalten diese Programme Veränderungen und Verbesserungen der jeweiligen **Sales-, Akquisitions- und Kundenprozesse und Rückgewinnungsprozesse** etc. und ihrer Einzelmaßnahmen und Instrumente etc.

Die **strategiegeleiteten Kundenprogramme** konzentrieren sich beispielsweise auf spezifische **Key-Account- und Kundenentwicklungsprogramme** (Single-, Cross- und Up-Selling-Programme etc.), **Kundenbeziehungs-** und **Kundenbindungsprogramme** (als Teil einer übergreifenden CRM-Strategie) sowie ausgewählte Messe- und Focus-Group-Programme und ihre einzelnen Instrumente.

Die für diese Programme benötigten spezifischen **Aktionen und Aufgaben, Mess- und Zeit-kriterien** sowie die jeweils **Verantwortlichen** können mit einer **integrierten Marketing-, Vertriebs- und Kundenmanagement-Implementierungsmatrix** (vgl. Abb. 20) strukturiert und abgestimmt werden.

Zur weiteren inhaltlichen **Unterstützung** kann ergänzend auf die eine **Strategie- und Prozess-Matrix** (vgl. Abb. 21) zurückgegriffen werden. Diese ergänzt die bisherige Vorgehensweise, indem bereits **Implementierungsschwerpunkte**, Methoden und die **Verknüpfung** mit der den Strategieprozess „abschließenden" Scorecard (vgl. Abb. 22) hergestellt werden.

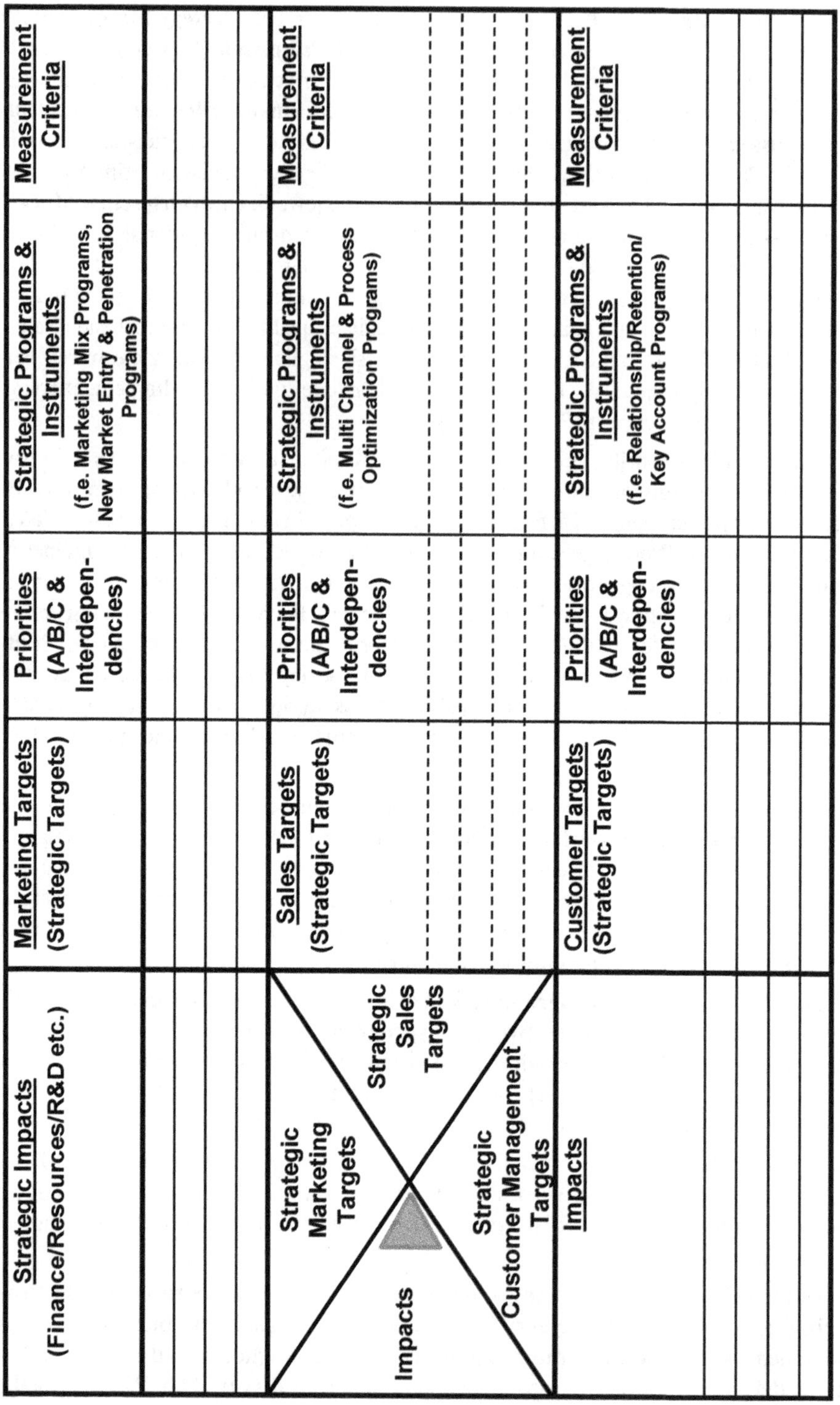

**Strategic Impacts**
(Finance/Resources/R&D etc.)

**Marketing Targets**
(Strategic Targets)

**Priorities**
(A/B/C & Interdependencies)

**Strategic Programs & Instruments**
(f.e. Marketing Mix Programs, New Market Entry & Penetration Programs)

**Measurement Criteria**

**Sales Targets**
(Strategic Targets)

**Priorities**
(A/B/C & Interdependencies)

**Strategic Programs & Instruments**
(f.e. Multi Channel & Process Optimization Programs)

**Measurement Criteria**

**Customer Targets**
(Strategic Targets)

**Priorities**
(A/B/C & Interdependencies)

**Strategic Programs & Instruments**
(f.e. Relationship/Retention/Key Account Programs)

**Measurement Criteria**

Strategic Sales Targets

Strategic Marketing Targets

Strategic Customer Management Targets

Impacts

Abb. 19:    Integrierte Marketing-, Vertriebs- und Kundenmanagement-Strategy-Map (© Prof. Dr. R. Hofmaier).

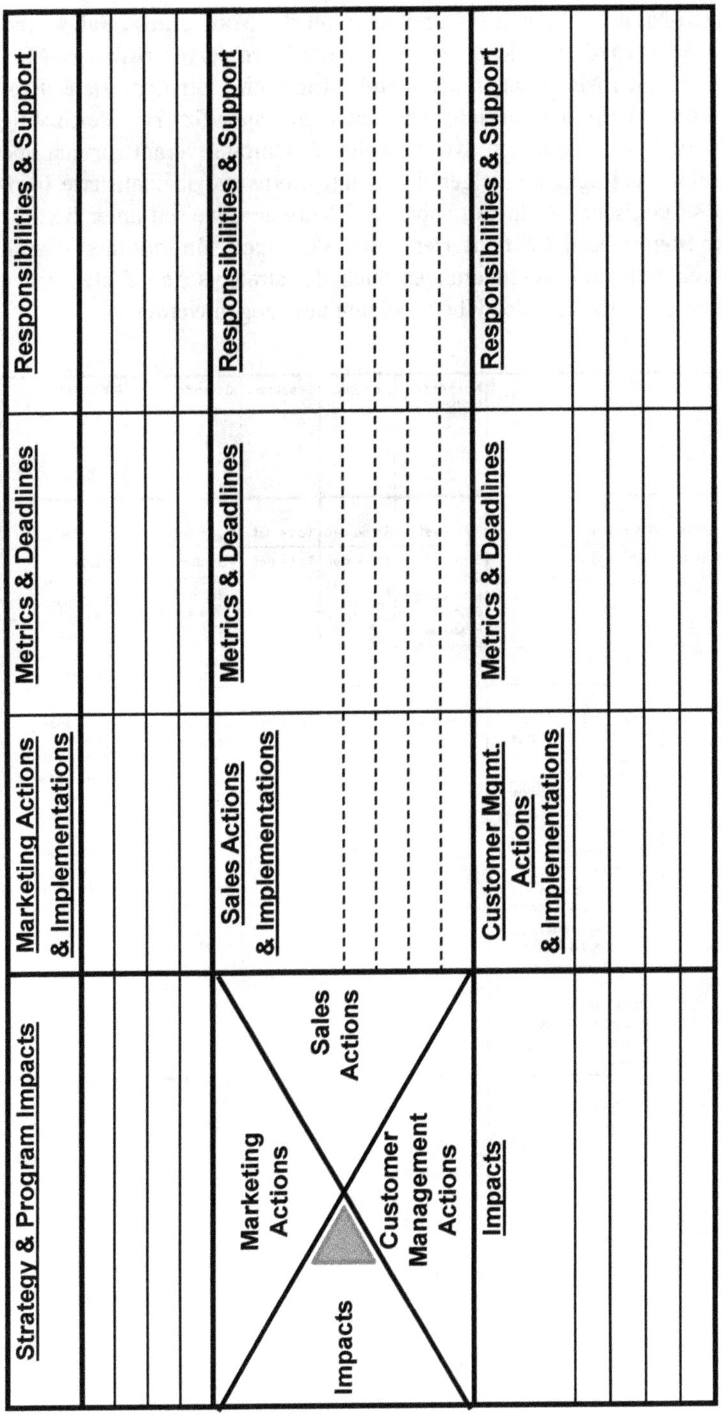

Abb. 20:     Integrierte Marketing-, Vertriebs- und Kundenmanagement-Implementierungsmatrix (© Prof. Dr.
             R. Hofmaier).

Die **Strategy- und Process-Map** wird damit im Dreiklang mit der **Marketing-, Sales- und Customer-Management-Scorecard** (vgl. Kap. VII) sowie der **integrierten Strategy-Map** auf die jeweils zu priorisierenden **Marktsegmente, Produktbereiche, Strategieziele, Programm-, Maßnahmen- und Aufgabenbereiche** abgeleitet und **spezifiziert**. Gleichzeitig wird durch sie nochmals explizit festgehalten, wer in welchem Umfang verantwortlich und unterstützend ist. Nur dadurch gelingt eine zielgerichtete, integrierte und spezialisierte **Implementierung** relevanter strategischer Ziele, Aufgaben und Vorgehensweisen unter Berücksichtigung entsprechender **Steuer- und Prüfkriterien sowie Feedback-Maßnahmen**. Damit können notwendige Korrekturen und Veränderungen auch der strategischen Zielvorgaben unmittelbar kontrolliert und einer rollierenden Überarbeitung unterzogen werden.

| PROCESS & ACTIVITIES / STRATEGY PROGRAMMES & FEEDBACK | Targets | Activities | Responsibilities | Support | Deadlines | Methods | PROCESS SCORECARD |
|---|---|---|---|---|---|---|---|
| **I. STRATEGY** (1) Vision & Mission | V&M Statements | Statements Rev. | To be def. | To be def. | To be def. | To be def. | To be def. |
| (2) Define Strategy | • Markets & Sales & Customer Targets<br>• Financial Targets<br>• Process & HR Targets | • Strategy Workshops<br>• SWOT-/Feedback-WS etc. | Strategy Group/ Marketing & Sales/ Finance/ Process & HR | To be def. | To be def. | • Strategy Map<br>• Strategic Priorities<br>• Strategic Plan<br>• Strategic Investment<br>• Balanced Scorecard | • M&S&C Scorecard<br>• Strategic M&S&C Targets<br>• Strategic Measurement Criteria |
| **II. PROGRAMS** (1) Marketing Programs (2) Sales Programs (3) Customer Programs (4) Process Programs (5) HR (D) Programs (6) Innovation Programs | • MP Targets<br>• SP Targets<br>• CP Targets<br>• Process Targets<br>• HR Targets<br>• Innovation Targets | • Product & Service Programs & Actions<br>• Innovation Development Programs & Actions<br>• Price Programs & Actions<br>• Distribution Programs & Actions<br>• Communication Programs & Actions<br>• Lead Generation Programs & Actions<br>• KAM-Programs & Actions<br>• Customer Retention Programs & Actions<br>• Penetration Programs & Actions | To be def. | To be def. | To be def. | • Prod. Planning Methods & Implementation Plan<br>• Balanced Scorecard | Operational Criteria & Measurement:<br>• Product Range Criteria & Measurement<br>• Product Development Criteria & Measurement |
| **III. IMPLEMENTATION & INTEGRATION PROCESS** | • Marketing Implementation Steps<br>• Sales Implementation Steps<br>• Customer Management Implementation Steps | • Marketing Actions<br>• Sales Actions<br>• Customer Management Actions | To be def. | To be def. | To be def. | • MMBO Activities<br>• SMBO Activities<br>• CMBO Activities | • Marketing, Sales & Customer Mgmt. MBO Measurements & Feedback |
| **IV. MARKETING, SALES & CUSTOMER MGM. SCORECARD** | Scorecard Targets & Criteria | Scorecard Management Actions | To be def. | To be def. | To be def. | Balanced Scorecard Methods & Coaching | Integrative Scorecard Management |
| **V. FEEDBACK & PROGRESS** Activities/Programs/ Strategy Impacts/ Adjustments | Marketing Feedback Impacts | Feedback Actions | To be def. | To be def. | To be def. | Feedback Mapping etc. | Feedback Scorecard |

Abb. 21:   Strategie- und Prozessmatrix (© Prof. Dr. R. Hofmaier).

Insofern erfolgt damit auch die notwendige Berücksichtigung des jeweiligen **Implementierungs-status** und die kontinuierliche Abstimmung der drei integrativen **Planungs-, Steuerungs-und Kontroll„dimensionen"** Marketing, Vertrieb und Kundenmanagement.

# 3     Die integrierte Marketing-, Vertriebs- und Kundenmanagement-Scorecard

Eine denn integrierten Strategieprozess abschließend **zusammenfassende Planung, Steuerung, Implementierung, Prüfung und Verbesserung** der Marketing-, Vertriebs- und Kundenmana-gementprogramme und Maßnahmen erfolgt sowohl in **horizontaler** (gesamtunternehmensbezo-gen) als auch in **vertikaler Richtung** (zeitliche, regionale, segment-, produkt- und kunden-gruppengeleitete Differenzierung) durch die **Integrierte Marketing-, Vertriebs- und Kundenmanagement-Scorecard**[11] (vgl. auch hier Abb. 22 und Abb. 87ff. sowie im Detail Kap. VII).

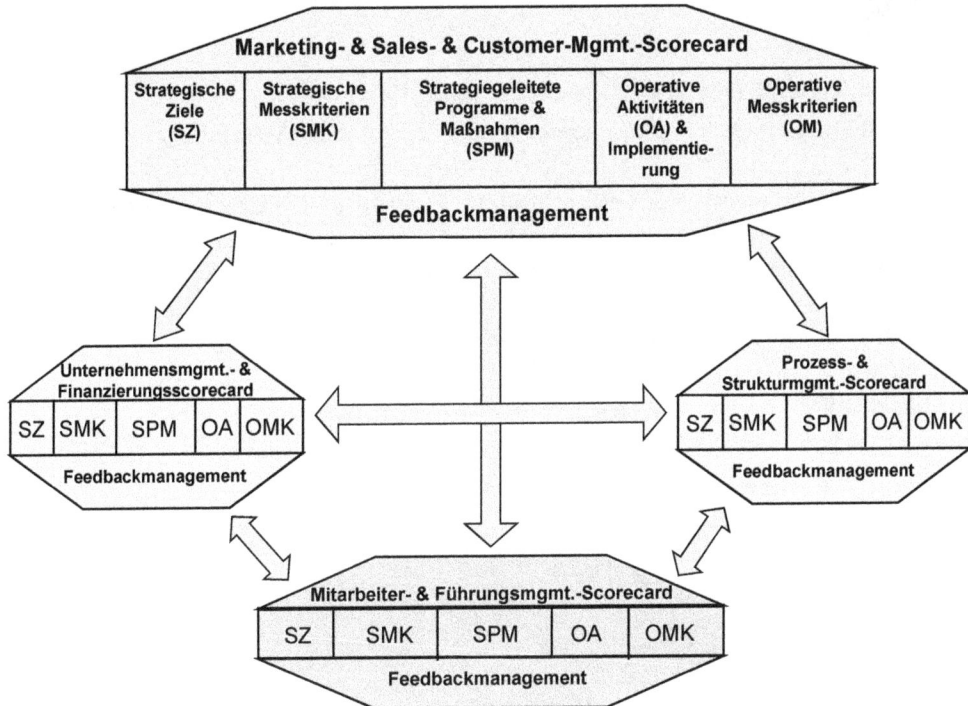

Abb. 22:     Die integrierte Marketing-, Vertriebs- und Kundenmanagement-Scorecard (© Prof. Dr. R. Hofmaier).

---

[11]     Vgl. grundlegend zur Methodik der Balanced-Scorecard Kaplan/Norton, 1997.

Mit dieser vermarktungsfokussierten Scorecard werden die relevanten **Ausgangsbedingungen** und Einflussgrößen sowie die expliziten **vier Hauptdimensionen** (vermarktungsbezogene, finanzielle, prozess- und mitarbeiterbezogene Strategiedimensionen) in sich und wechselseitig abgestimmt und festgelegt, die unterschiedlichen **strategischen Marketing-, Vertriebs-** und **Kundenziele** explizit integriert und durch diesbezügliche Messkriterien evaluiert. Dabei werden neben den jeweiligen Strategiezielen die **strategiegeleiteten Programme und Maßnahmen** plausibilisiert und die jeweiligen **Messgrößen** detailliert. Über entsprechende Feedback-Prozesse können kurzfristige Anpassungs- und Verbesserungsmaßnahmen zeitnah durchgeführt werden.

Mit der Anwendung dieser integrierten **Vermarktungsscorecard** wird explizit verlangt und vorausgesetzt, dass schon bei der Bestimmung der Strategieziele neben den Marketingzielen auch die entsprechenden Vertriebs- und Kundenziele und ihre Aufgaben wechselseitig erarbeitet, kommuniziert, operationalisiert sowie hinreichend abgestimmt und evaluiert werden. In einer weiteren Abstimmung werden diese Ziele explizit mit den strategischen Zielen der anderen Dimensionen abgestimmt und integriert.

# Literatur

Backhaus, K./Voeth, M. (2010) Industriegütermarketing, 9. Aufl., München

Hofmaier, R. (Hrsg.) (1993) Investitionsgüter- und High-Tech-Marketing (ITM), 2. Aufl., Landsberg a. Lech

Homburg, C. (2012) Marketingmanagement: Strategie – Instrumente – Umsetzung – Unternehmensführung, 4. Aufl., Wiesbaden

Johnson, M. W./Christensen, C. M./Kagermann, H. (2008) Reinventing Your Business Model, in: Harvard Business Review, Vol. 6, pp. 51–59

Kaplan, R. S./Norton, D. P. (1997) Balanced Scorecard, Stuttgart

Kotler, P./Keller, K.L./Bliemel, F. (2007) Marketing Management – Strategien für wertschaffendes Handeln, 12. Aufl., München

Porter, M. (1985) Competitive Advantage, New York

Porter, M. (1984) Wettbewerbsstrategie, 2. Aufl., Frankfurt a. Main

# III Integriertes Produkt-, Service- und Produktentwicklungsmanagement

# 1     Implementierung eines integrierten Marketing-, Vertriebs- und Kundenmanagements

Für die weitere Vorgehensweise sei zur Veranschaulichung der **integrierten** Marketing-, Vertriebs- und Kundenmanagement**programme** und **Maßnahmen** auf die jeweilige **systematisierte Zuordnung** bezüglich der sogenannten „Trichterdarstellung" verwiesen, die die jeweiligen **Aufgaben** mit Marketing-, Vertriebs- und Kundenmanagement**priorität** darstellt. Wie aus Abb. 23a, b und c ersichtlich, können die gesamten strategiegeleiteten Programme, Maßnahmen und Aufgaben zunächst denjenigen mit entsprechender **Marketingpriorität** (Abb. 23a) zugeordnet werden, d. h. federführend und verantwortlich ist hier der Marketingbereich mit seinen Funktionsträgern. Der Vertriebs- und Kundenmanagementbereich arbeitet hier zu und wird entsprechend (dem in Kapitel I/D dargelegten Ansatz) **integriert**. Analog verhält es sich bezüglich der Aufgaben mit der jeweiligen **Vertriebs-** (Abb. 23b) **und Kundenmanagementpriorität** (Abb. 23c).

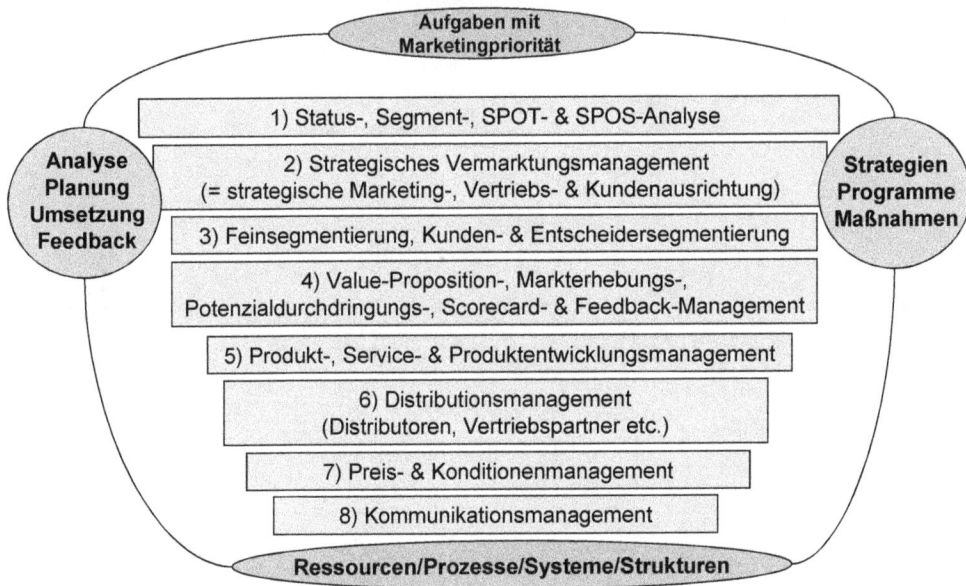

Abb. 23a:    Der „Marketing-, Vertriebs- und Kundentrichter" mit Schwerpunkt Marketing (A) (© Prof. Dr. R. Hofmaier).

Abb. 23b:   Der „Marketing-, Vertriebs- und Kundentrichter" mit Schwerpunkt Vertrieb (B) (© Prof. Dr. R. Hofmaier).

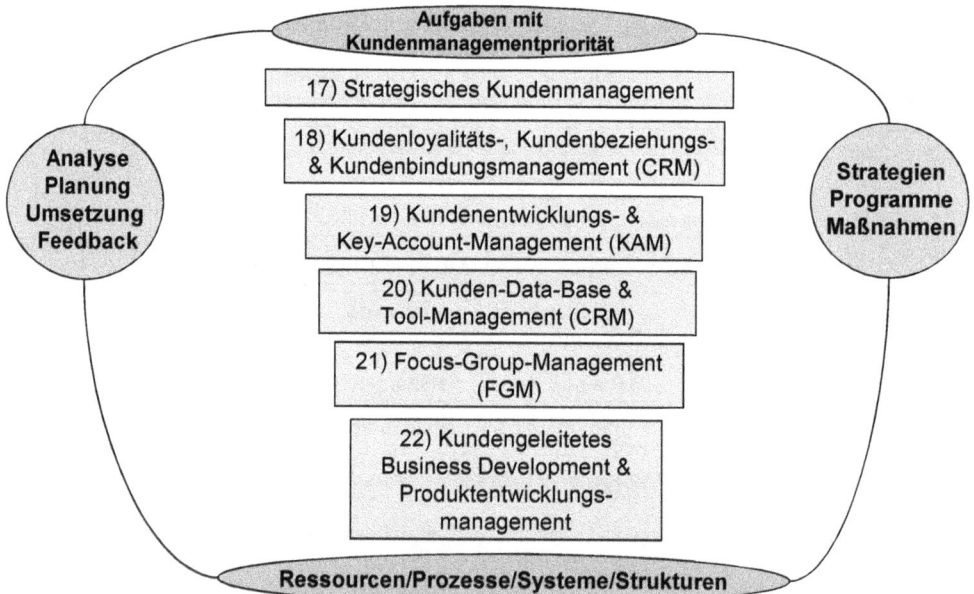

Abb. 23c:   Der „Marketing-, Vertriebs- und Kundentrichter" mit Schwerpunkt Kundenmanagement (C) (© Prof. Dr. R. Hofmaier).

Die jeweiligen Aufgaben sind entsprechend dem Regelkreis in Analyse-, Planungs-, Umsetzungs- und Feedback-Aufgaben aufgeteilt. Ihre **Umsetzung im Unternehmen** erfolgt i. d. R. zunächst gemäß der definierten **Aufgaben- und Ressourcenzuordnung**, dem schließt sich ein entsprechend zu definierender und festzuschreibender **Prozess** mit diesbezüglichen Tools und **Systemen** an, bevor letztlich ggf. notwendige **strukturelle** Anpassungen durchzuführen sind. (Damit soll auch die notwendige Flexibilität und kurzfristige Reaktionsmöglichkeit gewährleistet werden.)

Die „Trichterdarstellung" zeigt anschaulich die einzelnen Themenzusammenhänge und Zuordnung auf. Bei den Aufgaben mit Marketingpriorität stehen v. a. neben der Marktanalyse das strategische Vermarktungsmanagement und das Produktmanagement (PM) mit im Vordergrund. Die sogenannten Steuerungsvorgaben und Hauptaktivitäten sind hier vor allem von den jeweiligen Marketingverantwortlichen, schwerpunktmäßig vom Produktmanagement, durchzuführen. Wichtig ist in diesen Abstimmungs- bzw. „Knotenpunkten" mit den Vertriebs- und Kundenverantwortlichen, dass die Entscheidungskompetenzen, Verantwortungsbereiche, Zeitbedarfe und Incentive-Möglichkeiten genau geregelt werden. (Die aufgeführten Aufgabenbereiche haben zunächst einen strategischen Schwerpunkt, bevor sie zunehmend in einzelne Programme, Maßnahmen und Einzelaufgaben konkretisiert werden.)

Um schrittweise abzuklären, wie hoch der **Integrationsbedarf** ist bzw. wann und wie **integriert** werden kann, ist auf die folgende zusammenfassende Matrix und Checkliste (Abb. 24) zurückzugreifen.

Die Aufgabenstellungen des **Vertriebsmanagements** beinhalten vor allem die Themen **Kundengewinnungs-, Bedarfsermittlungs-, Anfragengenerierungs-, Angebots-, Verhandlungs-, Auftragsgewinnungs- und Folgeauftragsmanagement**.

Die heutigen Aufgabenstellungen des **Kundenmanagements** betreffen vor allem das **Key-Account-Management** (KAM), das **Kundenbeziehungs- und Kundenbindungsmanagement** (CRM) sowie das **Focus-Group-Management** (FGM). Zu berücksichtigen sind hierbei v. a. die expliziten Aufgaben des Business- und Interpersonellen Beziehungsmanagements, die für bestimmte Kunden- und Entscheiderzielgruppen (siehe Kap. VII: FGM) wichtig sind. Auch die Managementaufgaben eines **zufriedenheits- und loyalitätsausgerichteten** Kundenmanagements gewinnen hierbei an Bedeutung. Damit werden wiederum die unterschiedlichen Maßnahmen einer expliziten **Kundenbindung** von Bedeutung. In diesem Zusammenhang wird nochmals die Relevanz eines übergreifenden und potenzialorientierten **Key-Account-Managements (KAM)** (vgl. Kap. VI) mit seinen kundenbetreuungsunterstützenden Tools (CRM-Tools) deutlich.

Aus der **Integrations- bzw. Implementierungsmatrix** ist ersichtlich, wie notwendig die Konkretisierung der jeweiligen Ziele, Teilschritte, Aktivitäten, Verantwortungs- und Supportbereiche, Messkriterien, Budgets und sonstiger Integrationsmaßnahmen ist. Diese Implementierung kann schrittweise eingeführt und geschäftsbereichübergreifend ausgebaut werden. Die erzielbaren Erfolge einer solchen Prozessimplementierung ermöglichen letztlich auch den Beteiligten eine „Weiterentwicklung" bezüglich des eigenen Aufgabenbereiches, ergeben ein besseres Verständnis über Gesamtzusammenhänge der Aufgaben und sind durchaus motivierend bezüglich der eigenen Tätigkeit und des damit verbundenen Team- bzw. Kooperationsansatzes. Festzuhalten ist, dass ein solches prozessual-integratives Vorgehen auch tool-gestützt hinterlegt und fundiert werden sollte. Der notwendige Cross-Check ist somit gegeben, die jeweiligen Aktualisierungsaufgaben und Zugriffsrechte müssen eindeutig festgelegt werden.

| Marketing-, Vertriebs- & Kundenmgmt.-Phasen / Ziele, Aktivitäten & Prozessschritte | Ziele | | | Aufgaben & Aktiväten | | | Verantwortung | | | Support | | | Messkriterien & Tools | | | Deadlines & Budgets | | | Spezifische Integrations- maßnahmen | | |
|---|---|---|---|---|---|---|---|---|---|---|---|---|---|---|---|---|---|---|---|---|---|
| | Marke- ting | Ver- trieb | Kd.- mgmt | Marke- ting | Ver- trieb | Kd.- mgmt | Marke- ting | Ver- trieb | Kd.- mgmt | Marke- ting | Ver- trieb | Kd.- mgmt | Marke- ting | Ver- trieb | Kd.- mgmt | Marke- ting | Ver- trieb | Kd.- mgmt | Marke- ting | Ver- trieb | Kd.- mgmt |
| 1. Strategische Vermarktungsanalyse | | | | | | | | | | | | | | | | | | | | | |
| 2. Vermarktungs- & Marketingstrategien | | | | | | | | | | | | | | | | | | | | | |
| 3. Vertriebsstrategien | | | | | | | | | | | | | | | | | | | | | |
| 4. Kundenstrategien | | | | | | | | | | | | | | | | | | | | | |
| 5. Marktsegmentierung & Priorisierung | | | | | | | | | | | | | | | | | | | | | |
| 6. Vertriebsstrukturierung, Kundensegmentierung & Priorisierung | | | | | | | | | | | | | | | | | | | | | |
| 7. Value-Proposition-, Markterhebungs-, Potenzialdurchdringungs- sowie Scorecard- & Feedback-Management | | | | | | | | | | | | | | | | | | | | | |
| 8. Produkt-, Produktentwick- lungs-, Marken- & Servicepositionierung & Value-Proposition | | | | | | | | | | | | | | | | | | | | | |
| 9. Preis- & Konditionen- gestaltung | | | | | | | | | | | | | | | | | | | | | |
| 10. Distributionsgestaltung (inkl. Vertriebspartner-/ Distributorenprogramme/ eSales/Direct Marketing/ Direct Sales etc. | | | | | | | | | | | | | | | | | | | | | |
| 11. Kommunikationsgestaltung (inkl. Eventmanagement) | | | | | | | | | | | | | | | | | | | | | |
| 12. Akquisitionsmanagement: Interessenten-, Prospect- & Lead-Generierung | | | | | | | | | | | | | | | | | | | | | |
| 13. Terminierung, Gespräche & Präsentation (Verhand- lungsmanagement 1) | | | | | | | | | | | | | | | | | | | | | |
| 14. Kundenbedarfsmgmt., Anfragengenerierung & Prüfung (Verhandlungs- management 2) | | | | | | | | | | | | | | | | | | | | | |
| 15. Angebotserstellung & -verfolgung/-nachverhandlg. | | | | | | | | | | | | | | | | | | | | | |
| 16. Closing & Auftragserteilung | | | | | | | | | | | | | | | | | | | | | |
| 17. Auftragsdurchführung | | | | | | | | | | | | | | | | | | | | | |
| 18. Generierung von Folgeauf- trägen, Weiterempfehlungen & Hit-Rate-Optimierung | | | | | | | | | | | | | | | | | | | | | |
| 19. Kundenloyalitäts-, Kunden- beziehungs- & Kunden- bindungsmgmt. (CRM) | | | | | | | | | | | | | | | | | | | | | |
| 20. Kundenentwicklungs- & Key-Account-Mgmt. (KAM) | | | | | | | | | | | | | | | | | | | | | |
| 21. Kunden-Data-Base- & Tool-Management (CRM) | | | | | | | | | | | | | | | | | | | | | |
| 22. Focus-Group-Mgmt. (FGM) | | | | | | | | | | | | | | | | | | | | | |
| 23. Kundengeleitetes Business- Development & Produkt- entwicklungsmanagement | | | | | | | | | | | | | | | | | | | | | |

Abb. 24:    Die Marketing-, Vertriebs- und Kundenmanagement-Integrations- bzw. Implementierungsmatrix (© Prof. Dr. R. Hofmaier).

# 2     Produktmanagement (PM)

Das Produktmanagement (PM) für BtB-Unternehmen bezieht sich auf sehr unterschiedliche Themenbereiche und beinhaltet für jeden dieser Bereiche die federführende Festlegung, Koordination bzw. Steuerung durch den Produktmanager (PMgr.) in Abstimmung mit den notwendigen Vertriebs- und Kundenverantwortlichen (vgl. Abb. 25). Die Themenschwerpunkte beinhalten zum einen die Festlegung des **„optimalen" Gesamtprodukt- und Serviceprogrammes** in seiner **Breite** und **Tiefe**, zum anderen die detaillierte **Einzelprodukt- und Servicegestaltung** sowie **Positionierung** ergänzt um die markt- und kundenfokussierte Initiierung und Durchführung von **Produktentwicklungs-** und **Innovationsmaßnahmen**. Weitere Schwerpunkte betreffen das **Marken- und Brandmanagement,** das (zu steuernde) **Kundenzufriedenheits- und Loyalitätsmanagement, das Distributions- und Partner-, Preis- und Konditionen-, Kommunikations- und Balanced-Scorecard-Management.**

## 2.1     Produktprogrammmanagement

Das **Produktprogrammmanagement** beinhaltet zunächst die Analyse und Auslegung (Gestaltung) des gesamten Produktprogrammes in seiner Breite (Diversifikationsmaßnahmen) und Tiefe (Differenzierungsmaßnahmen). Zu den **mittel- und längerfristig** ausgerichteten Programmanalysen gehören neben der **Programmstrukturanalyse** mit den lebenszyklushinterlegten Absatz-, Umsatz-, Deckungsbeitrags- und Positionierungserhebungen für heute und morgen (zwei bis drei Jahre), auch die generellen **Portfolio-** und **Produkt-A/B/C/D**-Analysen sowie ergänzend sogenannte Komplexitäts- und Synergieanalysen. Hieraus können in einem nächsten Schritt die Programmstrategien mit den Schwerpunkten einer Produktprogrammexpansion (horizontale, vertikale und laterale Diversifizierung in der Breite, mehrstufige Differenzierung in der Tiefe) und/oder einer Produktprogrammbereinigung in der Breite (Programmspezialisierung) und/oder in der Tiefe (Programmreduktion) abgeleitet und festgelegt werden. Auch eine Kombination unterschiedlicher strategischer Ausrichtungen bzw. Kombinationen kann gewählt werden (z. B. eine Programmdiversifikation mit Differenzierung oder eine Programmspezialisierung in Verbindung mit einer mehrstufigen Differenzierung).

Die nächstfolgende programmstrategische Ausrichtung betrifft die entsprechenden Gestaltungsmaßnahmen **im weiteren Sinne**. So ist neben der bisherigen Programmstrategie nach „außen" auch nach „innen" zu entscheiden, welche Bereiche (von der Produktentwicklung bis hin zu Produktion und Vertrieb) in eigener Verantwortung durch die eigenen Funktionen durchgeführt werden sollen oder ob auf entsprechende (Entwicklungs-, Produktions-, Vertriebs-)Lizenzen zurückgegriffen wird bzw. solche vergeben werden. Die strategische **„Vorteilhaftigkeit nach außen"** und damit der jeweilige Vermarktungsschwerpunkt steht hier i. d. R. im Vordergrund (vgl. beispielsweise die Vermarktungs-, Finanz- und Designzentren von Apple in den USA sowie deren Beschaffungs- und Produktionsschwerpunkte in Europa, Afrika und Asien). Weitere Bereiche sind u. a. die **Garantieleistungsgestaltung**, das **Bundlingmanagement** sowie das **Internationalisierungsmanagement**. (Hierbei können z. B. unterschiedliche Garantieleistungen auch unterschiedliche Preise im In- und Ausland und damit eine entsprechende Preis-Leistungs-Differenzierung rechtfertigen.)

| PM-Aufgaben und Prozesse / PM-Bereiche | Ziele | | | Aufgaben | | | Verantwortlicher & Support | | | Zeitrahmen | | | Messkriterien | | |
|---|---|---|---|---|---|---|---|---|---|---|---|---|---|---|---|
| | Marketing (PM) | Vertr. | Kd.Mgmt | Marketing (PM) | Vertr. | Kd.Mgmt | Marketing (PM) | Vertr. | Kd.Mgmt | Marketing (PM) | Vertr. | Kd.Mgmt | Marketing (PM) | Vertr. | Kd.Mgmt |
| **(1) Produktprogramm-Management** | | | | | | | | | | | | | | | |
| **(a) Produktprogramm-Analysen** | | | | | | | | | | | | | | | |
| ➤ Programmstruktur-Analysen (inkl. A/B/C/D-Analyse) | | | | | | | | | | | | | | | |
| ➤ Programmlebenszyklus-Analysen | | | | | | | | | | | | | | | |
| ➤ Programmportfolio-Analysen | | | | | | | | | | | | | | | |
| ➤ Programmklassifizierungs-Analysen | | | | | | | | | | | | | | | |
| ➤ Absatz-, Umsatz-, DB-Analysen | | | | | | | | | | | | | | | |
| ➤ Zufriedenheits-, Loyalitäts- und Reklamations-Analysen | | | | | | | | | | | | | | | |
| ➤ Komplexitäts-Analysen | | | | | | | | | | | | | | | |
| **(b) Produktprogramm-Strategien** | | | | | | | | | | | | | | | |
| ➤ Produktprogramm-Diversifizierung | | | | | | | | | | | | | | | |
| ➤ Produktprogramm-Differenzierung | | | | | | | | | | | | | | | |
| ➤ Produktprogramm-Spezialisierung | | | | | | | | | | | | | | | |
| ➤ Produktprogramm-Reduzierung | | | | | | | | | | | | | | | |
| **(c) Produktprogramm-Management im weiteren Sinn** | | | | | | | | | | | | | | | |
| ➤ Outsourcing-/Insourcing-Strategien | | | | | | | | | | | | | | | |
| ➤ Lizenzstrategien | | | | | | | | | | | | | | | |
| ➤ Servicestrategien | | | | | | | | | | | | | | | |
| ➤ Garantieleistungsgestaltung | | | | | | | | | | | | | | | |
| ➤ Bundlingmanagement | | | | | | | | | | | | | | | |
| ➤ Internationalisierungsmanagement | | | | | | | | | | | | | | | |
| **(2) Einzelproduktgestaltung und Produktentwicklung (PE inkl. Positionierungs- und USP-Mgmt.)** | | | | | | | | | | | | | | | |
| **(a) Einzelproduktmanagement und Produktpositionierung** | | | | | | | | | | | | | | | |
| **(b) Produktentwicklungsmanagement und Innovationsmanagement** | | | | | | | | | | | | | | | |
| **(3) Marken- und Brandmanagement** | | | | | | | | | | | | | | | |
| **(4) Kundenzufriedenheits-, Loyalitäts- und Feedbackmanagement** | | | | | | | | | | | | | | | |
| **(5) Distributions- und Partnermanagement** | | | | | | | | | | | | | | | |
| **(6) Preis- und Konditionenmanagement** | | | | | | | | | | | | | | | |
| **(7) Kommunikationsmanagement** | | | | | | | | | | | | | | | |
| **(8) (Marketing-)Scorecard-Management** | | | | | | | | | | | | | | | |

Abb. 25: Bereiche und Vorgehensweise eines integrierten Produktmanagements (PM) (© Prof. Dr. R. Hofmaier).

## 2.2 Einzelprodukt- und Produktentwicklungsmanagement (PE) (Lead-User-orientierte Produktentwicklung)

Ein weiterer Schwerpunkt des gesamten **Produktmanagements (PM)** beinhaltet die **Einzelproduktgestaltung** und die **Produktentwicklung (PE)**. Hier obliegt dem Produktmanagement v. a. die Festlegung der bestmöglichen Produkt- und Servicepositionierung in den relevanten Marktsegmenten sowie die rechtzeitige Festlegung zur Einführung modifizierter oder innovierter Produkte bzw. Applikationslösungen. Die zu initiierenden **Produktentwicklungen** und ihre einzuhaltenden **Entwicklungsphasen**, (Termine, Markteinführungen und Zeitpunkte etc.) gehören mit zu den Hauptaufgaben des PM. Des Weiteren ist die Ausgestaltung eines trag- und ausbaufähigen **Innovationsmanagements** wie auch eines entsprechenden **Marken- und Brandmanagements** wichtig. Weitere PM-Entscheidungsbereiche betreffen das **Kundenzufriedenheits-, Loyalitäts-** und **Kundenerhebungsmanagement**, das **Distributions- und Partnermanagement** (inklusive der numerischen und gewichteten Distribution), das **Preis- und Konditionenmanagement** (vgl. v. a. **Target**-Pricing und -Costing, **Preis-Leistungs-Differenzierung**, Preisabschöpfungsstrategien etc.) sowie das gesamte **Kommunikations-** und **(Vermarktungs-)Scorecard-Management**.

Für das **Produktentwicklungsmanagement (PE)** können die Vorgehensweise (Prozessschritte) sowie die einzelnen **Aufgaben** des PEs beispielhaft Abb. 26 entnommen werden.

Zu Beginn des PEs steht das gezielte Auffinden von interessanten Produkt- und Serviceideen durch einen breiten **exogenen** und **endogenen** Ansatz unter Unterstützung und meist expliziter Steuerung des PMs im Teamansatz. (Neben dem Vertriebs- und Kundenmanagement ist hier v. a. auch Forschung und Entwicklung, Qualitätsmanagement, Produktionsmanagement vertreten.) Exogen bedeutet vor allem die Einbeziehung von wichtigen Technologie-, Markt- und Innovationsentwicklungen wie auch die ausdrückliche Berücksichtigung und Einbindung von **Lead-Usern** („Leitkunden") und Opinionleadern – meist von Entwicklungsbeginn an über die sogenannte Prototypentestung bis hin zum Referenmarketing. Die Einbindung ausgewählter, aufgeschlossener und innovativer Lead-User und damit die diesbezügliche Vernetzung mit „entwicklungskompetenten" Funktionsträgern und Teammitgliedern nach außen (Kundenentscheidern) und innen (Entwicklungs-/Ideen-/Know-how-Trägern aus dem eigenen Unternehmen) spielt hierbei eine entscheidende Rolle und ist wesentlich für erfolgreiche Innovationen. Ein kompetenter „Knowledge-Managementansatz" und die relevante Knowledge- und Ressourcen-Strukturierung sowie die diesbezüglichen Prozesse im Unternehmen (siehe die Innovation-Scorecard in diesem Kapitel) sind hierbei von hervorgehobener Bedeutung.

Die Bandbreite zur Auffindung neuer bzw. weiterführender Produktideen und erster PE-Konzepte kann weit gefasst sein (siehe auch die sogenannte „Open Innovation"), um die erforderlichen Produktideen und letztlich Produktinnovationen zum richtigen Markteintrittszeitpunkt auch zur Verfügung zu haben. Unter markt- und kundenorientierter Ausrichtung ist dies damit eine **wesentliche Aufgabe** eines **integrierten PMs**.

| PD-Activities / PD-Phases | Targets | Steps & Tasks & Activities | Responsibilites & Support | Critical Milestones & Measurement Criteria | Dead-lines | Communications & Knowledge Data Base |
|---|---|---|---|---|---|---|
| **Phase I:**<br><br>**Marketing & Business Feasibility Analysis** | | a) Idea Generation & Product Concept<br>b) Market Opportunities<br>c) Market Segmentation & Potential Analysis<br>d) Position Analysis<br>e) SWOT<br>f) Marketing Penetration Plan | a) Resp.: PD-Team (incl. PM)<br>b) Approval: Marketing & Business Mgmt. (incl. Strategic Mgmt.)/ Sales/ Finance R&D/Manufact. Mgmt.<br>c) Support (s.a. Manufacturing) | a) Preliminary Marketing & Busin. Plan/ Finance Report<br>b) Plan/Report Fundation & Plausibility<br>c) Plan/Report/ Fundation & Plausibility<br>d) Most realistic Business Opportunity | t.b.d | t.b.d. |
| **Phase II:**<br><br>**Technical Feasibility Analysis** | | a) R & Detailed Phase Plan<br>b) Tests & Manufact.<br>c) Product Evaluating & Design Review<br>d) Detailed Cost & Fin. Plan | a) (s.a.)<br>b)<br>c) | a) R & D Fulfillment | | |
| **Phase III:**<br><br>**Development** | | a) Updated Product & Manuf. Plan<br>b) Business Case Validation | a) (s.a.)<br>b) | a) (s.a.) | | |
| **Phase IV:**<br><br>**Scaling Up & Improvement** | | a) Pilot Marketing & Sales Plan & Review<br>b) Finance & Controlling Plan & Review<br>c) Manufacturing<br>d) Launch Plan & Total Verification | | a) (s.a.) & Verification Criteria | | |
| **Phase V:**<br><br>**Pilot Marketing & Launching** | | a) Customer Introduction & Multiplication Mgmt.<br>b) Sales Launching Steps<br>c) Deterred Marketing Mix Plan | | a) (s.a.) & Audits | | |
| **Phase VI:**<br><br>**Market Introduction & Early Penetration** | | a) Sales/Margin/Regional Plan: Verification & Application<br>b) Updated Short Running Plans | | a) (s.a.) & Business Plan Verification/Fits etc. | | |

Abb. 26:    Market Oriented and Simultaneous Product Development (PD) (© Prof. Dr. R. Hofmaier).

Zur Produktideenfindung und ersten Produktkonzeption können eine Vielfalt von ausgewählten Kreativitäts-, Ideenfindungs-, Assoziations- und Simulationsmethoden[12] zur Anwendung kommen. Wesentliche methodische Ansätze sind hierbei v. a. die **Funktionenanalyse**, die **Wertschöpfungskettenanalyse** sowie der „**Morphologische Kasten**"[13] (vgl. Abb. 27). Vornehmlich der „Morphologische Kasten" kann auf unterschiedlichsten Aggregationsstufen in der ersten Phase der PE Anwendung finden.

Wichtig ist bei dieser, mehrere Methoden miteinbindenden Vorgehensweise, dass eine systematische Aufteilung in Produkt- bzw. Applikations**funktionen** erfolgt, beginnend mit den Haupt-, Neben- und Teilfunktionen bzw. ihren (modifizierenden, inkrementalen aber auch „revolutionären") Innovationsalternativen (Funktionsalternativen). Ihre jeweiligen **Added Values** für das Produkt bzw. die Anwendungslösung sowie ihre „verbesserte **Prozessintegration**" spielen dabei eine wesentliche und zu bewertende Rolle. Letztlich ergeben die herausgearbeiteten Neuprodukt- bzw. „Lösungslinien" erste **unterschiedliche Produktentwicklungsansätze** (von der Produktmodifikation, z. B. einem Produkt-„Facelift" bis hin zu einer inkrementalen bzw. „revolutionären" Produkt- bzw. Anwendungsinnovation).

Der nächste Teilschritt in der Produktentwicklungs-(PE-)Phase I besteht nun in der Vermarktungs- und Businessmachbarkeitsanalyse (Marketing-and-Business-Feasibility-Analysis). Hier kommen v. a. die aufgeführten Methoden aus der Vermarktungsanalyse (vgl. Kapitel I) zur Anwendung, mithilfe derer die relevanten Vermarktungs- und Geschäftsdaten abgeleitet werden, um eine erfolgreiche Gesamtvermarktung – über den Produktlebenszyklus hinweg – soweit wie möglich vorab zu klären und „sicherzustellen". Simultan bzw. (soweit machbar) zeitlich parallel werden die **weiteren Hauptphasen** der PE, wie beispielsweise die **technische Machbarkeitsanalyse**, die **Vor- bzw. Prototypenentwicklung** und die eigentliche Entwicklung, die nochmalige detaillierte Überprüfung und Planung **(Scaling-up)**, die **Vorvermarktung** sowie schließlich die eigentliche **Markteinführung** Schritt für Schritt durchgeführt. Vor allem in der Prototypenphase, aber auch im Rahmen der Vorvermarktung kann nochmals auf die Einbeziehung und Beurteilung gerade durch Lead-User (z. B. als Pilot- bzw. Referenzkunden)[14] zurückgegriffen werden. Eine entsprechende Lead-User- und Kundenbeurteilung ist auch der Abb. 28 zu entnehmen. Durch eine solche Lead-User- und kundenfundierte Erhebung (emergente und **Lead-User-orientierte PE**) können sowohl zu Beginn einer PE, aber auch in der Prototypen- und Scaling-up-Phase relevante Anforderungen an die Produkt- und Service- wie auch Vemarktungs„qualität" und Gestaltung erfasst bzw. im Weiteren detailliert werden und Target-Pricing, Target-Costing und sonstige Potenzialdaten erhoben bzw. verifiziert werden.

Ergänzend können solche Daten und Informationen aber auch im Rahmen von ausgewählten **Kundenerhebungen,** z. B. durch **Focus-Groups** erfasst, konkretisiert und profiliert werden.

Die **Vorvermarktung** beinhaltet v. a. die Zurverfügungstellung eines **Launch-Packages** durch das PM (auch hier in Zusammenarbeit mit dem Sales- und Kundenmanagement), um notwendige Produktunterlagen, Fachartikel, Anwendungs- und Referenzbeispiele, Preis-Leistungs-Argumentationen, Feinpositionierungen, spezifische Added Values und entsprechende Berechnungen, Produkt-Flyer und Datenblätter usw. den Vermarktungsbeteiligten des Unternehmens und den Vermarktungspartnern zur Verfügung zu stellen und damit auch eine effektivere Marktdurchdringung rechtzeitig vorzubereiten.

---

[12]  Vgl. zu ausgewählten Ideenfindungs- und Kreativitätstechniken u. a. Kleinaltenkamp/Plinke/Jacob/Söllner, 2006.
[13]  Vgl. zum „Morphologischen Kasten" u. a. auch Pepels, 2006, S.16ff.
[14]  Vgl. zur Lead-User-orientierten Produktentwicklung v. a. auch v. Hippel/Thonke/Sonnack, 1999, S. 3ff.

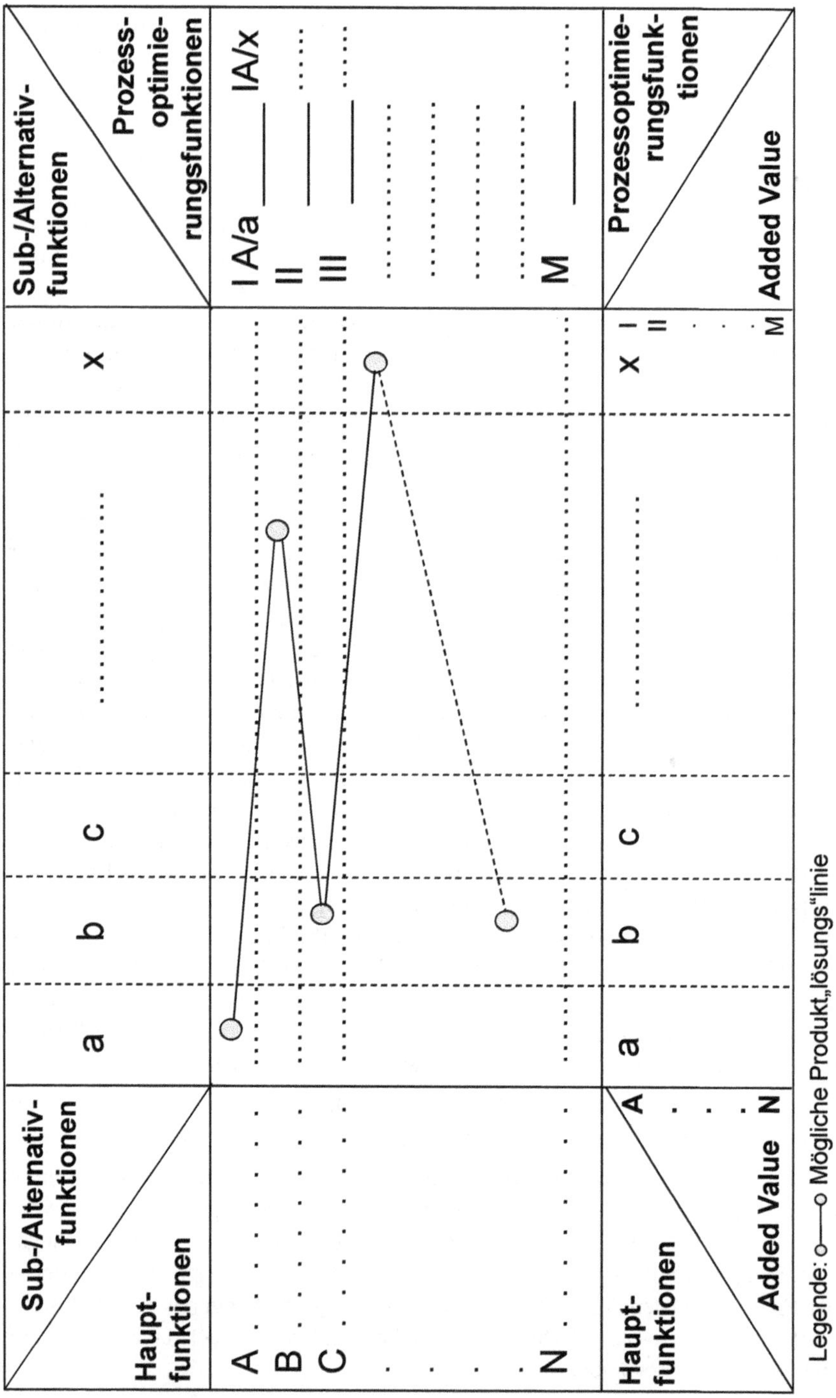

Abb. 27:    Morphologischer Kasten als Methode der Ideenfindung und Produktkonzeptentwicklung (© Prof. Dr. R. Hofmaier).

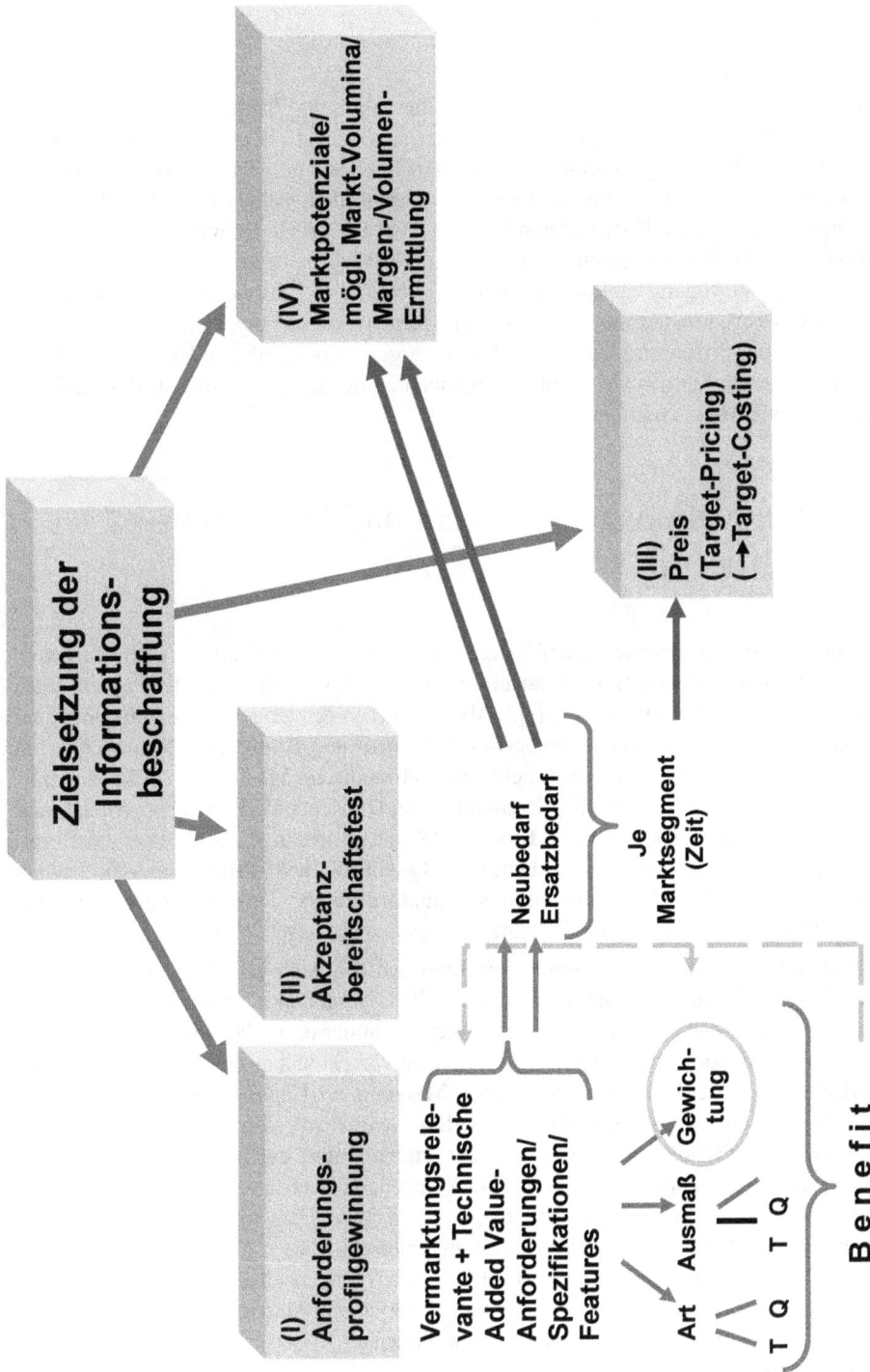

Abb. 28:    Informationsbeschaffung im Rahmen einer marktorientierten Neuproduktentwicklung (unter Einbe-
            ziehung von Lead-Usern) (© Prof. Dr. R. Hofmaier).

# 3          Servicemanagement

Das Servicemanagement steht für BtB-Unternehmen und ihr Produktmanagement (PM) zunehmend mit im Vordergrund. Aus unternehmerischer Sicht ist eine zunehmende **Entwicklung und ein Zuverfügungstellen** von weiterführenden und innovativen **A-Services sowie strategischen Services** zum Ausbau relevanter Added Values und einer Preferred Supplier-Positionierung (vgl. Kap. I/D und konkret Abb. 9: Service-Entwicklungsmatrix) zunehmend wichtig. Da viele Unternehmen häufig nur C-Services, kaum aber A- und strategische Services zur Verfügung stellen, schließen diesbezügliche Serviceentwicklungen eine strategische **„Lücke"**, können der Umsatz- und Margenverbesserung dienen und erlauben häufig eine effektive Cross- und Up-Selling-Strategie gerade bei größeren Kunden und Key-Accounts. Gleichzeitig können sie wichtige Maßnahmen der (erweiterten) **Kundenbindung** und **Kundenentwicklung** darstellen.

# 4          Innovationsmanagement und Innovation-Scorecard

Ein erfolgreiches PE-Management bedarf unterstützend auch eines effektiven und effizienten, möglichst **unternehmensweiten Innovationsmanagements**. Zusammengefasst bedingt ein solch **ganzheitliches Innovationsmanagement** (vgl. Abb. 29) neben den aufgeführten **endogenen** und **exogenen** Determinanten auch ein entsprechendes **Aufgaben- und Knowledge- Management** in allen Know-how-Bereichen, v. a. aber bei den notwendigen **Marketing-** (PM/Marktforschung/Direktmarketing./Onlinemarketing/Eventmarketing/Distribution), **Vertriebs-** (Außen- und Innenvertrieb/Direkt- und Onlinevertrieb), **Kunden-** (Kundenbetreuung/KAM/Messe und Eventmanagement.), **Forschungs-** und **Entwicklungs-, Qualitäts-** und **Produktions-Funktionsbereichen** etc. Dem sollte sich ein **innovationsklima„förderndes"** Finanz-, Prozess-, Human-Resource-, Führungs- und Unternehmenskulturmanagement nicht verschließen.

Neben diesen **aufgabeninhaltlichen Schwerpunkten** und den dafür erforderlichen „kritischen **Ressourcen"** (v. a. Mitarbeiter), sind auch diesbezügliche gesamtunternehmerische Einstellungen, Förderungen und Maßnahmen wichtig. Dies dient nicht nur dazu, die **Gesamtinnovationskompetenz** zu halten, sondern diese gezielt weiterzuentwickeln und auszubauen. Schwierig ist hierbei jedoch eine hinreichende und frühzeitige **Messung** im Unternehmen. Hilfreich kann hierbei die Anwendung der sogenannten **Innovation-Scorecard**[15] sein, die eine antizipierte Beurteilung des spezifischen Innovationsstatus aus **interner und externer Sicht** (Benchmarking) erlaubt. Hierdurch können rechtzeitig Innovationsdefizite erkannt, erste Verbesserungsmaßnahmen „frühzeitig" angegangen und damit notwendige Handlungsoptionen umgesetzt werden (vgl. Abb. 30a–e). Sie setzt sich aus fünf unterschiedlichen Scorecard-Dimensionen zusammen und erlaubt eine Gewichtung und Bewertung vergangenheitsbezogener, heutiger und (zu erwartender) zukünftiger innovationsbezogener Kriterien und Maßnahmen (interne wie ggf. externe Benchmarks können dabei Berücksichtigung finden).

---

[15]     Vgl. zur Innovation-Scorecard grundsätzlich und zu Abb. 30 im Speziellen auch Sommerlatte/ Grimm, 2003, S. 49–55.

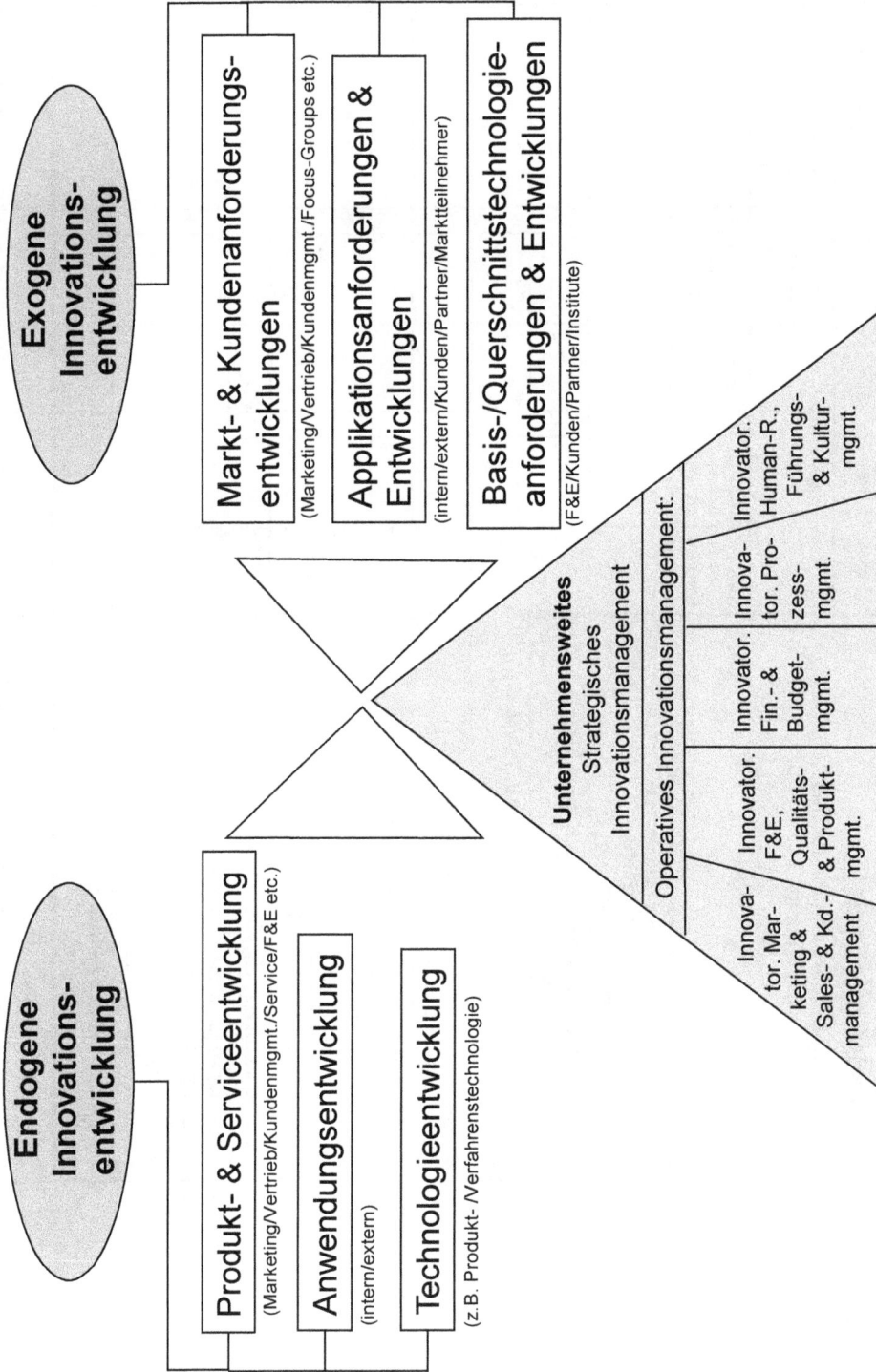

Abb. 29: Determinanten eines ganzheitlichen Innovationsmanagements (© Prof. Dr. R. Hofmaier).

| 1. Innovatives Strategie- und Produktpotenzial (Strategie- & produktgestütztes Innovationspotenzial) | Score | | | | | | Handlungs-optionen |
|---|---|---|---|---|---|---|---|
| | Vergangenheit | | | Heute (ggf. zukünftig: Status quo in 2–3 Jahren) | | | Verantwortung: Zeit: Support: GF/GL–Zustimmung: Priorität: 1 2 3 4 5 |
| | Gewicht. 1 2 3 4 5 | Auspräg. 1 2 3 4 5 | Σ | Gewicht. 1 2 3 4 5 | Auspräg. 1 2 3 4 5 | Σ | |
| Kernkompetenzen, generelle Forschungs- & Entwicklungsprogramme, spezifische Produktentwicklungsprogramme | | | | | | | |
| Status/Stand „kritischer" Spitzenqualifikationen/ Mitarbeiter & Methoden | | | | | | | |
| Differenzierungspotenzial, Innovatives Added-Value-Potenzial | | | | | | | |
| Durchlaufzeiten von Innovationsprojekten & Produktentwicklungen | | | | | | | |
| Einhaltung von Markteinführungszeiten | | | | | | | |
| Vermarktungsrelevanter „Output" von Entwicklungsprojekten | | | | | | | |
| Kostensenkung/Synergieeffekte durch Innovationen | | | | | | | |
| Effizientes Management von Entwicklungsprojekten | | | | | | | |
| Innovationsführerschaft/Innovationsgeleitete Preferred-Supplier-Führerschaft | | | | | | | |
| Umsatzanteil neuer Produkte & Services (Markt- und KA-bezogen) | | | | | | | |
| Ertragsanteil neuer Produkte & Services (Markt- und KA-bezogen) | | | | | | | |
| Summe (arithm. Mittel) | | | | | | | |

Abb. 30a:   Die Innovation-Scorecard (–1–) (© Prof. Dr. R. Hofmaier).

| 2. Innovationsrelevante Prozesse (Prozessgestütztes Innovationspotenzial) | Score | | | | | | Handlungs-optionen |
|---|---|---|---|---|---|---|---|
| | Vergangenheit | | | Heute (ggf. zukünftig: Status quo in 2–3 Jahren) | | | Verantwortung: Zeit: Support: |
| | Gewicht. 1 2 3 4 5 | Auspräg. 1 2 3 4 5 | Σ | Gewicht. 1 2 3 4 5 | Auspräg. 1 2 3 4 5 | Σ | GF/GL-Zustimmung: Priorität: 1 2 3 4 5 |
| Effizienz der Suche und Auffindung von Innovations- und PE-Ideen | | | | | | | |
| Effizienz der Erstellung von Innovations- und PE-Konzepten | | | | | | | |
| Anzahl von genehmigten Produktentwicklungskonzepten (je Zeiteinheit/Phasen) | | | | | | | |
| Prozessgeleitete Nutzung externer Innovationsideen bzw. Durchführung von Entwicklungskooperationen | | | | | | | |
| Einfluss des Marktes/der Kunden/Open-Innovation auf Forschungs- & Entwicklungsprojekte | | | | | | | |
| Gezielte Verfolgung von erfolgreichen Conjoint-Developments | | | | | | | |
| Innovationsorientierter Know-how-Transfer mit Lead Usern, Kunden &/oder sonstigen externen Partnern (inkl. Knowledge DB) | | | | | | | |
| Innovationsorientiertes Kundenbeziehungsmanagement | | | | | | | |
| Innovationsorientierte Kundenbindungsprogramme (Expertise-Sharing etc.) | | | | | | | |
| Effizientes PE-Gesamtprozessmanagement | | | | | | | |
| Summe (arithm. Mittel) | | | | | | | |

Abb. 30b:    Die Innovation-Scorecard (−2−) (© Prof. Dr. R. Hofmaier).

## 3. „Innovative" Organisationsstrukturen
### (Strukturgestütztes Innovationspotenzial)

| | Score | | | | | | Handlungsoptionen |
|---|---|---|---|---|---|---|---|
| | Vergangenheit | | | Heute (ggf. zukünftig: Status quo in 2–3 Jahren) | | | Verantwortung:<br>Zeit:<br>Support: |
| | Gewicht.<br>1 2 3 4 5 | Auspräg.<br>1 2 3 4 5 | Σ | Gewicht.<br>1 2 3 4 5 | Auspräg.<br>1 2 3 4 5 | Σ | GF/GL-Zustimmung:<br><br>Priorität: 1 2 3 4 5 |
| Anzahl und Erfolg von interdisziplinären PE-/Innovationsteams | | | | | | | |
| Organisation und strukturgegebene Möglichkeiten von gezielter Innovationssuche/-entwicklung | | | | | | | |
| Rolle und Status von PE-Projektorganisationen | | | | | | | |
| Effizienz und Transparenz innovativer/PE-geleiteter Kompetenznetze/Netzwerke | | | | | | | |
| Strukturunterstützung bei der Zusammenarbeit mit ausgewählten Lead Usern/Kunden zu Forschungs- und Entwicklungsthemen | | | | | | | |
| Schnelligkeit und Erfolg der kundenorientierten Erstkonzepterstellung und (Lead-User-orientierten) Umsetzung | | | | | | | |
| Überwindung/Beseitigung von Innovationshindernissen | | | | | | | |
| **Summe** (arithm. Mittel) | | | | | | | |

Abb. 30c:　Die Innovation-Scorecard (–3–) (© Prof. Dr. R. Hofmaier).

| 4. „Innovativer" Ressourceneinsatz (HR- und Leadership-gestütztes Innovationspotenzial) | Score | | | | | | Handlungsoptionen |
|---|---|---|---|---|---|---|---|
| | Vergangenheit | | | Heute (ggf. zukünftig: Status quo in 2–3 Jahren) | | | Verantwortung: / Zeit: / Support: / GF/GL-Zustimmung: |
| | Gewicht. 1 2 3 4 5 | Auspräg. 1 2 3 4 5 | Σ | Gewicht. 1 2 3 4 5 | Auspräg. 1 2 3 4 5 | Σ | Priorität: 1 2 3 4 5 |
| Innovationsförderndes und unterstützendes Leadership/Top-management-Unterstützung | | | | | | | |
| Förderung relevanter Qualifikationen & Mitarbeiterbindungen | | | | | | | |
| Individuelle Freistellungen/Gestaltungsspielräume zur Förderung/Entwicklung innovativer Produktideen | | | | | | | |
| Innovationsförderndes Kommunikationsmanagement | | | | | | | |
| Priorisierung von Entwicklungsthemen/Konzepten/Vermarktungsfähigkeiten | | | | | | | |
| Unterstützung bei der Nutzung/Miteinbindung externen Know-hows | | | | | | | |
| Unterstützung bei Partner-/Kooperationsbeziehungen/Open-Sourcing | | | | | | | |
| Unterstützung bei der Zusammenarbeit mit Lead Usern etc. | | | | | | | |
| Unterstützung bei Beziehungsnetzwerken mit externen Experten/Know-how-Trägern | | | | | | | |
| Unterstützung bei der „Weiterverfolgung" innovativer Konzepte | | | | | | | |
| Summe (arithm. Mittel) | | | | | | | |

Abb. 30d:    Die Innovation-Scorecard (–4–) (© Prof. Dr. R. Hofmaier).

| 5. „Innovative" Unternehmenskultur (Kultur- und transfergestütztes Innovationspotenzial) | Score | | | | | | Handlungs-optionen |
|---|---|---|---|---|---|---|---|
| | Vergangenheit | | | Heute (ggf. zukünftig: Status quo in 2–3 Jahren) | | | Verantwortung: Zeit: Support: |
| | Gewicht. | Auspräg. | Σ | Gewicht. | Auspräg. | Σ | GF/GL-Zustimmung: |
| | 1 2 3 4 5 | 1 2 3 4 5 | | 1 2 3 4 5 | 1 2 3 4 5 | | Priorität: 1 2 3 4 5 |
| Wichtigkeit, Stellenwert und Förderung hoher Innovations-/PE-Leistung | | | | | | | |
| Bereitstellung von relevantem Innovations-Know-how & Innovations„zeiten" | | | | | | | |
| Rolle, Bedeutung und Umsetzung von Lernen & Wissensmanagement | | | | | | | |
| Förderung der Verantwortung für Lernprozesse & entsprechende „Anreizgestaltung" | | | | | | | |
| Förderung und Umsetzung von „extrinsischem", innovationsunterstützendem Motivationsmanagement | | | | | | | |
| Unterstützung von „intrinsischem", innovationsförderlichem Motivationsmanagement | | | | | | | |
| Systematische Unterstützung/Nutzung von Know-how-geleitetem Kundenfeedback/Kundenbeziehungs- & Kundenbindungsmaßnahmen | | | | | | | |
| **Summe (arithm. Mittel)** | | | | | | | |
| **Gesamtsumme** | | | | | | | |

Abb. 30e:    Die Innovation-Scorecard (–5–) (© Prof. Dr. R. Hofmaier).

Die **erste** Scorecard (–1–) beinhaltet notwendige **strategische** und **produkt-/produktentwicklungsmanagementbezogene** Themen, Schwerpunkte und zu beantwortende Fragestellungen bzw. Maßnahmen eines erfolgversprechenden Innovations- bzw. PE-Managements. Dabei sind sowohl die hierfür bedeutenden **Kompetenzen, Programme und Methoden** Gegenstand der Betrachtung als auch relevante **Steuerungsmöglichkeiten** und **Ergebnisse** von Innovations- und Entwicklungsvorhaben.

Die erste Teil-Scorecard (–1–) gibt v. a. Aufschluss über den innovationsrelevanten **Ressourcenstand**, die diesbezügliche **Vernetzung** und den notwenigen **Added-Value-Ansatz**. Die innovationsprozessorientierte Scorecard (–2–) beinhaltet schwerpunktmäßig diesbezügliche **Prozesse** und prozessgeleitete Unterstützungsmöglichkeiten, v. a. entsprechende Programme und Projektmethoden, während die innovations„struktur"orientierte Scorecard (–3–) die entsprechend notwendigen **Strukturen, Projektorganisationen** und **Tools** mitberücksichtigt. Die **vierte** Scorecard (–4–) konzentriert sich auf die erforderlichen **Mitarbeiterressourcenentwicklungsmöglichkeiten** sowie den erforderlichen **Leadership-Ansatz**. Die **fünfte** Scorecard (–5–) beinhaltet die entsprechende **Ausprägung** der **Unternehmenskultur** und die unterstützende **Topmanagementfokussierung**.

Bei ihrer unternehmungs**spezifischen** Auswahl und Anwendung können unterschiedliche Unternehmens- und Business-Units **miteinander** verglichen werden bzw. **zeitlich** (im Vergleich zu Vergangenheitswerten und für die nahe Zukunft = „projektiv" betrachtet) miteinander verglichen werden **(internes Benchmarking)**. Es kann aber auch – soweit möglich – ein **externes Benchmarking** mit einem oder mehreren wichtigen Wettbewerbern (zumindest ansatzweise) durchgeführt werden. Auf alle Fälle lassen sich, richtig angewendet und mit unterschiedlichen Funktionsträgern im Unternehmen crossfunktional durchgeführt, interessante Erkenntnisse zum **Innovationsstatus** und der erforderlichen **„Innovations- bzw. Produkt(weiter-)entwicklung"** rechtzeitig ableiten. (Richtig angewendet können daher z. B. Defizite in der Innovationsausrichtung, der notwendigen Produktentwicklung bzw. der rechtzeitigen Entwicklung und Vermarktung von neuen Produkten, der Abdeckung neuer und zukunftsrelevanter Marktchancen weitgehend reduziert und notwendige Verbesserungsmaßnahmen in Angriff genommen werden.)

Auf die mit zum generellen **Produktmanagement (PM)** gehörenden **Programme und Maßnahmen** des **Preis- und Konditionenmanagement** sowie des **Kommunikationsmanagements** in BtB-Märkten soll hier nur kurz verwiesen werden.

# Exkurs

**PM-geleitetes Preis- und Konditionen- sowie Kommunikationsmanagement**

Das **Produktmanagement (PM) steuert** in Abstimmung mit dem Vertriebs- und Kundenmanagement die Preis- und Konditionengestaltung[16]. Zu beachten ist hierbei v. a., dass die Nut-

---

[16]    Vgl. ausführlich zur Preis- und Konditionengestaltung in BtB-Märkten u. a. Simon, 2000

zung und Abschöpfung von erzielbaren **Preisobergrenzen** bei der Einführung **neuer Produkte** im Rahmen einer **Preferred-Supplier**-Positionierung berücksichtigt wird und ein entsprechendes Target-Pricing gerade auch durch ein fundiertes Focus-Group-Management (FGM) mit entsprechenden Preisabschöpfungsspielräumen verfolgt wird. Ebenso sind die Möglichkeiten von intrasegment- wie intersegmentbezogenen **Preis-Leistungs-Differenzierungen** zu nutzen, die einerseits eine bessere **Segmentdurchdringung** und andererseits eine verbesserte **Margengenerierung** ermöglichen.

Beim **Kommunikationsmanagement** steht im Vordergrund die effiziente Entwicklung von spezifischen Kommunikationseinzelkonzepten[17] (z. B. Direktmarketing-, Werbung-, Sponsoring-, SEO- und SEM-Konzepte[18]), sowie die effiziente Verknüpfung von Einzelkonzepten zu einem einheitlichen Business-Unit-, Geschäftsbereichs- bzw. unternehmensweiten Gesamtkonzept. Hierbei sind die jeweiligen **konzeptionellen** Entscheidungsparameter zu berücksichtigen:

Sie beinhalten die Festlegung der konkreten (Einzel- und Gesamt-)

- Kommunikationsziele (unmittelbar/mittelbar),
- Kommunikationszielgruppenansprache und Zielgruppenerreichung,
- Kommunikationsbudgets (und deren dynamische Bemessungsgrößen),
- Kommunikationsinhalte und Visualisierungen,
- Kommunikationsmedienauswahl, ihre Kombination und Synergieeffekte,
- Kommunikationszeiträume sowie
- Kommunikationserfolgskontrollmöglichkeiten (unmittelbar/mittelbar).

# Literatur

Hofbauer, G./Sangl, A. (2011) Professionelles Produktmanagement – Der prozessorientierte Ansatz, Rahmenbedingungen, Strategien, 2. Aufl., Erlangen

Hofmaier, R. (2013) Produkt-, Produktentwicklungs- und Innovationsmanagement, Vortragsmanuskript, München

Kleinaltenkamp, M./Plinke, W./Jacob, F./Söllner, A. (2006) Markt- und Produktmanagement – Die Instrumente des Business-to-Business-Marketing, 2. Aufl., Wiesbaden

Meffert, H./Burmann, Ch./Kirchgeorg,M. (2012) Marketing – Grundlagen marktorientierter Unternehmensführung, Wiesbaden

Pepels, W. (2013) Produktmanagement: Produktinnovation, Markenpolitik, Programmplanung, Prozessorganisation, 6. Aufl., München

Simon, H. (2000) Power Pricing, Frankfurt a. Main

Sommerlatte, T./Grimm, U. (2003) Kreativität besser managen, in: Harvard Business Manager, Heft 2, S. 49–55

---

[17] Vgl. generell zum Kommunikationsmanagement u. a. Meffert/Burmann/Kirchgeorg, 2012.
[18] Vgl. zu SEO- und SEM-Konzepten u. a. v. Bischopink/Ceyp, 2007.

v. Bischopink, Y/Ceyp, M (2009) Suchmaschinen-Marketing – Konzepte, Umsetzung und Controlling für SEO und SEM, 2. Aufl., Berlin

v. Hippel, E./Thonke, St./Sonnack, M. (1999) Creating Breakthrough at 3M, in: Harvard Business Review on Innovation, S. 3– 9

# IV    Integriertes Vertriebs-, Kundengewinnungs- (Akquisitions-) und Verhandlungsmanagement

Für ein integriertes Vermarktungsmanagement gilt es nun, den entsprechenden Vertriebsansatz zu bestimmen und miteinzubinden. Dieser kann unterschieden werden in einen **Vertriebsstruktur-**, **Vertriebsprozess-** (inklusive mehrstufiger Akquisitionsstufen) und **Verhandlungsansatz**. Zunächst wird auf den übergreifenden **Vertriebsgesamtansatz** mit den **unterschiedlichen Vertriebskanälen und -organen gemäß** den jeweiligen **Kundentypen** und **Kundenarten** eingegangen (Vertriebsstruktur) (vgl. Abb. 31), bevor anschließend der **multimediale Kundenakquisitionsansatz** im Mittelpunkt steht und die vertriebliche **Feinsteuerung** anhand ausgewählter **Vertriebsprozesse** in den Mittelpunkt der Betrachtung mit den jeweiligen **„Optimierungs"**-Kennzahlen rückt. Den Abschluss bildet der heute immer mehr in den Vordergrund rückende **„crosskulturelle" Verhandlungsmanagement**ansatz.

# 1 Die Vertriebsstruktur im Marketing- und Kundenkontext

Die generelle Gestaltung der nationalen wie internationalen **Vertriebsstruktur und ihrer Vertriebsorgane** kann schwerpunktmäßig vor dem Hintergrund der jeweiligen **Kundenstruktur** und damit der **Kundenarten** und **Kundentypologie** erfolgen (vgl. Abb. 31).

Zunächst können die **Ist-Kunden** nach ihrem **Kundentyp** in A-, B-, C- und D-Kunden unterschieden werden. Dies geschieht hauptsächlich nach den **Kriterien des Ist-Umsatzes, des strategischen Potenzials** (Umsatz-, Margenentwicklungs-, Know-how-Transfer-, Lead-User-, Multiplikatorpotenzial etc.), der **Kundenmarge** und des Kunden**wachstums**-/Entwicklungspotenzials (siehe Abb. 31).

Durch die heute gegebenen und immer begrenzteren Ressourcen im Unternehmen kann nicht für alle Kunden der gleiche Aufwand und die gleichen Verfügungszeiten vorgehalten werden. Daher muss eine entsprechende Ressourcen- und Zeiteinteilung nach **Prioritäten** durchgeführt werden. Die **Prioritäten** ergeben sich aufgrund der Kriterien I bis IV (in Abb. 31) und der dadurch zugeordneten **Kundenklassifizierung** und des **Kundentypusstatus**. Ein **A-Kunde** besitzt ein viel höheres Entwicklungs-, Durchdringungs- und damit Absatz-, Umsatz- und auch Margenpotenzial als ein B-, C- oder D-Kunde. Insofern bedürfen **A-Kunden** (meist **Key-Accounts**) eines spezifischen integrativen Marketing-, Vertriebs- und Kundenbetreuungsansatzes beispielsweise durch ein darauf abgestimmtes **Kundenentwicklungs-** und **Key-Account-Management (KAM)**. Ein solches KAM ist in Verbindung mit einem unterstützenden **Key-Account-Marketing** (und ggf. **KA-Field-Sales** – wie auch technischen **KA-Service**managements) zu verstehen. Damit kann häufig ein weit überdurchschnittliches und entsprechend Vielfaches an Kunden- und Geschäftsentwicklungspotenzial erschlossen werden (vgl. Kap. VI), das bei den anderen Kundentypen meist nicht möglich und realisierbar ist (ungünstiges Aufwand-Nutzen-Verhältnis).

Insofern ist es **einerseits** wichtig, A-Kunden wegen ihrer „vielfältigen" Potenziale entsprechend zu analysieren, zu entwickeln und zu erschließen, **andererseits** sind alle Ist-Kunden einem entsprechenden **Screening** zu unterziehen, um auch ein latentes A-Kundenpotenzial (z. B. bei einem B- oder gerade akquirierten C-Kunden) zu entdecken und ggf. gezielt zu erschließen (siehe Kunden-Ziel-Profil bzw. „Entwicklungspfeil" in Abb. 32). Erst dann kann von einem „kompletten" bzw. konsistenten A-Kunden-Profil gesprochen werden.

**Potenzial-Kunden**          **Ist-Kunden**
*(Noch-Nicht-Kunden)*

| Grundsätzlich interessierbare Kunden *(Interests)* | Produkt-/Lösungs-interessenten *(Prospects)* | Konkrete Kaufinteressenten *(Leads) (Rück-gewinnungskunden)* | Erstkunden *(Erstkauf)* | Folgekunden *(Folgekauf)* | Mehrfachkunden *(Mehrfachkauf)* | Stammkunden | Kunden-arten (Kaufarten) | Kunden-typen |

**A-Kunden** *(Großkunden)*

**B-Kunden** *(Mittelgroße Kunden)*

**C-Kunden** *(Kleinkunden)*

**D-Kunden** *(Kleinstkunden)*

Kunden-typen

Vertriebs-kanäle und -Organe (inkl. Akquisitions-organe)

Personal Selling (AD/ID/Kompetenz-zentren/KAM)

Direkt-/Elektron./ Online/ Medien-/ e-gestütztes(r) Marketing/Vertrieb

Vertriebspartner (3rd-Party/VAR etc.)

(Fach-) Distributoren

Eventbasierende Vertriebs-/ Messe-/ Kundenbindungs-/ Sonderveranstaltg.

„Persönliche" print- und e-gestützte Kommunikations-/ PR-/Sponsoring-veranstaltungen

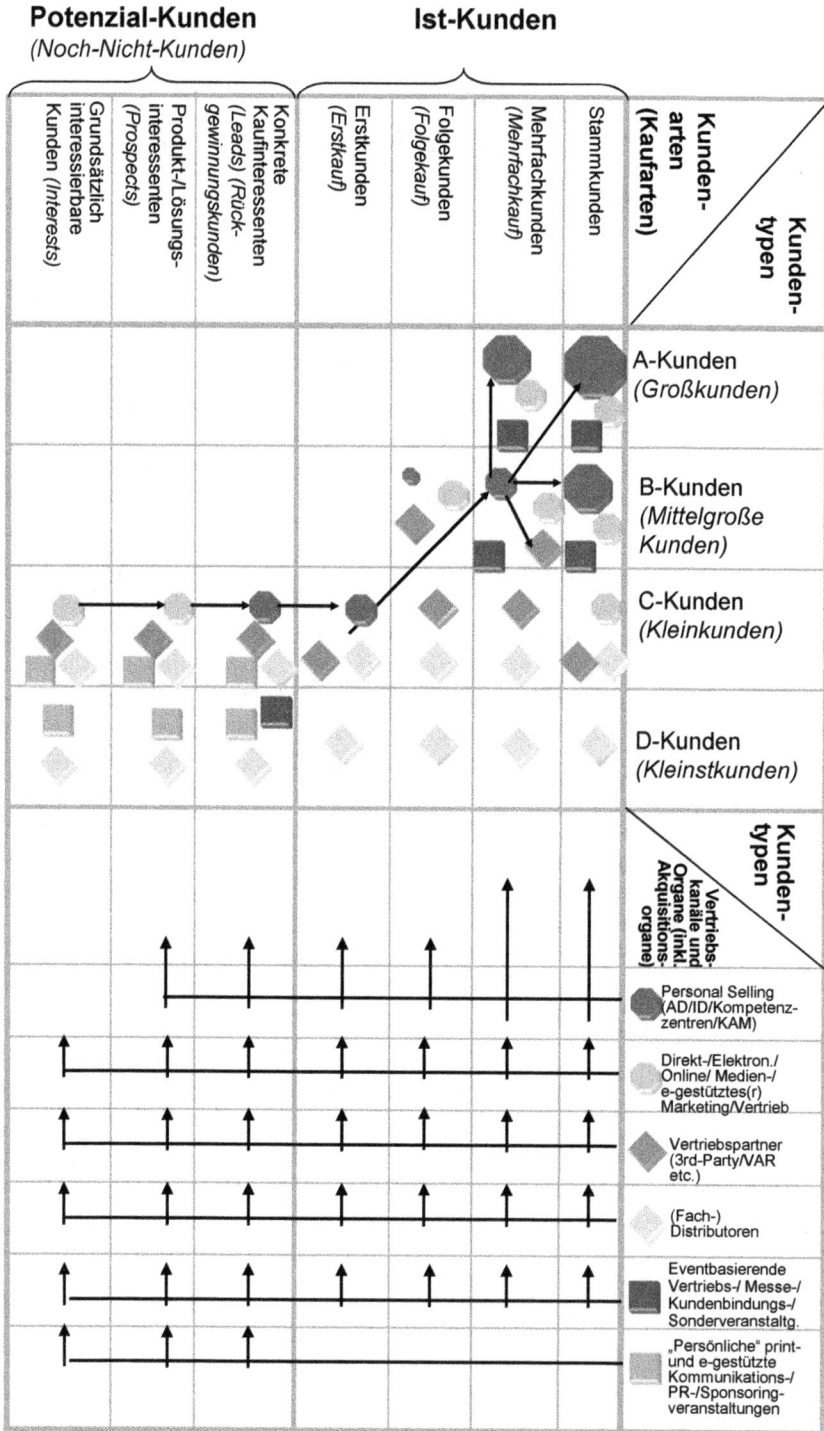

Abb. 31:    Vertriebsstruktur und Vertriebsorgane (im Kundenkontext) (BtB) (© Prof. Dr. R. Hofmaier).

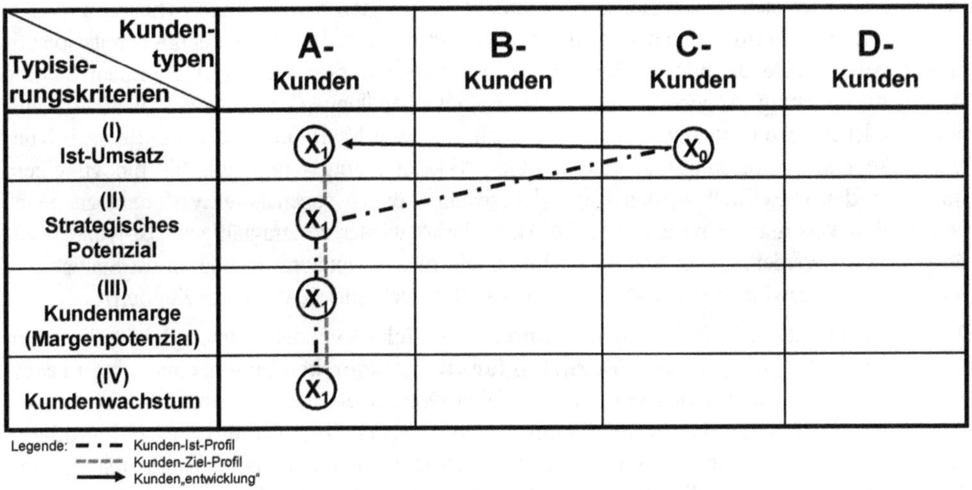

| Typisie-rungskriterien \ Kunden-typen | A-Kunden | B-Kunden | C-Kunden | D-Kunden |
|---|---|---|---|---|
| (I) Ist-Umsatz | (X₁) ← | | - - (X₀) | |
| (II) Strategisches Potenzial | (X₁) - - - | | | |
| (III) Kundenmarge (Margenpotenzial) | (X₁) | | | |
| (IV) Kundenwachstum | (X₁) | | | |

Legende: — · — Kunden-Ist-Profil
‑ ‑ ‑ ‑ Kunden-Ziel-Profil
——→ Kunden „entwicklung"

Abb. 32:　　Kundenkategorisierung nach Kundentypen (© Prof. Dr. R. Hofmaier).

Würde man, wie dies leider immer noch häufig geschieht, Kunden nur nach ihrem Ist-Umsatz, nicht aber nach ihren wichtigen Potenzialkriterien analysieren, könnte man entsprechende „schlafende Riesen" (Key-Account-Potenziale) nicht erkennen und würde ein Vielfaches an vorhandenem Kundenpotenzial ungenutzt und außer Acht lassen.

Durch die gesamte **Vertriebsstrukturdarstellung** wird ersichtlich, dass die unterschiedlichen Kundentypen schwerpunktmäßig eine unterschiedliche Vertriebsbetreuung durch unterschiedliche Vertriebsorgane (CAD/ID/eSales etc.) erfahren sollten. Es können aber auch ergänzend A- bzw. B-Kunden nicht nur durch den persönlichen **Außendienst** (AD) und **Innendienst** (ID) mit seinen unterschiedlichen Ausprägungen[19] betreut werden, sondern auch durch ein Direkt-/eMarketing bzw. eSales etc. unterstützt werden (siehe z. B. auch Ersatzteil-/Reparaturservices). Kleinere C- und D-Kunden können aber nicht nur durch Inside-Sales (ID) oder eSales, sondern v. a. auch über Vertriebspartner und (Fach-)Distributoren betreut werden. (Bezüglich der Akquisition können ebenfalls „Sonder"kanäle und Organe wie Event-, PR- und Online-gestützte Vertriebsgestaltung genutzt werden.)

Des Weiteren ist zu beachten, dass **Ist- und Potenzialkunden** gemäß ihrer **Kundenart (Kaufstatus)** unterschiedlich anzusprechen und – soweit möglich – aufzubauen und zu „entwickeln" sind. Zunächst werden die **Potenzialkunden** in sogenannte **Interests** aufgeteilt, d. h. in Unternehmen, die ein grundsätzliches Bedarfspotenzial besitzen (je nach Geschäftsausrichtung, Applikationsart, Produktionskonzept und Vermarktungsansatz etc.). Sie können damit als Kunde grundsätzlich infrage kommen und werden meist vom Marketing (v. a. zunächst durch die Marktforschung) **und** im Ausschluss vom Vertrieb (Innendienst, Inside-Sales, Telesales, eSales, Customer-Competence-Center etc.) über ein entsprechendes **Akquisitions- und Adressdatenmanagement** (siehe Kap. IV/B) erfasst, ausgewählt und erstmalig kontaktiert. In einem zweiten Akquisitionsschritt können solche potenziellen Kunden bei grundsätzlich **bestätigtem** Interesse und Bedarf als **Prospects** klassifiziert werden, die dann die jeweils nächsten Akquisitionsschritte und Sales-

---

[19]　　Vgl. zu den unterschiedlichen Ausprägungen und Gestaltungsformen eines vertrieblichen Innendienstes auch die häufig ausgelagerten Kundenservicezentren, Kompetenzzentren, Customer-Competence-Centers, Call-Centers etc.

Prozessstufen nach sich ziehen. Bei einem **konkret dargelegten** bzw. nachvollziehbaren Produkt- oder Lösungsbedarf erfolgt nun der eigentliche Sales-Prozess, da es sich hierbei um bereits spezifizierte **Leads** handelt, die nun im Rahmen des Vertriebsprozesses und seiner einzelnen Schritte (Anfragengenerierung, Angebotserstellung und Folgeverhandlungen etc.) „betreut" werden. Kauft nun ein solcher Lead erstmalig, so handelt es sich um einen **Erstkunden**, der nun (je nach Kundenanalyse und Priorisierung) in einen **Folge-**, **Wiederholungs-** und ggf. bis hin zu einem **Stammkunden** entwickelt werden kann. (Umgekehrt können sogenannte „verlorengegangene" Kunden durchaus durch eine gezielte „Re-Akquisition" wieder zu „tragfähigen" Ist-Kunden zurückgewonnen werden. („Lost Status" I = kurzfristig rückgewinnbarer Kunde; „Lost Status" II = mittelfristig rückgewinnbarer Kunde; „Lost Status" III = nicht rückgewinnbarer Kunde.))

Damit können – je nach Kundenstatus – **unterschiedliche Vertriebs-**, aber gleichzeitig auch **Kundenbetreuungsorgane** und **Marketingfunktionsträger** kombiniert eingesetzt (Teamselling) werden. Grundsätzlich kommt es auf den Optimal-Selling-Mix an, d. h. ein sinnvoll integriertes **Vertriebs-, Kundenbetreuungs- und Marketing-Team** (v. a. bei größeren Kunden) und damit einem **„Teamansatz"** durch die unterschiedliche Einbeziehung und Unterstützung von Innendienst/Inside-Sales, Telesales, Direktmarketing, eMarketing und eSales, Onlinemarketing und Vertriebspartnern.

**Weitere integrierbare Vertriebsorgane** sind beispielsweise die **Vertriebspartner** (Value-Added-Reseller, Systemintegratoren, Beratungsfirmen etc.), die eine eigene Wertschöpfung für den Kunden miteinbringen (beispielsweise ein Systemhaus, das für einen Software-Hersteller neben dem Software-Vertrieb auch eine Hardware-Auswahl und Implementierungsberatung/ -betreuung übernimmt), oder auch spezielle **Distributoren** (meist Fachdistributoren), die für den Kunden eine Produktprogramm- bzw. sortimentsbildende Funktion darstellen, um ihm seine Auswahlentscheidung zu erleichtern. Weitere **ausgewählte**, teilweise auch (ergänzende) **Sonderformen** von Vertriebsorganen können spezifische Unternehmens- bzw. Kundeneventmaßnahmen, unterschiedliche **Messen** (Messearten) sowie „Spezialaktionen" im Rahmen von **PR-, Sponsoring- und sonstigen Kommunikationsmaßnahmen** (mit direkten Nachfass- bzw. Bestellmöglichkeiten) sein (ebenso wie die vielfältigen Online-/Kommunikations- und sonstigen Vertriebsmedien (vgl. Abb. 34 a)). Insgesamt kann die jeweilige Vertriebsbetreuung und Unterstützung in unterschiedlicher Intensität und unterschiedlichem Supportumfang (idealtypisch verdeutlicht anhand der Pfeildarstellung in Abb. 31) erfolgen.

# 2   Die Kundengewinnung (Kundenakquisition) und ihr multifunktionaler Ansatz

Die Möglichkeiten der **Kundenakquisition** in BtB-Märkten sind heute sehr vielfältig und ergeben einen **multiplen Kundengewinnungsansatz** mit einem entsprechenden Medienmix und damit einer vielfältigen Akquisitionsbasis. Einen systematischen Überblick hierzu ermöglicht Abb. 33:

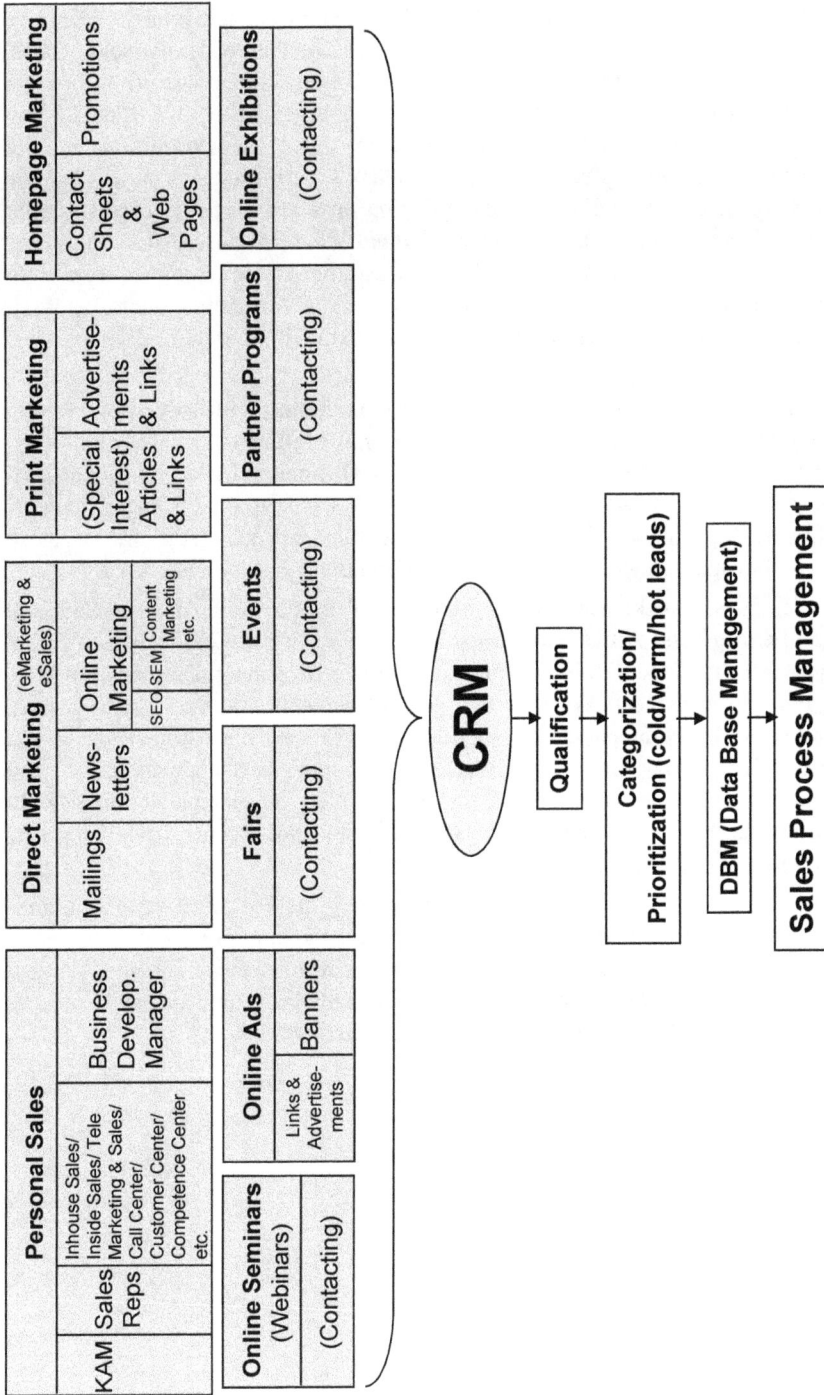

Abb. 33: Möglichkeiten der Kundengewinnung (Kundenakquisition) und Kundenansprache (© Prof. Dr. R. Hofmaier).

Einen **ersten** Akquisitionsansatz für ausgewählte Kunden stellt zunächst der **persönliche Vertrieb und die persönliche Kundenansprache** dar (Maßnahmen des Personal Sales, Customer-Management und der Inside Sales/Telesales/Marketingansprache etc.). So kann auch der **Key-Account-Manager (KAMgr.)** – neben der eigentlichen KA-Entwicklung und Durchdringung – aufgrund seines **Kommunikations- und Informationsnetzes** die erste Sichtung bzw. Kontaktierung eines möglichen neuen („vermittelten") nationalen wie internationalen (Groß-)Kunden in die Gesamtakquisition **miteinbringen**. Ebenso kann der **Außendienst** (Sales-Representative), wie auch der **Innendienst** (Inhouse/Inside-Sales etc.) in seinen unterschiedlichsten Formen (Call-Center/Customer-Center/Competence-Center usw.) hierfür gezielt eingesetzt werden. Zudem können, falls vorhanden, auch die **Business-Development-Manager** integriert und zur Kundenakquisition miteingebunden werden.

Ein **zweiter** Ansatz beinhaltet das sogenannte **Direct Marketing (inklusive eMarketing und Direct Sales/eSales)**. Über ausgewählte (elektronische) **Mailing-Aktionen**, den **Newsletter-Versand** und die gesamte Akquisitionspalette des **Onlinemarketings** und **Content-Managements** (vgl. Abb. 34 und 34a) können eine Vielzahl von Kundengewinnungsprogrammen und Maßnahmen angewendet und durchgeführt werden. (Auf die einzelnen Instrumente des Onlinemarketings[20] soll hier nicht vertiefend eingegangen werden.)

Einen weiteren wichtigen BtB-Akquisitionsbereich stellt das **Printmarketing** dar. Hier sind v. a. ausgewählte **Fachbeiträge** und Artikel, am besten unter Einbindung der einschlägigen Erfahrungen von **Lead-Usern** und/oder **Opinionleadern**, von großer Bedeutung. Diese können kombiniert werden mit entsprechenden **Werbe-, PR- und Onlinemaßnahmen.** Einen weiteren Akquisitionskanal stellt das **Homepagemarketing** dar. In Ergänzung mit **Contact-Sheets** und ausgewählten **Sales-Promotion-Maßnahmen** können hier (gerade auch international) weitere Interessenten angesprochen werden. Des Weiteren kommen sogenannte **Online-/Web-Seminars (Webinars)**, **Online-Advertisements, Fairs/Messen und Events** sowie integrierte **Partner-Programs** und **Online-Exhibitions** u. v. m. infrage.

Ein vertiefender Überblick über ausgewählte, **medienbezogene Unterstützungsmaßnahmen** nach Inhalten und Kommunikationsstufen zur Kundengewinnung und Betreuung ist in Abb. 34a zusammengefasst. Nach den einzelnen Phasen der Kundenansprache und Akquisition können gemäß den erforderlichen Inhalten unterschiedliche Print- und elektronische Medien vermarktungsunterstützend ausgewählt und kombiniert werden.

---

[20]    Vgl. zum Onlinemarketing auch ausführlich v. Bischopinck/Leyp (2009).

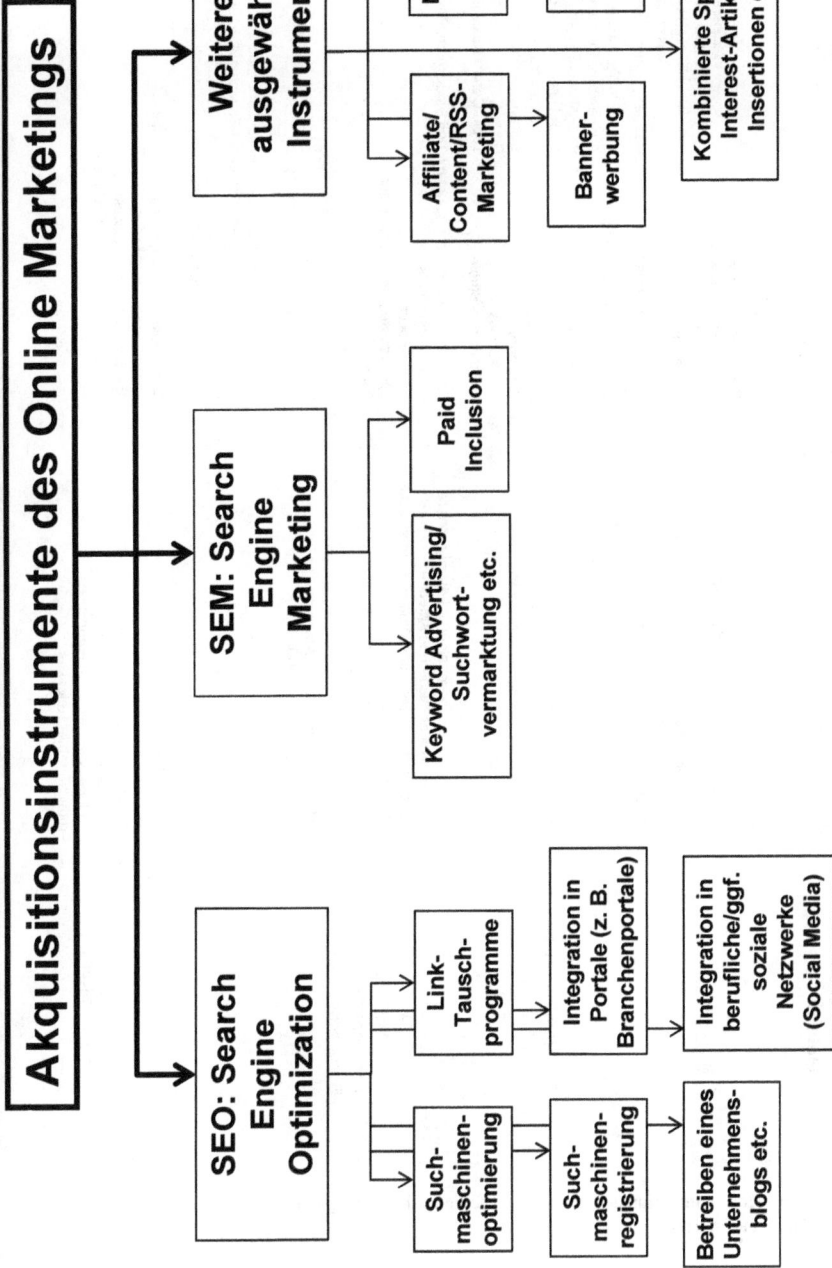

Abb. 34:     Akquisitionsinstrumente des Onlinemarketings (BtB) (© Prof. Dr. R. Hofmaier).

| Informations- & Kommunik.-schwerpunkte und Medien / Akquisitions- & Kommunikationsstufen | Inhalte | Medien |
|---|---|---|
| **1 Interessenten-identifizierung** | ▪ Interessenten-/Entscheideridentifizierung und Erstansprache ausgewählter, zielgruppenrelevanter<br>– Themenbereiche (eigener Kompetenzbereiche) nach Markt-, Anwendungs-. Zielunternehmenssegmenten<br>– Entscheidersegmenten und Organisationseinheiten<br>– Interessen- und Kompetenzpotenzial | – SEO/SEM<br>– Websites<br>– White Papers<br>– Webinars<br>– Online-Videos<br>– Blogs<br>– Spez. Online-Events<br>– Online-Advertisements<br>– SEA (Search-Engine-Advertisements) (Remarketing)<br>– (Online-Marketplaces)<br>– (Onlineshops) |
| **2 Bedarfs-/Problem-erkennung** | ▪ Neue (und eigene)<br>– Produkt-, Service-, Integrationsmöglichkeiten/<br>– Machbarkeiten/Trends<br>– Applikations-, Technologie- und Industrietrends<br>– Produktinnovationen (und Anwendungsoptionen)<br>– Risiken bei Nichtberücksichtigung | – Websitemanagement<br>– Newsletter/E-Newsletter<br>– SEO/SEM<br>– White Papers<br>– Printnewsletter<br>– Printmagazins (Fachzeitschriftenbeiträge)<br>– E-Mails<br>– Webinars<br>– Virtual Events<br>– Tech-Days<br>– Application-Events<br>– Spez. Kongresse |
| **3 Problemlösungs-findung/Transparenz** | ▪ Beispielhafte (eigene)<br>– Anwendungen und Ergebnisse (technisch/ökonomisch/nachhaltig)<br>– Anwendungsdifferenzierungen und Chancen/Möglichkeitendarstellung<br>– „Referenz"anwendungen/Problemlösungen/Lösungsvergleiche | – E/Print-Referenzberichte<br>○ E-Media<br>○ Printmedien<br>○ Websites<br>○ Online-Videos<br>○ Webinars<br>○ Tradeshows<br>– E/Print-Case-Studies<br>– Techn. White Papers<br>– Ausgewählte Kundenbindungs-veranstaltungen (vgl. Kap. VI)<br>– Tech-Days/Focus-Workshops<br>– IR/Fachbeiträge in ausgewählten, zielgruppenspezifischen Medien<br>– Demos  – Showrooms<br>– Topic-Communities |
| **4 Optimierte Problemlösung/Bedarfsdeckung** | ▪ Darstellung spezifischer eigener Lösungsvorteile<br>– nach technischen/fachlichen Kriterien<br>– nach ökonomischen/Kosten-Nutzen-/Added-Value-Kriterien/Berechnungen<br>– nach Situationen/kundenspezifischen Konkretisierungsmöglichkeiten<br>– nach differenzierten Wettbewerbsvorteilen<br>– nach weiteren relevanten Abstimmungs- und Detaillierungsnotwendigkeiten | – Spezifizierte Kundenentwicklungs- und Bindungsmaßnahmen<br>○ Onsite-Workshops<br>○ Onsite-Focus-Groups<br>– Spezifizierte E/Print-Unterlagen wie<br>○ Papers<br>○ Broschüren<br>○ Anwendungsstudien (Cases)<br>○ Online-Videos<br>– Produkt-/Anwendungsvideos etc.<br>○ (Anwender-)Berichte<br>– Spezifizierte Websites<br>– Spezifizierte ROI-Studien mit kundenindividuellen Anwendungsmaßnahmen/Unterlagen/Berichten/Autorenbeiträgen etc.<br>– Affiliate Marketing<br>– SEA (Search-Engine-Advertisements) |
| **5 Kundenbindung** | – User-Guides/Contents<br>– Installation-Material<br>– ROI/Added-Value-Measurements<br>– Ausgewählte und abgestimmte<br>– Kundenbindungsmaßnahmen/Inhalte<br>– Product/Feature-Releases | – Best (Implementation) Practices v. a. mit<br>○ Spezialisierten User-Foren<br>○ Spezialisierten Communities<br>○ Spezialisierten Event-Maßnahmen<br>○ Application-Clinics<br>○ Focus-Groups |

Abb. 34a:    Ausgewählte Kommunikationsinhalte und Medien des integrierten Vermarktungsmanagements (© Prof. Dr. R. Hofmaier).

# 3    Die Vertriebsprozesse und ihre kennzahlengeleitete Optimierung

Neben der Gestaltung der **Vertriebsstruktur** mit ihren einzelnen abzustimmenden **Vertriebsorganen** ist der nächste Entscheidungsbereich derjenige der Ausrichtung der **Vertriebsprozesse**[21] und ihre kontinuierliche, kennzahlengeleitete **Optimierung**. Grundsätzlich können **vier Kernvertriebsprozesse** (vgl. Abb. 35) unterschieden werden:

(1) Der sogenannte **Neukundengewinnungsprozess** mit den dargelegten Akquisitionsorganen, Vorgehensweisen und Möglichkeiten. (2) Der „klassische" **Basisvertriebsprozess**, bei dem es sich um einen **kontinuierlichen** Vertriebsansatz i. d. R. mit Ist-Produkten/Services bei Ist-Kunden handelt, mit der Zielsetzung einer entsprechenden Umsatzexpansion. (3) Der sogenannte **„Cross-Selling"**-Vertriebsprozess mit der Zielsetzung eines **erweiterten** Produkt- und Servicevertriebs (meist benachbarte, erweiterte sowie neue Produkt-, Service- und Anwendungsbereiche) und schließlich dem sogenannten (4) **Kundenentwicklungs- und Value-Managements** („Vertriebs"-)Prozess. Hierbei geht es um eine längerfristige und ganzheitliche Kundendurchdringung auf horizontaler und vertikaler Ebene (v. a. Cross-, Up- und Strategic-Selling) im Rahmen eines modernen Key-Account-Managements (KAM).

Abb. 35:    Die vier Kernvertriebsprozesse (inklusive KAM) (© Prof. Dr. R. Hofmaier).

Eine komprimierte und **phasenweise Darstellung eines BtB-Vertriebsprozesses** zur Ableitung von generellen **Optimierungsmöglichkeiten** (Hit-Rate-Optimierung)[22] findet sich in Abb. 36 und 37.

---

[21]    Vgl. zu den Vertriebsprozessen Hofmaier, 1999, S.130– 139 sowie generell Hofbauer/Hellwig, 2012.
[22]    Vgl. auch generell Hofmaier, 2011/2013.

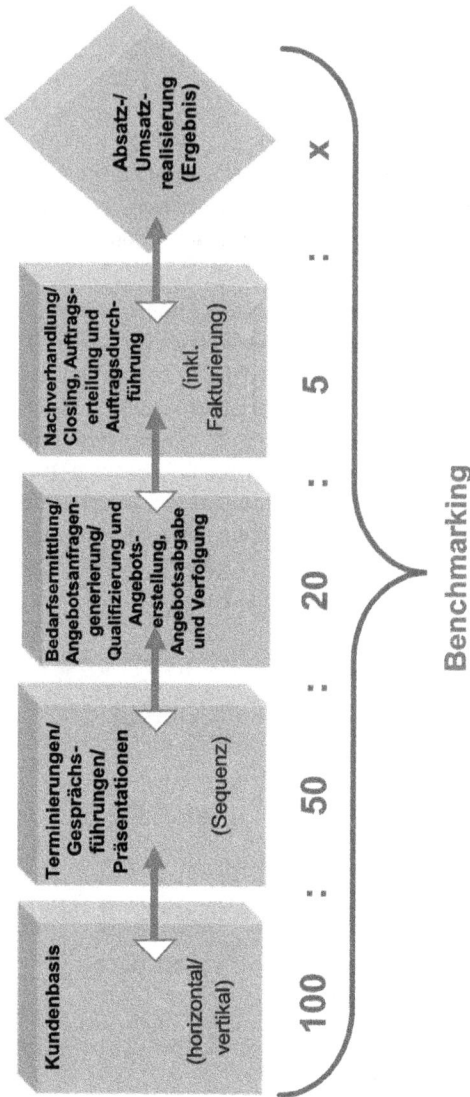

Abb. 36:     Der vertriebliche Hit-Rate-Prozess im Gesamtzusammenhang (© Prof. Dr. R. Hofmaier).

Die vier Basisschritte und Phasen im (persönlichen) BtB-Vertrieb beginnen zunächst mit der zugeordneten **Kundenbasis**, dieser schließen sich im nächsten Prozessschritt die durchzuführenden **Kundenterminvereinbarungen,** Kundenbesuche und Gespräche/Präsentationen an. Dem folgt die (schrittweise) **Kundenbedarfsermittlung**, die **Angebotsanfragengenerierung**, die diesbezügliche **Anfragenqualifizierung**, die Erstellung und Abgabe des **Angebots**. Mit der Angebotsverfolgung ergeben sich meist Nachverhandlungen, die schließlich zum Abschluss (Closing) und der Auftragserteilung mit entsprechender Fakturierung führen sollten. Den Abschluss stellt die Realisierung des Auftrags mit den diesbezüglichen Absatz-, Umsatz und Margenzielen dar.

Die jeweiligen **Input-Output-Relationen** der einzelnen Prozessstufen im Vergleich zueinander können nun dargestellt werden und dienen kennzahlengeleitet der Vertriebsprozesssteuerung, Prüfung und Verbesserung. Mithilfe dieser Vertriebsprozesskennzahlen (vgl. auch Abb. 39) kann nun die Effektivität der einzelnen Prozessschritte wie auch des gesamten Vertriebsprozesses transparent, nachvollziehbar und optimierbar gestaltet werden. Im Einzelnen können diesbezügliche **interne Benchmarks** (vertriebsgebiets-, vertriebspersonen- und kundenbezogen sowie vergangenheits- und gegenwartsbezogen), aber auch **externe Benchmarks** (gegenüber dem Wettbewerb) durchgeführt werden, ergänzt um jeweilige Einzel- und Plausibilitätsüberprüfungen. So kann bei Veranlassung entsprechender Verbesserungen eine Soll-Hit-Rate von 100 : 40 : 30 : 15 (vgl. Abb. 37) durchaus den gewünschten Erfolg einer **Verdreifachung** des Auftragsbestands ermöglichen.

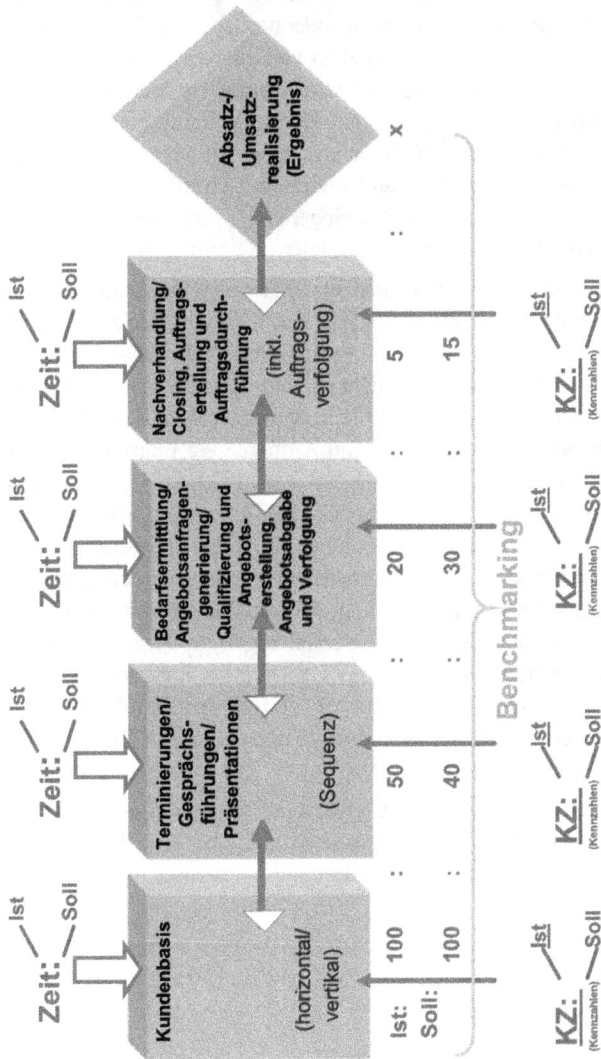

Abb. 37:   Der vertriebliche Hit-Rate-Prozess und sein Optimierungsansatz (© Prof. Dr. R. Hofmaier).

Zusätzlich können zu den einzelnen Prozessschritten Zeitverteilungsprofile erstellt, verglichen und optimiert werden. Diese kann durch eine (jährliche) **Tätigkeitszeit- und Prioritätenanalyse** durchgeführt werden. Hierbei werden z. B. die einzelnen AD-Tätigkeiten (Aufgaben) festgehalten und mit dem jeweiligen Zeitfaktor (Zeitverteilung) versehen. Häufig ergeben sich dann **AD-Aufgaben** mit einem **hohen Zeitfaktor** (z. B. nicht-kundenbezogene E-Mail-Bearbeitungen, Telefonate, Meetings, Back-up- und Verwaltungsaufgaben etc.), die **nicht wertschöpfend** im eigentlichen Sinne sind, aber einen **hohen Zeitfaktor** beanspruchen. Deshalb kommen die relevanten und unmittelbar **kundenbezogenen Aufgaben** (**Kundenbesuche**, Vor- und Nachbereitungen etc.) – zeitlich gesehen – meist **viel zu kurz**. (So ergab es sich in einigen Fällen, dass dem AD im Durchschnitt pro Tag nur knapp eine Stunde Zeit für Kundengespräche etc. zur Verfügung stand.) Dieser **„Zeitaufnahme"** stellt man nun eine Priorisierung der **AD-Vertriebsaufgaben** (A-, B-, C-, D-Aufgaben) gegenüber, dabei ist als Ergebnis häufig festzuhalten, dass den wenigen **hochpriorisierten A-Aufgaben** (Kundenbesuche/Kundenbetreuung) im Vergleich v. a. zu den oben angeführten C- und D-Aufgaben **viel zu wenig Zeit** verbleibt. Nun gilt es, gemäß den **Prioritäten** eine entsprechende **Zeitzuordnung** (in Verbindung mit einer diesbezüglichen organisatorischen Unterstützung) durchzuführen, wodurch beispielsweise Kundenvor- und Nachbereitungen und **Kundengespräche** anstatt einer Stunde pro Tag einen Zeitfaktor bis zu **drei Stunden** zugeordnet bekommen und **nicht-wertschöpfungsrelevanten** Aufgaben anstatt sechs Stunden z. B. nur eineinhalb Stunden eingeräumt wird. Es gilt die „Vorfahrtsregel" **Priorität vor Dringlichkeit (!)** zu beachten.

Diese zeitlichen Verschiebungen und Inkongruenzen zu den Prioritäten erfolgen häufig durch z. B. „falsch akzentuierte" Kostensenkungsprogramme, wie die Streichung von Backoffice- und Innendienstaufgaben (bzw. Ressourcen) und ihre Zuordnung zum AD. Die AD-Mitarbeiter arbeiten dadurch vielfach auf „Abruf" bzw. nach Dringlichkeit und für ihre Hauptaufgaben (Kundenbetreuung, aber auch konzeptionelle Aufgaben) verbleibt immer weniger Zeit. Auch die sogenannte „Emailitis" (überbordende und zeitintensive E-Mail-Anfragen etc.) nimmt zu. Dies gilt es nun zu reduzieren, umzuverteilen und gemäß der Priorität mit dem richtigen Zeitvolumen zu versehen. Die wenigen A-Aufgaben bekommen – wie bereits ausgeführt – ein höheres Zeitbudget, im Gegensatz hierzu werden die Zeitanteile von B- und C-/D-Aufgaben gekürzt, sowie soweit wie möglich delegiert (beispielsweise in die Supportstruktur) bzw. reorganisiert (vgl. hierzu auch den generellen Abbau von E-Mails (inklusive blockweiser E-Mail-Bearbeitung) und überflüssigen Forecasts sowie Reports, aber auch die Angebotserstellungszuarbeit sowie spezielle Aufgabenübernahmen durch den Innendienst, wie z. B. das Reklamationshandling). Ebenso ist häufig die Durchführung von Reisezeiten, Kundenbesuchen und Besuchshäufigkeiten zu reorganisieren und damit zu vereinfachen und zu kürzen. (Des Weiteren können D-Aufgaben i. d. R. abgebaut und schließlich auch „eliminiert" werden.)

Wichtig ist hierbei, dass der **gesamte Vertriebsprozess und seine einzelnen Kennzahlen systemhinterlegt** und aktualisiert (Data-Base) sind (CRM-Tool) und das jeweilige **CRM-Tool** (vgl. Kap. V/D) von allen am Prozess Beteiligten (Marketing, Kundenmanagement etc.) auch kontinuierlich und **aktiv genutzt** wird.

Im Folgenden soll nun auf einen entsprechend detaillierten Vertriebsprozess durch die Darstellung eines sogenannten **Vertriebsprozesstrichters** (Sales-Funnel) und seiner BtB-Anwendung[23] eingegangen werden (vgl. Abb. 38).

---

[23]    Vgl. hierzu ausführlich Hofmaier, 2011/2013.

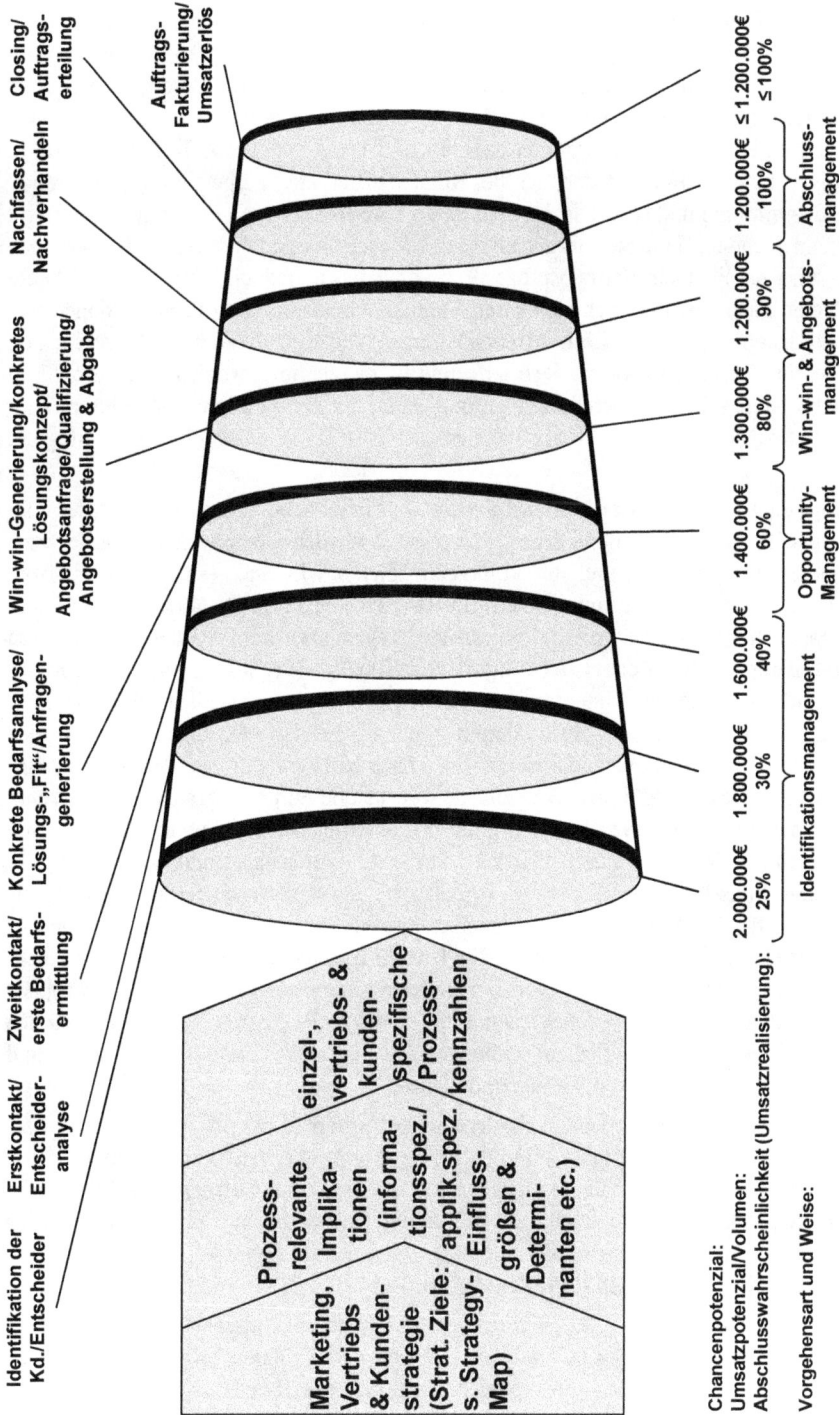

Abb. 38:  Der Vertriebsprozesstrichter (Sales-Funnel) (© Prof. Dr. R. Hofmaier).

Ausgehend von der festgelegten Marketing-, Vertriebs- und Kundenstrategie und ihren Zielen sowie den zu berücksichtigenden Implikationen (z. B. applikationsspezifische Bedingungen), werden die einzelnen Vertriebsprozessstufen und Kennzahlen (je Vertriebs- und Kundenbereich, Verantwortlichkeit etc.) und ihre jeweiligen qualitativen und quantitativen Teilziele inhaltlich, nach Zeitdauer und sonstigen Benchmark-Kriterien definiert und festgelegt. Diese Teilschritte sind je nach den situativen Erfordernissen (Kundengröße, Kundenanzahl etc.) aufgeteilt und zugeordnet. Wichtig ist die Bestimmung und Kenntnis der **relevanten Entscheider** (vgl. die Entscheidermatrix in Kap. VII) beim Kunden, da diese mit der unterschiedlichen Integrationstiefe in die einzelnen Vermarktungs- und damit auch Vertriebsprozesse einzubeziehen und einzubinden sind. Diese Entscheider können nach den **unterschiedlichsten Fachentscheidern** (nach Fachfunktionen und Hierarchie-/Zentralisierungsstufen), **Einkaufsentscheidern, Co-Entscheidern** (Mitentscheider, Gatekeeper, Gremien etc.) sowie **Anwendern** aufgeteilt und zugeordnet werden (vgl. Abb. 82 in Kap. VII). Zudem sollten diese Entscheiderzielgruppen auch mit den entsprechenden Informationen und Maßnahmen (sowie einem hierfür angelegten CRM-Tool) substantiiert und integriert werden.

Der erste Schritt beinhaltet zunächst die **Identifikation** und inhaltliche **„Hinterlegung"** der relevanten Entscheider. In einer zweiten und dritten Prozessstufe werden die notwendigen **Erst- bzw. Intensivierungskontakte** definiert und mit **konkreten Zielen** wie einer ersten Bedarfs- bzw. Problemlösungsanalyse des Kunden untermauert. Im Rahmen von **Folgekontakten** und weiterer **möglichen Präsentationen** werden diesbezügliche Bedarfsanalysen konkretisiert und mit dem bestmöglichen **Lösungs- bzw. Bedarfsdeckungsansatz/Konzept** (Produkt-/Servicekonzept) für den Kunden und das eigene Unternehmen (Win-win-Generierung, klare Added-Value-Herausarbeitung) fundiert. Letztlich geht es darum, in hinreichend notwendigen Schritten eine konkrete und qualifizierte **Anfrage** zu **generieren**, die – nach einer endgültigen (Anfragen-)Qualifizierung – auch mit einem **tragfähigen Angebot** abgedeckt und zufriedengestellt werden kann. Hierbei gilt es vor allem, die **eigenen Stärken** und Positionierungsvorteile kundenspezifisch und wettbewerbsdifferenziert (Added-Value-Kreierung) zur Geltung zu bringen und, soweit möglich, das diesbezügliche Preis-Leistungs-Verhältnis (modifiziert auf **Preferred-Supplier**-Basis) als gezielten **Mehrwert** für den Kunden (und die unterschiedlichen Entscheider) darzustellen und zu **profilieren**. Der entsprechende **Added Value** sollte sowohl **qualitativ** wie auch (nach Möglichkeit) **quantitativ** (z. B. durch Einbindung von Berechnungsgrundlagen der Kundenansprechpartner) festgelegt, berechnet und entschieden werden. Ein Teil des realisierbaren Added Value für den Kunden sollte durch einen diesbezüglich zu verhandelnden Teilpreis „ausgeschöpft" werden und damit für beide Seiten einen **Preferred Value** ermöglichen.

In einem weiteren Schritt können auch **Nachverhandlungen** und ggf. Anpassungen notwendig werden, bis letztlich ein **Closing** und damit ein **konkreter Auftrag** eingebracht und erteilt wird. Abschließend erfolgt die **Auftragsfakturierung** und **Auftragsdurchführung**, bevor ggf. weitere Prozessschritte bezüglich möglicher **Folgeaufträge** und einer weiteren Kundenentwicklung und Durchdringung gemäß realistischer Cross- und Up-Selling-Maßnahmen initiiert werden können (vgl. KAM/Kap. VI).

**Je genauer die Vertriebsprozesse** definiert, durchgeführt und dokumentiert sind und je effektiver damit ein entsprechendes **CRM-System** und mit ihm ein aussagefähiges **Kunden-Data-Base-Management** hinterlegt werden kann, umso gezielter und **erfolgreicher** können diese Vertriebsprozesse weiter „**redesigned**" und durch realistische Benchmarks verbessert werden. Umsatzpotenziale, Auftragsvolumina und Abschlusswahrscheinlichkeiten lassen sich dann entsprechend der einzelnen Hauptphasen konkretisieren und mittelfristig die Planbarkeit dadurch verbessern.

Diesem vertrieblichen „Steuerungs"ansatz widmet sich explizit die vertriebliche **Hit-Rate-Optimierung**. Durch detaillierte Analyse der Prozessschritte und ihrer einzelnen **Input-Output-Relationen** kann die vertriebliche und kundenorientierte Feinsteuerung **rechtzeitig und proaktiv verbessert** werden und dient damit nicht nur der schrittweisen Win-win-Verbesserung, sondern gerade auch der verbesserten Zielerreichung für die Vertriebs-, Kunden- und Marketingmitarbeiter und somit auch der extrinsischen und intrinsischen **Mitarbeitermotivation**. **Unterstützt** werden muss dies durch ein sinnvoll ausgewähltes und eingesetztes, integrations„mächtiges" **CRM-Tool**, das diese Prozesse entsprechend abdeckt und den Mitarbeitern selbst und ihrer **Zielerreichung** (vgl. auch ein Job-Enrichment) zweckdienlich ist.

Einige **ausgewählte Hit-Rate-Kennzahlen** zur Vertriebsprozessverbesserung können Abb. 39 entnommen werden. Mit solchen Kennzahlen können neben den **internen Benchmarks** auch für die **externen Benchmarks** gezielt **Plausibilitäts- und Optimierungsanalysen** angestellt werden, welche die Ist-Relationen hinterfragen und Verbesserungspotenziale bzw. diesbezügliche Ursache-Wirkungszusammenhänge aufzeigen und dadurch meist hinreichende Verbesserungsvorschläge ableiten lassen. So kann die **Hit-Rate im engeren Sinn** verbessert werden, wenn beispielsweise die schlechte (Ausgangs-)Relation von Aufträgen zu Anfragen sich dadurch optimieren lässt, indem die **nicht** ausreichenden und im Vergleich zum Wettbewerb **unzureichenden** Angebote durch gezielte Möglichkeiten der **Angebotsverbesserung** (z. B. Realisierung eines laufzeitlangen höheren Wertschöpfungsvorteils für den Kunden durch eine gezielte Leistungsverbesserung und Wartungskostenreduktion) profiliert werden und sich dadurch vom Wettbewerbsangebot positiv abheben. Ebenso kann beispielsweise die Relation von Angebotsanfragen zu Kundenkontakten durch eine gezieltere Entscheideransprache verbessert werden oder die Relation von akquirierten Kunden zum vorhandenen Kundenpotenzial durch eine bessere Kundenqualifizierung und Erstkundenansprache positiv gestaltet werden.

| Stufe | Relation | | 2014 | | 2015 | | 2016 | |
|---|---|---|---|---|---|---|---|---|
| 1. Hit-Rate (i. m e. S.) | Aufträge (x 100) / Anfrage | | 25% | | 35% | | 45% | |
| 2. Kundenpotenzial- optimierung = Potenzialkunden- durchdringung | Akquir. Kunden / Pot. Kundenanzahl | | 5% | | 10,5% | | 18% | |
| 3. Effizienz der Kundenansprache | Anfrage (x 100) / Kunde | | 20% | | 30% | | 40% | |
| 4. Effizienz der Bearbeitungszeit (Kunde/Angebot/ Auftrag) | Arbeitszeit / Auftrag | | 40 Std. | | 45 Std. | | 30 Std. | |
| 5. Ø- Umsatz (Kd./AD) | Umsatz / Kunde | Umsatz / AD | 0,5 ME | 0,25 ME | 0,6 ME | 0,3 ME | 0,7 ME | 0,35 ME |
| 6. Kd.-/AD-Rentabilität | Kd.-Gew. (x 100) / Kd.-Ums. | AD-Gew. (x 100) / AD-Ums. | 10% | 20% | 11% | 25% | 12% | 29% |

Abb. 39: Ausgewählte Kennzahlen zur Verbesserung des Vertriebsprozesses und der Hit-Rate-Optimierung (ROS – Return-on-Sales-Kennzahlen) (© Prof. Dr. R. Hofmaier).

| Vorgehens-schwerpunkte / Kunden-gewinnungs-prozess | Zielsetzung & Aufgabenstellung | Verant-wortung & Unterstützung (Wer?) | Zeitrahmen & Manntage (Bis wann?/Ressourcen?) | Mess-kriterien | Budgets/Störfaktoren etc. |
|---|---|---|---|---|---|
| Ausgangszielsetzung/-situation: | 15 Kundenaufträge für ein Neuprodukt, in 2014 zu realisieren: 50 Mio. EUR **Zielumsatz** | | | | |
| (0) Terminierungen & erste Gespräche | 50 Vorselektierte Kundenadressen<br>40 Potenzielle Kunden ansprechen | | | | |
| (I) Bedarfsfindung & Verifizierung | 30 Kunden- & Bedarfs-verifizierungsgespräche durchführen | | | | |
| (II) Anfragen generieren | 20 Anfragen generieren | | | | |
| (III) Angebote erstellen/verfolgen | 20 Angebote abgeben | | | | |
| (IV) Auftragserteilung / Auftragsgewinnung | 15 Aufträge gewinnen | | | | |
| (V) Auftrags-fakturierung | 15 Aufträge durchführen & Nachfolgeverträge vorbereiten | | | | |

Abb. 40:    Hit-Rate-Zielplanung für eine Neuprodukteinführung (© Prof. Dr. R. Hofmaier).

Weitere heranziehbare Hit-Rate-Kennzahlen wie die Effizienz der Bearbeitungszeiten sowie relevante qualitative Erfolgs- und Ertragskennzahlen je Kunde und Vertriebsmitarbeiter können ebenfalls gezielt hinterlegt und verbessert werden.

Aufgrund der **gewonnenen Erfahrungswerte** der ausgewerteten Kennzahlen können nun auch **detaillierte Vertriebsprozessvorgaben** z. B. für die Einführung eines neuen Produktes oder Kundenprojektes und die Akquisition hierfür infrage kommender Kunden genauer geplant und eingephast werden (vgl. Abb. 40). Dadurch werden entsprechende Vertriebsschritte und Ergebnisse genauer planbar und umsetzbar.

Insgesamt kann für **ein integriertes Marketing-, Vertriebs- und Kundenmanagement, seine Steuerung und Kontrolle** auf einen ausgewählten **Kennzahlenmix** zurückgegriffen werden (vgl. Abb. 41).

Diese Kennzahlen können in **Marketing-, Vertriebs- und Kundenkennzahlen**, sowie in diesbezügliche **Prozess- und Ressourcenkennzahlen** aufgeteilt werden. Während die **Marketing- und Kundenkennzahlen** entsprechende Segmentanteile, Potenzialausschöpfungen, Positionierungen etc. beinhalten und sich spezifische **Kundenkennzahlen** auf kundenrelevante Marktanteile und Single-, Cross-, Up-Selling-Kennzahlen, Kundenzufriedenheits-, Loyalitäts- und Kundenbindungsindizes etc. ausrichten, konzentrieren sich die **Vertriebskennzahlen** schwerpunktmäßig auf Absatz-, Umsatz-, Margen- und Rentabilitätskriterien. Die **Prozesskennzahlen** beinhalten vornehmlich die bereits angesprochenen Hit-Rate- und ROS-(Return-on-Sales-)Kennzahlen. Die **ressourcenbezogenen** Kenngrößen orientieren sich hauptsächlich an den mitarbeiterrelevanten Motivations- und Qualifikationsindikatoren, aber auch an entsprechende Entwicklungs-, Stellenbesetzungs- und Job-Enrichment- sowie Führungs-, Kultur- und Innovationskennzahlen.

Gesteuert werden kann mit einigen **wenigen** ausgewählten Kennzahlen nicht nur generell, sondern es können detailliert z. B. zur Zielplanung für die Einführung eines **neuen Produktes** bzw. eines **neuen Lösungs-** oder **Projektansatzes** die anstehenden Schritte, Aktionen und Aufgaben/Maßnahmen, Verantwortlichkeiten und Kennzahlen (Messkriterien) etc. festgelegt und damit kurzfristig die jeweilige Zielerreichung bis hin zu den finalen Aufträgen unmittelbar gesteuert, kontrolliert und verbessert werden. Die notwendige Implementierung hierfür kann Abb. 42 entnommen werden. Diese **Implementierungsmatrix** zeigt auf, wie entlang der jeweiligen vertrieblichen Prozessstufen, die entsprechenden Phasen, Aufgaben und Vorgehensweisen (CRM-gestützt) festgelegt und umgesetzt werden können. Damit wird die erforderliche Transparenz verbessert, kurzfristige Feedbacks, Abstimmungen und Ergänzungen ermöglicht werden und integrativ eine konsequente und effektive Vermarktung unterstützt.

# Ausgewählte Marketing-, Vertriebs- & Kundenplanungs-, Steuerungs- & Kontrollkennzahlen

## Marketing- & Kunden-mgmt.kennzahlen

- └ Marktdurchdringung/ Marktanteil
- └ Kundenmarkt-durchdringung/ Kundenmarktanteil
- └ Neukundenanteil
- └ Neuprodukt-/Serviceanteil
- └ Kundenzufriedenheit
- └ Kundenloyalität
- └ Kundenbeziehung & Kundenbindung
- └ USP & Imagekriterien
- └ Sonstige Positionierungskennzahlen
- └ Single-, Cross-, Up-, Strategic-Selling-Kennzahlen

## Vertriebs-kennzahlen

- └ Markt
  - ╚ Umsatz
  - ╚ Absatz
  - ╚ Marge
- └ Kundenumsatz/ Absatz/Marge
- └ Neukundenumsatz/ Absatz/Marge
- └ Neuproduktumsatz/ Absatz/Marge
- └ Vertriebsqualität
- └ Sonstige Vertriebspositionierungskennzahlen

## M & V & C-Prozess-kennzahlen

- └ Vertriebsprozess-/ Vertriebliche Hit-Rate-Kennzahlen (ROS-Kennzahlen)
- └ Akquisitionsprozesskennzahlen (inkl. Akquisitions-mixkennzahlen)
- └ Neuproduktentwicklungskennzahlen
- └ Marketingprozesskennzahlen
- └ Sonstige M & V & C-Prozesskennzahlen

## M & V & C-Mitarbeiter-kennzahlen

- └ M & V & C-Motivationsindex
- └ M & V & C-Qualifikationsindex
- └ M & V & C-Entwicklungsindex (inkl. Job-Enrichment-Kennzahlen)
- └ M & V & C-Führungsindex
- └ M & V & C-Kulturindex
- └ M & V & C-Innovationsindex

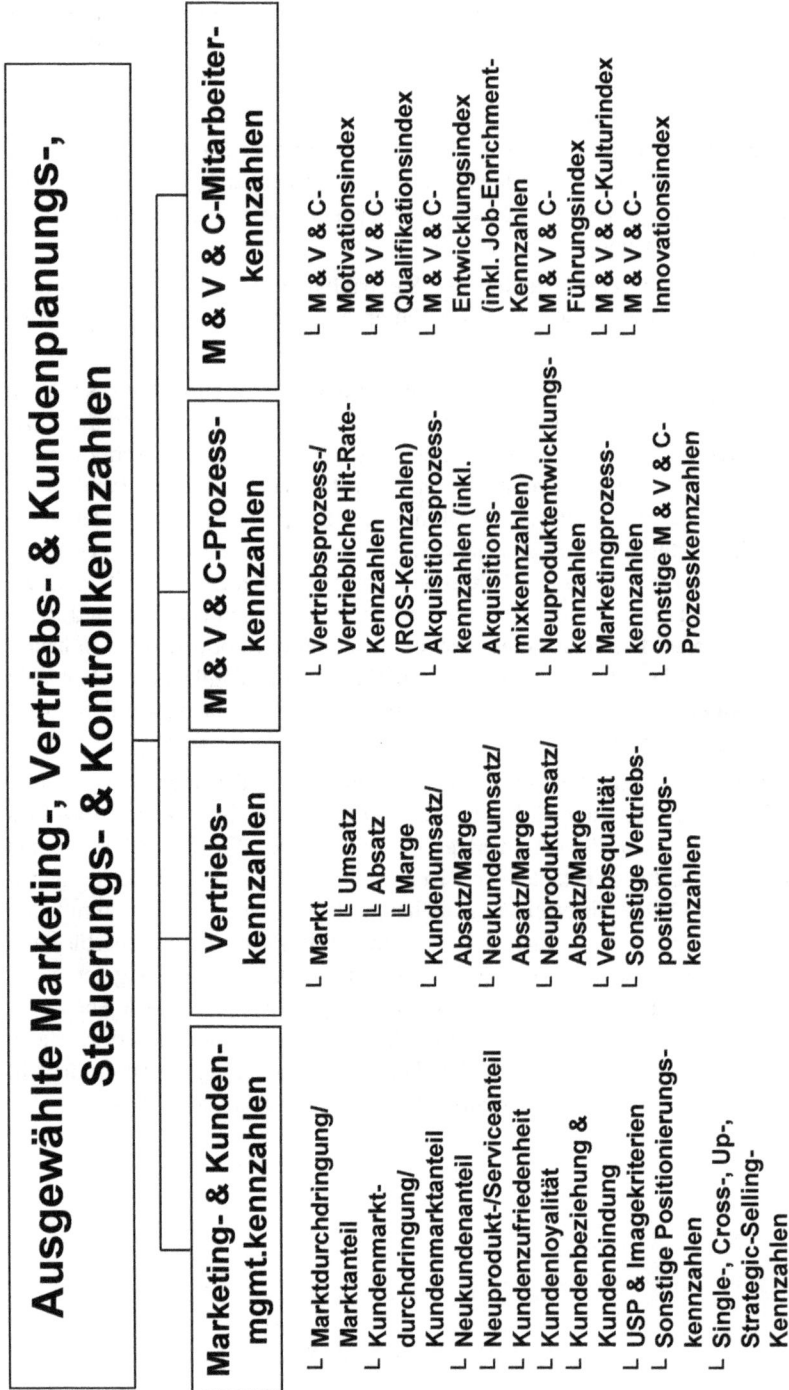

Abb. 41:    Ausgewählte Marketing-, Vertriebs- und Kundenplanungs-, Steuerungs- und Kontrollkennzahlen (© Prof. Dr. R. Hofmaier).

| Maßnahmen / Phasen | Ziele | Aufgaben & Inhalte | Maßnahmen | Verantwortung/ Support | Zeit / Deadline | Budgets | Kennzahlen (Messkriterien) | Konsequenzen/Folge-Maßnahmen etc. |
|---|---|---|---|---|---|---|---|---|
| Basisdatenerfassung/ Detaillierung von Kunden- & Entscheiderkennzahlen | | | | | | | | |
| Kundenbedarfs- & Anfragengenerierung | | | | | | | | |
| Anfragenqualifizierung & Angebotserstellung | | | | | | | | |
| Angebotsverfolgung/ Nachverhandlung & Closing | | | | | | | | |
| Auftragserteilung & Durchführung | | | | | | | | |
| After-Sales- & Folgemaßnahmen | | | | | | | | |

Abb. 42: Implementierungsansatz einer vertrieblichen Hit-Rate-Optimierung (© Prof. Dr. R. Hofmaier).

# 4        Cross-Cultural Negotiation (Crosskulturelles Verhandlungsmanagement)

*Dennis Zocco*[24]

*Negotiating* is the process of communication in which two or more parties jointly attempt to reach a single- or multi-issue agreement that has value to all parties. Negotiations take place constantly, both intra-company and inter-company. As example, a product manager negotiates with a division president for more resources; a human resource specialist negotiates with an employee for a salary increase; a media buyer negotiates with an advertising agency account executive for online advertising placements; a customer service representative negotiates the resolution of a delivery problem with a key account customer.

Negotiating across **cultures** presents an added dimension of complexity to the communications and protocols involved in the negotiating process. Consider a German media buyer negotiating ad rates with a Japanese media broker; an Indian software sales representative negotiating the terms of an engagement with a Swedish utility company IT specialist; an Italian human resource manager negotiating a compensation package with a prospective Mexican plant manager. Negotiating across these cultural divides, with their differences in approaches to agreement focus, interactive style, time sensitivity, decision-making hierarchy, and relationship value, presents complex challenges to a negotiator.

Culture has been defined in many ways. According to Max Weber, the late 19th and early 20th century German sociologist, philosopher, and political economist, "The concept of culture is a value-concept. Empirical reality becomes 'culture' to us because and insofar as we relate it to value ideas. It includes those segments and only those segments of reality which have become significant to us because of this value relevance."[25] Talcott Parsons, a 20th century American sociologist defined culture as consisting of "…those patterns relative to behavior and the products of human action which may be inherited, that is, passed on from generation to generation independently of the biological genes."[26] One of the simplest definitions of culture, the author of which is unknown, is that culture is what remains after all else is forgotten.

Every organization has multiple interactions with its customers, with **marketing**, **sales**, and **customer service** having the **greatest impact on customer decision-making**. Each contact point represents a segment of a long-term negotiation, often occurring across diverse cultures, that spans the entire customer engagement including many of the organization's functional areas. Consider the following as an illustration.

Christian, a salesperson from an equipment company in Hanover, Germany, is preparing to travel to Sao Paulo, Brazil, to negotiate the sale of his company's industrial equipment with Daniella, a potential buyer from a Brazilian agribusiness company. The interest of the Brazilian company in the products of the German company was generated by a marketing cam-

---

[24]    Prof. Dr. Dennis Zocco ist Professor für Finanzwissenschaften und Direktor des „Master of Science in Executive Leadership Program" (mit Schwerpunkt „Cross-Cultural Negotiation") an der School of Business der University of San Diego (USA).

[25]    Weber, M.,1949, p. 76.

[26]    Parson, T.,1949, p. 8.

paign made effective through rigorous marketing research. As a result of that interest, Christian was able to schedule a meeting with Daniella to begin the negotiation for the sale.

Christian had never been to Brazil and had no experience negotiating with a Brazilian. So he met with the marketing team that produced the campaign targeted to the Brazilian agribusiness company. He asked them what factors they considered in designing and implementing their campaign. The marketing team gave Christian valuable information that resulted from their extensive quantitative and qualitative marketing research. Christian learned that Brazil's economy is the sixth largest in the world (behind only the U.S., China, Japan, Germany, and France) and is considered by many economic experts to have the potential to move up in the rankings in the next few years. Recently, however, Brazil's GDP growth has slowed and inflation has become a problem. Christian also learned that the agribusiness sector has continued to thrive as it is focused mainly on exports and that Daniella's company is one of the leaders in the sector.

Christian considered the information he gathered from the marketing team valuable in his preparation for his negotiation with Daniella. In his experience in the sales division of his company, he knew that the marketing team has worked closely not only with the company's sales teams in their preparations for upcoming sales negotiations but also with customer relations in providing updated market information on the Brazilian economy, the manufacturing sector, and specific companies.. He decided to contact other members of his company's sales and customer service teams assigned to Brazilian accounts.

The sales personnel experienced in negotiating with Brazilians gave Christian useful information based on their experience. He learned that in the Brazilian culture time is viewed much differently than in the German culture, and that he should expect the negotiation to proceed slowly, that interruptions would take place during the negotiation, and that some meetings will not start or end on time. He also learned that Brazilians are more relationship-oriented than detail-oriented, as are Germans, in their approach to negotiations. They told him that they learned from interacting with the company's Brazilian sales teams that Brazilians are much more emotional in their negotiations than are Germans, but it is a way of making a point rather than being angry. He learned that the native language of Brazil is Portuguese, not Spanish as is the case in other South and Latin American countries and that Daniella will expect Christian's business cards to be printed in Portuguese as well as German.

Christian's company had other Brazilian customers, so he assumed he could learn even more about how Brazilian's negotiate from the customer service specialists assigned to those Brazilian accounts. When he spoke with them, they told him that they are involved very early in customer engagements, providing the marketing and sales specialists with valuable feedback on strengthening as well as deepening the company's relationship with the customer.

Christian believed he was much better prepared for his upcoming negotiation with Daniella after his conversations with his company's marketing, sales, and customer relations teams, but the most important takeaway was that the **integration of those three areas of the company** provided coordination, consistency, and clarity (Koordination, Übereinstimmung, und Klarheit) in his company's approach to the cross-cultural sales negotiations that were taking place on a daily basis.

Of course, Christian would perform his own research focusing on the Brazilian cultural norms and business protocols, the Brazilian negotiating and communicating styles, and the state of the Brazilian economy and agricultural industry. He would also research Daniella's company by reading its annual report, press releases, and public information. His own research would be extensive and based on a strong base of information he received from his own company's marketing, sales, and customer services areas.

Daniella likely will be preparing for the upcoming negotiation in the same way as Christian, increasing the probability that the negotiation will be successful for both companies. Christian and Daniella will form a strong, trusting, and professional relationship as each will have the foundation for adapting to each other's cultural influences on their negotiation. The teams that will support Christian and Daniella in the negotiation will include representatives from marketing, sales, and customer service, and this **integrated approach** will increase the likelihood that they will develop a forward-looking agreement that has value for all parties.

This fictional account of Christian's preparation illustrates the **power** of an **integrated marketing-sales-customer service approach** in implementing a **successful cross-cultural negotiation** within an organization and providing **coordinated, consistent, and clear interactions** with the customer. Organizational success in cross-cultural negotiation requires a commitment to excellence in continued development of cross-cultural negotiating skills throughout the organization and a recognition and reward structure that aligns performance with the organization's mission and core values.

Exhibit 1 below represents a **bottom-up approach** to **building a successful cross-cultural negotiating** organizational capability with the **integration of marketing, sales, and customer services** as its foundation. Let's look at each building block of organizational cross-cultural negotiating success.

## Cross-Cultural Negotiating Pyramid

Ⓔ Rewards and Recognition

Ⓓ Job Enrichment (Skills/Tasks/Autonomy/Feedback)

Ⓒ Training and Coaching

Ⓑ Bridging Cultural Divides

MARKETING

SALES

(1) **Agreement** Focus: Principal-/Short-Focused/Top Down Detail-/Long-Focused/Bottom Up
(2) **Interactive** Style: Direct/Linear vs. Indirect/Reactive
(3) **Time** Orientation: Short Term (Monochronic) vs. Long Term (Polychronic)
(4) **Decision-Making**-Hierarchy: Achievement/Rank vs. Status/Age
(5) **Relationship** Value: Deal Based/Less Significant vs. Personal/Very Significant

Ⓐ Core Cross-Cultural Negotiating Skills

(1) Successful **Negotiating Style**: Competitor vs. Collaborator
(2) Mastering the **Substance**: Norms, Economy, Markets, Company, Risk
(3) **Good** Setting: Specific, Optimistic and Justifiable (Value Based)
(4) Flexible **Strategy**: Opening, Middle and End Game (Value Possibilities)
(5) Managing Allocation of **Risk**: Risk Aversion Management
(6) **Ethical** Negotiating: Principal Based vs. Detail-Oriented Cultures

## CUSTOMER MANAGEMENT AND SERVICE

Abb. 43/Figure 1:    Building Blocks of Organizational Cross-Cultural Negotiating Success.

## 4.1　　Core Cross-Cultural Negotiations Skills

There are seven core skills essential to successful negotiating, either within one's own culture or across cultures. They are (1) developing a successful negotiating style, (2) mastering the substance, (3) establishing specific, optimistic, and justifiable goals, (4) understanding the other party's interests, (5) developing a flexible strategy, (6) assessing and managing the allocation of risk, and (7) negotiating ethically.

**Core Skill #1: Developing a Successful Negotiating Style**
Negotiators' styles can be summarized into two distinct categories: competitive and collaborative. These styles are found in varying degrees in all cultures.

The **Competitor**. This type of negotiator sees the negotiation as a win/lose battle where concessions by the other party are additions to the "score" while their own concessions are subtractions. They play the game for a "shutout", that is, they negotiate for an agreement in which they have all the value and their counterparts have none. The characteristics of a competitive style are easily recognized. Competitors are very reluctant to provide information, but expect answers to all their questions. They use tactics such as stalling for time, presenting ultimatums, and asking for concessions to save the relationship. The best way to deal with a competitor is to stress that their behavior has short-term costs (reciprocal competitive behavior or the negotiation resulting in no agreement) and adverse long-term consequences (limited or no continued business).

Competitive negotiating styles, in varying degrees, can be found in cultures existing in the United States, Italy, China, Spain, South Korea and Russia. Most negotiators from these cultures ultimately strive for a positive long-term relationship and an agreement that provides value to all parties. However the approach at achieving those objectives is somewhat competitive.

The **Collaborator**. Negotiators adopting this style take more of a problem-solving approach to the negotiation with more of a win-win rather than win-lose focus. Collaborating negotiators are much more willing to strategically exchange information that will lead to a better understanding of each other's interests. Collaborators rely on the trust that results from a strong relationship and search for ways to create value throughout the negotiation. Collaborators are skilled at recognizing value-creating opportunities through the strategic exchange of concessions. Within this style, successful negotiators are competitive in two ways: achieving their goals and utilizing leverage when available. Collaborative styles are found in Germany, Japan, Austria, the United Kingdom, and Thailand.

Although the cultures throughout the world have a predominant negotiating style, each negotiator brings his/her own personal style to the negotiating table. Variations of country- and cultural-based negotiating styles may result from regional, ethnic, or industry influences. For example, in the situation described above where Christian (a German sales rep) was preparing for a negotiation with Daniella (a Brazilian prospective customer), Christian learned that although the national language of Brazil is Portuguese, the second most spoken language in the country is German due to a large population of German descent. Therefore, even though Christian is prepared to find Daniella's style of negotiating more in line with the competitive nature of the Brazilians, Daniella may be of German descent and therefore may have the more collaborative cultural influence of her German heritage.

Another illustration of cultural differences in negotiating style within a country would be in the United States, where negotiators in the northern and eastern regions will likely have a competitive style while those in the southern states have a collaborative style. The western coastal region of the U.S. has a more casual, cooperative nature although two of the most competitive industries – entertainment and high-tech – are located in this region. Farther south in the Americas, Argentina has a collaborative style of negotiating, yet over half of the population has some Italian descent, which culturally has a competitive style.

### Core Skill #2: Mastering the Substance

The term *mastering the substance* is widely-used among experienced, professional negotiators. It relates directly to the knowledge a negotiator acquires before, during, and after the negotiation. To *master the substance*, a negotiator must have or acquire extensive knowledge of the market or environment within which the negotiation takes place as well as the motivations and interests of all involved parties. Mastering the substance in cross-cultural negotiations goes farther in that it refers to researching and understanding international markets as well as the cultural influences the parties bring to the negotiation.

The knowledge mastery necessary to succeed in cross-cultural negotiation is in **six areas**: cultural norms and business protocols, negotiating and communicating styles, state of the economy, market condition, company condition, and political risk.

**Cultural Norms and Business Protocols**. Marketing programs, sales negotiations, and customer relationships can be sabotaged through inadvertent violations of a country's cultural norms and business protocols. In many cultures they often are as important as the positions taken in a negotiation.

As examples, although Arabic is the native language of Morocco, the language of business in that country is French. Exchanging business cards in Japan, China, and South Korea is done with both hands, giving and receiving. Not reading the business card would likely be considered an insult. However, in Thailand, India, Turkey, and Indonesia, a business card is always offered and accepted with the right hand only.

Gift-giving is a tricky affair. In the United States, Northern Italy, Spain, Australia, and Germany, giving a gift in a business situation may call into question the motive for the gift. It is best to avoid gift-giving in those countries. However, in China, Japan, Southern Italy and South Korea, giving gifts in a business setting, even gifts of significant value, is culturally acceptable.

In Japan, never refer to a person by their first name unless asked to do so. In China, never openly show frustration or anger, especially to one of advanced age or high professional or political status as it will cause that person to *lose face*. In Spain, never use aggressive tactics such as ultimatums or walk-outs as they will be taken as a personal affront.

**State of the Economy**. Economic conditions and expectations have an important influence on the risk/return trade-offs in international negotiating decisions. Economies around the world do not move in synchronization. Asian economies may be booming while Europe is in a recession. Although the increase in multinational trade has dampened these differences, they still exist, and economic activity can change quickly.

For example, a German salesperson preparing for a negotiation in Switzerland would master the substance of the Swiss economy by learning that Switzerland has the nineteenth largest GDP in the world, but the fourth highest per capita GDP behind only Luxembourg, Qatar, and Norway. It has the highest employment rate among the OECD countries and was ranked first in economic competitiveness by the World Economic Forum and first in innovation by the World Intellectual Property Organization. A German negotiator knowing this information would surely impress his Swiss counterparts and potentially be able to utilize the information to support a negotiating position.

Economic information about world economies can be found at the International Monetary Fund and the World Bank. Most countries have their own economic statistics government offices, for example, the *Swiss Federal Statistics Office* in Switzerland, *Destatis* in Germany, *Istituto Nazionale di Statistica* in Italy, the *Statistics Bureau of the Ministry of Internal Affairs and Communications* in Japan, the *National Bureau of Statistics* in China, the *Federal Reserve Board* in the United States, and the *Bureau of Statistics* in Australia.

**Market Condition**. Supply and demand conditions in world markets are dynamic and can shift quickly and dramatically. Price volatility in some markets is high, especially those involving natural resources. Negotiators, in mastering the substance for markets and industries, need to research the current supply and demand conditions as well as the pricing structure and the existence of shortages or surpluses in the markets in which they are negotiating. This information could serve as leverage points in the negotiation and can be found at the same sources that provide economic data. Often industry professional organizations have their own publications and websites that provide valuable information for a negotiator.

**Company Condition**. The Internet provides a wealth of information about specific companies, although care should be taken to verify the sources. All publicly-traded companies as well as most private companies have their own websites that displays product and management information. Publicly-traded companies provide electronic access to their **annual reports** (corporate philosophy, mission statement, financial performance, product descriptions, research and development results), **press releases** (new product announcements, management changes, annual and quarterly earnings reports, factory openings/closings), and **quarterly earning conferences**. Google, Bing, and Baidu have search alerts that provide notification when any news is posted on the Internet involving a particular company. Also, a company's **Corporate Social Responsibility Report** can provide valuable information in the mastering the substance phase of the negotiation.

**Political Risk**. Risk of a political nature differs from the normal business risk negotiators see in any potential agreement. It refers to the uncertainty of business outcomes based on political, non-market actions in a country. These actions might be shifts in fiscal or monetary policy or a change in ruling political parties and positions regarding the encouragement of trade with outside nations. Local politics presents another, often more complicated, form of political risk. In countries where consensus decision-making is a strong cultural influence, local political or union leaders may be important stakeholders who are absent from the negotiating table. Countries considered to have high political risk are Russia, Venezuela, Vietnam, Egypt, and Greece, while countries with low political risk are the Scandinavian countries, Northern ans Western European, and Northern American countries.

### Core Skill #3: Setting Specific, Optimistic, and Justifiable Goals

Negotiating goals give direction and trigger powerful psychological "striving" mechanisms that are in play both consciously and subconsciously during a negotiation. Successful negotiators take great care in setting negotiating goals that are specific, optimistic, and justifiable, resulting in what are called Maximum Plausible Positions (MPP).

Goals should be *specific* enough to provide a clear value-based target. Quantitative negotiating issues should have quantitative targets that can be translated into a measurable benefit to the company. Examples of quantitative negotiating goals might be to have a customer agree to buy one hundred product units at one thousand euro per unit, or to have a client agree to a three-year, five-million euro marketing program that includes both print and online advertising.

Qualitative goals should be identified so that some scalable measure of success can be applied to the degree to which the goal is achieved. For example, qualitative negotiating goals might be to finalize the relationship-building phase of the negotiation so that the details of the negotiation can be discussed during the next meeting, or for a company's customer service specialist to get approval for his company's sales representative to meet with a division head to allow deeper sales penetration into the company. A test as to whether a goal is specific enough to be useful is to be able to write the goal on a notepad. Successful negotiators often take that notepad into the negotiation so that they can refer to the goals they are trying to achieve.

The rationale for *optimistic* goals is that they trigger powerful psychological and behavioral commitments to the best possible outcome of the negotiation on each issue. By setting less than optimistic goals, you mentally concede anything beyond that goal, so you seldom have a better outcome.

*Justification* for goals is extremely important in that it separates an *optimistic* goal from what might be considered an *outrageous* goal. Although optimistic goals may not be accepted by the other negotiating party, they have logical justifications based on economic and market conditions. Outrageous goals have no justification in either economic or market conditions and may antagonize the other side or cause the party having an outrageous position to lose credibility.

A cultural component of negotiation goal-setting exists. Expect negotiators from Saudi Arabia, Russia, India, China and Japan tend to have very optimistic goals. These negotiators will likely make large concessions toward a final agreement. Goals closer to market conditions can be expected from negotiators from Germany, the United States, Canada, the United Kingdom, South Africa, Austria, and the Scandinavian countries. Opening offers from negotiators from these countries will likely be closer to their reservation (final) level so that concessions will be smaller to arrive at a final agreement.

**Core Skill #4: Understanding the Other Party's Interests**
The American author, F. Scott Fitzgerald, once said: "The test of a first-rate intelligence is the ability to hold two opposing ideas in the mind at the same time, and still be able to function." This concept holds true for negotiators. The task of having your own interests and those of your counterpart in mind while you negotiate an agreement is not an easy one, but a necessary and beneficial one. Ignoring the other party's interests in a negotiation hinders the ability of both parties to create value in the negotiation and jeopardizes the opportunity to forge a long-term, trusting relationship.

A better approach is to convince the other parties involved in the negotiation that to arrive at an agreement that has value to all parties, all negotiating parties should be willing to make concessions of varying degrees to reach an agreement that addresses everyone's interests. The relative size of the concessions made will depend upon the amount of leverage each party holds in the negotiation.

Concession-making can reveal the value parties place on the issues. For example, negotiators typically make larger initial and overall concessions on issues of less importance to them and smaller concessions on issues of greater importance. By mentally tracking the concessions, a negotiator can either validate your preliminary judgment on the extent to which the other parties value the issues or revise those judgments.

Interests can be uncovered by asking open-ended questions and having the patience and confidence to listen carefully to the answers. Information received from your counterpart is the foundation for creating value in the negotiation. You get that information by listening, not talking. Negotiators from Asian cultures use this approach very effectively.

### Core Skill #5: Developing a Flexible Strategy

Negotiating *strategy* establishes a roadmap for the journey to agreement and provides stability, continuity, and direction for tactical behaviors. *Tactics* are short-term, adaptive moves designed to enact and pursue a higher-level strategy. They are used when necessary to keep the strategic journey on course to agreement.

No negotiation strategy, regardless of how well it is researched and designed, will progress exactly as planned when implemented. Each negotiator must react to the actions of the other parties as they implement their strategy. No matter how much preparation takes place, negotiations involve people, possibly from a different cultural background, and it is very difficult to anticipate with complete accuracy how people think, act, and react. Furthermore, information acquired through the process of negotiation will influence and alter strategic direction. For this reason, a *flexible* strategy is important.

Developing and implementing strategy as a chess master would provide significant benefits, as many of the elements of success in chess can be adapted to success in negotiation. In chess, there are three phases to a game: an opening game, a middle game, and an end game.

The **opening game** in a negotiation involves gaining rapport and building a relationship with the other party, managing the issues to be negotiated, establishing opening positions, and anticipating reactions to those positions. The length and focus of this opening game will vary based on culture. Those cultures that are relationship-based rather than contract-based will want longer opening games to determine whether a strong relationship can be forged between the parties. That relationship will serve as the basis for moving on to the middle game. Negotiators from contract-based cultures will want to spend the time in the opening game on agenda-setting and presenting opening positions, then move quickly into the middle game. Relationship-building for contract-based cultures takes place through performance on the contract after the contract is signed.

The **middle game** has the negotiators engage in strategic information exchanges. This stage of the negotiation involves the expression of each party's interests through statements and concession patterns. In this important stage, negotiators explore areas of **value creation**, implement strategic concession-making, if necessary, and build momentum for a final agreement.

Cultural differences in the approach to the middle game abound. Inability to adapt to contrasts in **negotiating style** (competitive vs. collaborative) and **communication style** (direct vs. indirect) can cause frustrations and lost opportunities for value creation. Different cultures have different attitudes toward exchanging information. Negotiators willing to **share information to explore value creation** in a negotiation are normally from Germany, France, Austria, India, and the North American and Scandinavian countries. Negotiators who view information as a leverage point and are reluctant to share information are from the Asian, Middle Eastern, and Latin American countries as well as Spain, Portugal, Turkey, and Russia.

The **end game** involves periodically testing for a final agreement and, if it does not exist, uncovering areas of resistance. When the reasons for resistance to agreement are found, all parties try to develop low-cost solutions to the agreement obstacles and then re-explore possible agreement packages to determine the one that has the optimal amount of **total value possible for all parties**. Often in cross-cultural negotiations, barriers to agreement exist because negotiators are unable to bridge the cultural divides described below.

The **integration of marketing, sales, and customer service** can provide **significant benefits** not only in developing a **consistent strategy** for important negotiations in a customer engagement, but also in overcoming obstacles to an **agreement**. When obstacles are difficult to detect, shared insights among the three functional areas can provide **valuable information for breaking down barriers**.

To illustrate the cultural differences in implementing a strategy, the planned opening game of a **German sales negotiator** with a potential customer would be a review of the issues and the order in which they will be negotiated. The middle game would be a sequential negotiation on each issue with all parties presenting opening positions and supporting them with facts. Agreements on those issues would be achieved along the way. The German negotiator would be reluctant to return to issues already agreed upon. He would make some concessions during the negotiations on each issue, but they would be small ones as opening positions would be close to reservation levels. The objective of the end game for the German negotiator would be to review of the interim agreements and combine them into an overall agreement package that describes in detail the obligations of all parties. The German negotiator would expect all parties to honor those obligations.

If the potential customer was another German or possibly an American, the negotiation would progress as planned. But assume that the customer was a Roman. The strategy would not unfold as planned. The opening game of the Roman negotiator would be to take considerable time to establish a **comfortable and trusting relationship** before the issues are addressed. The time would be spent at lunches and dinners discussing the background and families of the negotiators and possible the history and current political situation in Italy. The negotiation issues might be addressed only in passing. The Roman's middle game might be unstructured. The issues likely would be discussed in no particular order, possibly with no agreement achieved before moving from one issue to the next, and then possibly returning to previously discussed issues. Emotions would enter the discussions to demonstrate the commitment by the Roman to positions taken by either side. The Roman might make a concession on a particular issue, then take it back in order to make an even larger concession on another issue. The Roman's end game would be a summarization of the discussions that took place in the middle game with the final agreement both lengthy and detailed, but the commitment to the agreement would depend more on the personal relationship that had developed between the parties than the agreement itself. Both parties would need to adjust their strategic plan to make the negotiation successful.

### Core Skill #6: Assessing and Managing the Allocation of Risk

Most business agreements involve future performance, and since the future is not known with certainty, risk exists in most negotiated agreements. Consider a simple cash transaction at a swap meet where a music CD is purchased at a negotiated price. The buyer has some expectation that the CD in the case (1) has music on it, (2) has the music represented by the label, and (3) has music of an acceptable quality. Without actually sampling the CD by playing it in its entirety, the risk to the buyer is that the CD will not perform as advertised and expected. For the seller, cash in the national currency is received as a result of the negotiated and agreed-upon price, so there is no risk in receiving the cash. However, the risk taken by the seller agreeing to the transaction is that the seller might have been able to sell the CD to the next potential buyer at a higher negotiated price.

By multiplying the number of issues in this simple CD transaction by a factor of ten and multiplying the monetary scale of the transaction by a factor of a hundred thousand, the risk in a typical high-level multi-national transaction can be appreciated. A critical element in negotiating that is often overlooked is the assessment and management of the allocation of risk among the negotiating parties.

Risk aversion is a psychological concept adopted by the fields of economics, finance, marketing, and management. It refers to the degree to which a person is willing to engage in an activity in which more than one outcome can occur. The wider the range of possible outcomes (or possibly the existence of a negative outcome), the greater the perceived risk. A negotiator with a high degree of risk aversion would be willing to accept an agreement with low perceived risk and sacrifice expected return while a negotiator with a lower degree of risk aversion would be willing to accept an agreement with higher perceived risk as long as the expected return would compensate for that higher risk.

Cultures can be characterized by their **degree of risk aversion**. Cultures with higher risk aversion are Asian, Latin American, Middle Eastern, German, Spanish, and Italian. Negotiating with these cultures will require greater proactive effort in anticipating perceived risks and proactively finding ways to mitigate them. Culture that exist in North America, Scandinavia, and Australia have a lower degree of risk aversion, that is, they are willing to accept greater levels of risk in an agreement. Therefore, the burden on negotiators facing counterparts from high risk-averse cultures is to present a higher return potential as compensation for taking on the greater risk.

Ways in which different cultures pursue risk mitigation varies. In Asian and Latin American cultures, negotiators mitigate risk through relationship building. If problems arise in the performance on the contract, they expect to rely on the relationship between the parties to resolve the problems. In contrast, in North American and German cultures, contracts are laden with details that represent legal obligations for the parties' performance on the contract. Although relationships are relied upon to resolve problems, these cultures are more likely to ultimately rely on applicable laws and legal remedies.

### Core Skill #7: Negotiating Ethically
Potter Stewart, a former Associate Justice of the United States Supreme Court, once said that ethics is knowing the difference between what you have a right to do and what is right to do. What a negotiator *has the right to do* is dictated by the laws of his country and the country of his counterpart, both of which should be obeyed without question. What *is right for a negotiator to do* depends on the business and social norms and protocols of the cultures involved in the negotiation.

Most cultures operate under established contract law for international transactions. For example, the Principles of European Contract Law governs international transactions for the twenty-seven member states in the European Union. Also, seventy-nine countries have ratified the United Nations Convention on Contracts for the International Sale of Goods (CISG). These conventions have enforcement provisions that protect the parties involved from damages due to non-performance.

Yet in some cultures, especially those that favor **principle-based contracts** (for example, Italy, Spain, Portugal, Brazil, Japan, China, and Saudi Arabia), signed contracts resulting from a negotiation are viewed as merely a formality to the stronger ties represented by the **relationship** between the parties. **Detail-oriented cultures** (for example, Germany, Austria, Spain, Argentina, the United States, and South Africa) will consider signed contracts as an ironclad document that will **guide future actions**. In these cultures, violation of a contract term would be considered a significant breach not only of contract law but of the ethics involved in the business relationship between the parties.

Consider a contract signed by a German seller and a Portuguese buyer. Non-performance by the Portuguese buyer on any of the terms of the contract would be seen by the German seller as unethical and a legal violation, but the Portuguese buyer would see it as merely a business-condition adjustment to the verbal agreement overriding the contract. This situation would likely be encountered by a customer service specialist after the marketing and sales specialists negotiated a signed contract. The consistent and clear communications between the German and Portuguese companies **across the marketing-sales-customer service continuum** would allow a contract performance problem to be resolved without damaging the business relationship. These adjustments may have implications on potential redesigns in marketing and sales strategies.

An especially perilous area of cross cultural negotiation is gift giving. In some cultures, gift giving is a valued element of the social and business interaction. In others, gift giving could be considered bribery and be subject to criminal sanctions.

In the past several decades, anti-bribery (and anti-corruption) conventions and legislation have emerged around the world. The first international convention directed at preventing corruption was the *Inter-American Convention Against Corruption*, enacted in 1997 by the Organization of American States which includes Northern, Latin, and South American countries. Other international efforts to prevent corruption includes the *Anti-Bribery Convention* of the Organization for Economic Cooperation and Development which has all thirty-four members as signatories as well as non-members Argentina, Brazil, Bulgaria, Columbia, Russia, and South Africa; the United Nations' *Convention against Corruption*; the Economic Unions' *Conventions against Corruption;* the Council of Europe's *Criminal and Civil Law Conventions on Corruption*; and the African Union's *Convention on Preventing and Combating Corruption.*

Individual countries have also taken measures to prevent bribery. In 1997, Germany enacted the *German Anti-Corruption Act*[27] *(Gesetz zur Bekämpfung der Korruption)* which applies to both public and private sector transactions but imposes penalties only on individuals, not companies. The UK has its very stringent Bribery Act of 2010 and the United States has it *Foreign Corrupt Practices Act*[28].

Within the context of these laws and conventions, what is culturally *right to do* may present a dilemma to the cross-cultural negotiator. In some cultures, such as those in Germany, the United States, Italy, Portugal, and France, gift-giving in a business setting is rare. However,

---

[27]    U.S. Foreign Corrupt Practices Act
[28]    15 U.S.C., 2006.

in many other cultures, such as those that exist in China, Japan, South Korea, Thailand, and Saudi Arabia, gift-giving and the mutual exchange of gifts is often a courtesy expected as part of the relationship-building process. Some laws make an exception for "token" gifts when there is no country law prohibiting the giving of gifts to facilitate a business transaction. For example, the U.S. allows gifts for "promotion, demonstration, or explanation of products or services" or "the execution or performance of a contract with a foreign government or agency thereof."[29]

Organizations and their legal counsel should provide guidance to negotiators in the area of bribery and corruption practices and laws, as well as the culture-specific customs related to these areas. Company policy on gift-giving should be clear regarding purpose, timing, value, appropriateness, transparency, and record-keeping. If these policies or the laws of the negotiator's country would result in violation of the customs of the culture in which the negotiation is taking place, the negotiator should express awareness of the cultural norm and explain the laws that restrict actions that would allow him to follow those norms. An excellent resource for the cross-cultural negotiator is the Business Anti-Corruption Portal at *http://www.business-anti-corruption.com.*

## 4.2      Bridging Cultural Divides

The space across the negotiating table represents more than just the physical difference between two negotiators. It could also represent a cultural divide that encompasses a complex set of differences in the ways in which the negotiators think, perceive, communicate, and behave toward each other. The coordination, consistency, and clarity in negotiating that an integration of marketing, sales, and customer services makes possible requires a high level of skill in **recognizing and adapting to cultural divides in five areas**: agreement focus, interactive style, time sensitivity, decision-making hierarchy, and relationship value (See Fig. 2).

**Agreement Focus.** The objective of any negotiation is to arrive at an agreement among the parties that addresses the interests of the parties. Culture influences the process and final form of the agreement. For example, Chinese, Japanese, Indians and Spanish negotiators use a top-down approach. They strive for agreement on the overriding principles of the transaction in the initial stages of the negotiation, then address the specific details support those principles. In contrast, negotiators from Germany, the United States, Austria, Italy and Argentina take a bottom-up approach and build an agreement by addressing the details first, then build from them to the general principles of the transaction.

The principles-focused, top-down approach results in shorter contracts than those produced in a details-focused, bottom-up approach to negotiating. Cultures preferring principles-focused contracts feel comfortable without the details because they place great importance on the business and personal relationship between parties in guiding performance on the contract. They rarely resort to legal means to resolve problems. They take a threat of legal action as disrespectful. They value flexibility in business arrangements, with terms adjusting as business conditions change.

---

[29]    See S. REP, 1977.

In contrast, cultures preferring the details-focused, bottom-up approach have longer contracts with significant detail to guide future performance. These cultures tend to have an extensive legal system and rely on it to resolve contract problems.

The agreement focus cultural divide in a transaction involving a Swiss seller and a Thai buyer would be very wide, whereas the divide between a German and a Venezuelan or a Spaniard and a Malaysian would be narrow. For example, the marketing approach of the Swiss seller to the Thai buyer would be to stress the overall benefits of the product rather than the detailed specifications. The sales negotiation would likely be skewed more toward the top-down approach, drilling down to the detail from higher-level principles. The resulting contract would be shorter than the normal Swiss contract and have less detail. That places a burden on the Swiss customer service specialist to work with the Thai customer to interpret the parties' obligations from a principle-focused contract. The **integration** of customer service with marketing and sales provides the customer service specialist with a high-level, principles-based understanding of the agreements made throughout the marketing and sales negotiations.

For companies contracting for business across *agreement focus* divides, management, negotiators, and legal counsel may want to review their standard contracts for reasonable modifications to address the differing cultural views of an agreement.

**Interactive Style.** A successful negotiation requires clear, unambiguous interaction between all parties. Cross-cultural negotiations often present significant *interactive style* divides, with challenging differences in communication – verbally and non-verbally – and temperament. Richard D. Lewis, in his book, *When Cultures Collide*, categorizes cultures around the world as a continuum between three major types: linear-active, multi-active, and reactive.

In **linear-active cultures**, people tend to be introverted, patient, private, task-oriented, and comfortable in established procedures, agendas, facts, and statistics. Lewis places Germans, Swiss, North Americans, Scandinavians, Austrians, and British in the linear-active category.

**Multi-active individuals** are extroverted, inquisitive, unpunctual, and emotional. They combine their social and professional lives and are people- rather than fact-oriented. According to Lewis, multi-active cultures are Latin American, Arabian, African, Spanish, Southern Italian, and Portuguese. Those cultures representing a combination of linear-active and multi-active communication traits are the Dutch, French, Czechs, Northern Italians, and Russians.

The third of Lewis' cultural categories is **reactive**. Communicators in this style are patient, calm, and respectful. They avoid confrontation and are good listeners. They are reactive rather than proactive, need to see the whole picture before making a decision, search for the *truth* among the facts, and must feel comfortable both socially and professionally with a business partner before continuing on with a negotiation. The reactive group is comprised of Asian countries (Japan, China, Korea, and Vietnam) as well as Finland, Turkey, and Malaysia.

Consider interactive divide between representatives from a North American and South Korean companies. **Interaction adjustments** would need to be made across marketing, sales, and customer service, and the integration of those functions would allow a consistent and effective adjustment. The North American **marketer** would have a more subtle marketing approach, focusing on the similarities in the missions and core values of the two companies and the benefits of a long-term relationship. The **sales representative** would tone down his normal approach and reinforce the marketing message by taking more time at the beginning of the negotiation in building a relationship with the customer representative. The sales representative would be prepared for a longer and more trying negotiation process than he might expect with another North American customer, with periods of silence and contemplation by the South Korean. The **customer service specialist** would be prepared to have indirect communication with the South Korean customer, with the added challenge of reading between the lines of statement. The cultural concept of *saving face* – maintaining dignity, avoiding embarrassment, and protecting reputation – would be an imperative in interacting with the South Korean customer.

**Time Orientation and Sensitivity.** There is no wider time orientation and sensitivity divide than the one that exists when a negotiation takes place between representatives from the United States and China. The U.S. negotiator wants to complete the negotiations in a short period of time under the concept of *time is money*. The Chinese negotiator has no time limit preconceptions, places no time constraints on a negotiation, and takes a long-term view of the implications of the negotiation. The history of both nations provides insight into this cultural divide. The United States is slightly less than two hundred and fifty years old. China's history dates back nearly four millennia to the Shang Dynasty in 1700 BC.

In his 1984 book entitled, *The Dance of Life: The Other Dimension of Time*[30], Edward T. Hall introduced the term *polychronic* to describe the way individuals address multiple topics *simultaneously*, and *monochronic* to describe how individuals address multiple topics *sequentially*. This divide between the way people from different cultures process tasks presents a time-dimension challenge to cross-cultural negotiators. North American and Northern European cultures tend to have a monochronic orientation while Latin, Asian, and Middle Eastern cultures are predominantly polychronic.

Consider a negotiation between a monochronic German customer service representative and a polychronic Mexican customer to resolve several issues of concern to the Mexican. The German enters a negotiation with a detailed list of concerns and a strategy for addressing the most important ones first, getting agreement on the resolution, and then sequentially working down the list until all issues are resolved. The Mexican counterpart enters the negotiation without an agenda, is more comfortable discussing issues in no particular order, refuses to come to an agreement on any issue before all issues are discussed and re-discussed out of order, and is constantly interrupted by phone calls and visits from relatives. The sense of monochronic order and progress of the German negotiator is disrupted by the polychronic approach to the negotiation (and life) of the Mexican customer. **Customer service specialists** experienced in cross-cultural negotiating would understand that a polychronic/ monochronic divide exists and would **bridge the gap** by not viewing his counterpart's contrasting time and task orientation as a tactic or impediment and would make adjustments to facilitate communication and progress.

**Decision-Making Hierarchy.** Individualism and collectivism are strong forces within cultures. Collective cultures, such as those that exist in Asian and Latin American countries as well as Germany, Austria, Sweden, Portugal, Egypt, Indonesia, and Russia, tend to be hierarchical in their approach to decision-making. The process of making a decision is relatively slow and deliberate. Status within the hierarchy is based on age, position, and education. Negotiators expect their counterpart's team to be aligned in status and number. Lesser status or fewer members may be considered disrespectful. **Decisions** are normally made by individuals with the highest status, normally a person senior – by age and longevity – in an organization. Stakeholders in the nego-

---

[30]    Hall, 1984.

tiation may be silent or absent. For example, trade union or local bureaucrats may have considerable influence in the decision-making process but not directly participate in the negotiation. In family-owned businesses, the head of the family may never attend a negotiation meeting, but will make the final decision on any potential agreement.

Individualistic cultures such as those that exist in the United States, Canada, the United Kingdom, Switzerland, Denmark, France and Italy value personal initiative, entrepreneurship, and risk taking. Hierarchies play a much less prominent role in decision-making. Achievement is the primary status determination. In these cultures, a negotiator is far more likely to find the ultimate decision-maker sitting across the table either alone or with a support team of specialists. However, there will be no doubt as to the leader and ultimate decision-maker.

Decisions are made throughout a customer engagement across the marketing-sales, customer service functional coalition. Often these decisions are interrelated and coordinated. Recognition and adaptation to decision-making hierarchy divides across cultures provides for a more favorable outcomes, stronger relationships, and deeper penetration along sales-generating paths within the customer's organization.

**Relationship Value.** All cultures value a strong, trusting, **long-term relationship** between business partners. In that respect, the divide between cultures is narrow. However, the time allocated to developing the relationship and the position of relationship building in the negotiation process differs among cultures. On a continuum of importance placed on relationship-building in cross-cultural negotiations, Asian, Latin, and Middle Eastern cultures are at the high end and North American and Northern European cultures are at the lower end.

Cultures placing **more** value on **relationship-building** will engage in that activity at the **beginning** of the negotiation process, as failure to develop a strong, initial relationship could preclude further deliberations to arrive at an agreement. Those cultures placing **less** emphasis on **relationship-building** will do some **rapport-building** in the opening phase of the negotiation, but want to begin discussions on issues quickly.

Realization of this cultural divide in relationship building places different responsibilities on marketing, sales, and customer service. When dealing with higher relationship value cultures, the role of establishing the relationship falls mainly on marketing and sales, while customer service is responsible for maintaining and strengthening the relationship. For lower relationship value cultures, the responsibility for establishing, maintaining, and strengthening the relationship falls mainly on customer service.

The primary reason for relationship-building by all parties in a negotiation is risk mitigation, especially for new accounts in a cross-cultural setting. The reason why higher relationship value cultures place great emphasis on relationship building is that within those cultures, the relationship is the primary means by which problems are resolved. These cultures tend to have a less developed legal infrastructure, so the natural recourse when contract problems arise is to call on the relationship between the parties to work out a solution. Using litigation to resolve contractual problems would be considered an affront to the relationship and would likely have dire consequences.

In lower relationship value cultures, the legal system is much deeper and comprehensive in its guidance on contractual transactions. Contracts in these cultures tend to be long and laden with product and performance details as well as legal remedies for any party damaged by non-performance. The structure of the contract serves as risk mitigation for all parties involved. Problem resolution depends much less on the business relationship than recourse to legal remedies.

An important issue in bridging the *relationship value* divide is the continuity in representing the relationship and whether the relationship is represented by the individual or the company. In those cultures that are more hierarchical in their decision-making process, the relationship tends to be more centered on the company rather than the individual. Therefore, a change in personnel in marketing, sales, or customer service will have little effect on the relationship and business will continue as normal. However, in more individualistic cultures with less hierarchy, the relationship is considered more on an individual rather than company basis. A change in the person representing the marketing, sales, and customer service contacts with the customer will seriously influence the relationship. Therefore, continuity in the representation of those three areas is critical, and if a change is made in personnel, it should be gradual with the incumbent facilitating a new relationship-building effort for the new person.

## 4.3     Training and Coaching

Acquiring and enhancing cross-cultural negotiating skills is essential in multi-national organizations. *Training* is directive in that it is designed to provide individuals with the opportunity to acquire knowledge, skills, and expertise. *Coaching* differs from training in that it is non-directive and focused on enhancing skills already learned. Let's look at approaches for using both in providing a means by which cross-cultural negotiators can succeed in an organization.

**Training**. As presented above, succeeding in cross-cultural negotiations requires two tiers of expertise—a core level of cross-cultural negotiating skills and the ability to recognize and bridge cultural divides. Expert, experienced trainers can be brought into an organization from the outside or developed in-house to provide classroom instruction. Experiential learning in the form of mock negotiation exercises also can be used. In this latter approach, situations can be created for the trainees that will be similar to those that will exist for them in their future negotiations. Experienced negotiators can be brought from the field into the training sessions to assume the role of a negotiator from another culture, thereby creating realistic cultural divides for the trainees to bridge using their newly-acquired skills. The mock negotiations can be videotaped and viewed after the experiential learning exercise to identify areas where skills were applied correctly and incorrectly. Progress can be tracked for each skill throughout a series of exercises.

When the training is complete, the trainee should be assigned to a cross-cultural negotiating team led by an experienced negotiator. These *apprentice* or *associate* negotiators will be able to observe the direction of the negotiation and participate in various aspects until they are ready to lead a team of their own.

An **important element** of the training is for the trainee to understand the **synergistic power of cooperation between the marketing, sales, and customer service functions**. Trainers should emphasize the importance of teamwork, with the exchange of information a critical component of everyone's success.

**Coaching**. Experts in any field are susceptible to falling into bad habits or allowing certain skills to be underutilized. A coach can recognize areas in which cross-cultural negotiating skills can be enhanced. A good way for coaching to take place is for negotiators to develop a debriefing report for every negotiation. An experienced coach can identify areas in which performance can be improved. When appropriate, coaches can accompany cross-cultural negotiators into the field to observe performance. Coaching should be positive and encouraging. Those coached must be made to understand that coaches will offer constructive criticism aimed at making them better negotiators. Annual performance reviews are opportunities to identify areas in which cross-cultural negotiating skills need to be enhanced. A coaching schedule as well as follow-up debriefings can be developed.

Coaching is a skill and should not be assumed to be possessed by everyone with expertise in cross-cultural negotiating. Coaches must have observation and motivation skills and a desire to assist others in realizing their potential.

## 4.4      Job Enrichment

Cross-cultural negotiating is an intellectually and physically challenging activity. It allows the employee the opportunity to experience the wide variety of cultures of the world and interact with individuals within those cultures in a meaningful and rewarding way. Proactive organizations search for **job enrichment opportunities** for their cross-cultural negotiators.

The formalization of job enrichment thinking and theory began in the 1950s with the American psychologist, Frederick Irving Herzberg.[31] Subsequent research by J. Richard Hackman and Greg Oldham[32][33] produced a job enrichment model in which five core job characteristics lead to three critical psychological states that produce three personal and work outcomes. Figure 2 below illustrates the model. Let's look at how the model illustrates opportunities for job enrichment in the area of cross-cultural negotiations.

The need for *skill variety* is apparent in the seven cross-cultural negotiating core skills described above as well as the experience in bridging the five cultural divides that negotiators face when negotiating across cultures. *Task identity* refers to being an integral part of the job from start to finish. Of course, the negotiation starts with mastering the substance, setting goals, and developing a flexible strategy and progresses through implementation of that strategy, bridging any cultural divides that may exist, and crafting an agreement that has value for all parties. The **integration** of marketing, sales, and customer service provides **additional opportunities for job enrichment** in that the negotiator, as part of that integrated team, is involved in the task at an earlier stage (marketing) and remains with the task (the customer engagement) into the more mature customer engagement stage (customer service). *Task significance* refers to the ability of the negotiator to understand the role of the cross-cultural negotiation within the context of the overall mission and goals of the organization. Again, the inclusion of the negotiator into the **integrated** marketing-sales-customer service team, regardless of where within those three functions the negotiator operates, **provides a context for the significance of the task**. Within the job enrichment model, these three core job characteristics — skill variety, task identity, and task significance — allow the negotiator to experience a greater sense of meaningfulness with the job.

---

[31]    Herzberg, 1987.
[32]    Hackmann/Oldham, 1976.
[33]    Hackmann/Oldham, 1980.

| Germany | Cultural Divides | China |
|---|---|---|
| Long, Detail Oriented | Agreement | Short, Principle Oriented |
| Direct, Linear-Active, Fact | Interaction | Indirect, Reactive, Truth |
| Short-Term, Monochronic | Time | Long-Term, Polychronic |
| Achievement, Rank | Hierarchy | Status, Age |
| Less Significant, Deal-Based | Relationship | Very Significant, Personal |

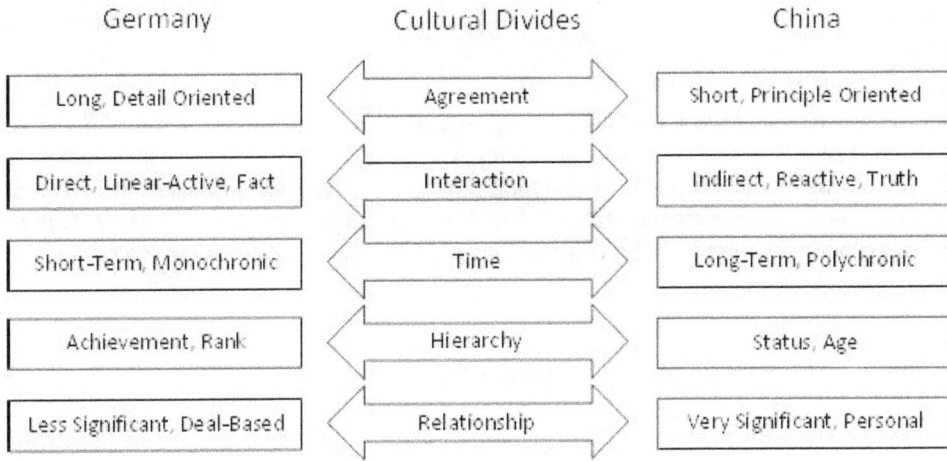

Abb. 44/Figure 2:     Cultural Divides Between Germany and China.

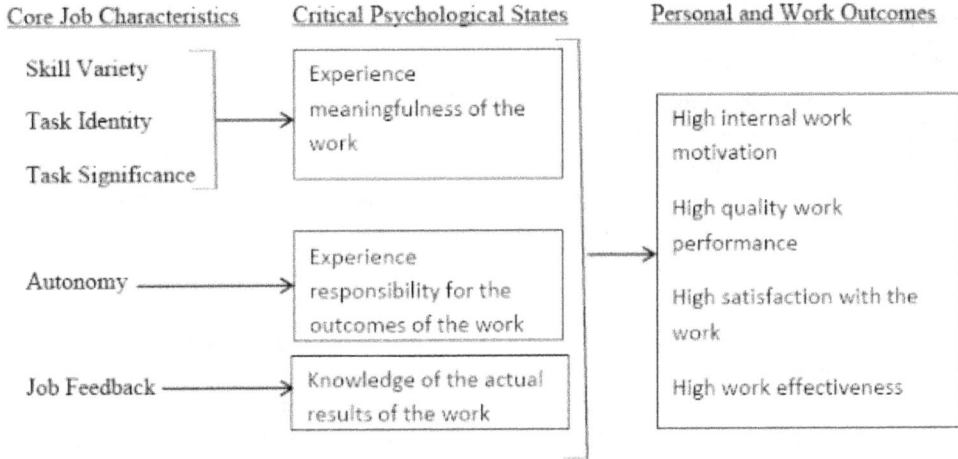

| Core Job Characteristics | Critical Psychological States | Personal and Work Outcomes |
|---|---|---|
| Skill Variety, Task Identity, Task Significance | Experience meaningfulness of the work | High internal work motivation |
| Autonomy | Experience responsibility for the outcomes of the work | High quality work performance / High satisfaction with the work |
| Job Feedback | Knowledge of the actual results of the work | High work effectiveness |

Abb. 45/Figure 3:     Hackman and Oldham Job Characteristics Model (Hackman/Oldham 1976/1980).

Cross-cultural negotiating requires a significant degree of *autonomy* in that, within the clearly-defined organizational mission and ethical behavior guidelines, the negotiator should be allowed the freedom and discretion to apply the core cross-cultural negotiating skills described above and effectively bridge cultural divides. Inflexibility by imposing excessive organization restrictions can cause suboptimal negotiator performance and value creation during the negotiating process and loss of job satisfaction. Flexibility, autonomy, and control during the negotiating engagement promotes as sense of responsibility for and ownership of the outcomes of the negotiation.

*Job feedback* refers to the degree to which the cross-cultural negotiator is provided information about performance effectiveness. Post-negotiation debriefing reports and meetings can assist in the feedback process. The marketing-sales-customer service team approach, with its **multiple touch points** throughout the customer engagement, can also provide valuable peer-to-peer feedback.

Two additional organizational job enrichment initiatives that are being used effectively are the formation of **natural work teams** and **vertical loading**, both of which fit perfectly within the **team approach of the marketing-sales-customer service integration**.

The formation of **natural work teams**, comprised of marketing, sales, customer service and other functional areas provides the negotiator with an enriched sense of responsibility, involvement, and accomplishment in building a successful customer engagement. The team approach allows implementation of the second job enrichment initiative – **vertical loading**. In this method, structure is put in place so that the employee is involved throughout the customer engagement.

## 4.5        Rewards and Recognition

The use of employee rewards and recognitions is a means by which management motivates high-level performance in line with the strategic direction, mission, and core values of the organization. Measuring performance in the complex function of cross-cultural negotiation is challenging yet required if a well-defined rewards and recognitions program is to be an incentive for high performance and is consistently and fairly applied.

Questions that need to be addressed in implementing an **incentive program** are:

1.  What type of performance is being motivated?
2.  Can the performance be measured?
3.  What level of performance would merit an accolade?
4.  Should the accolade conferred be in the form of a reward, award, or recognition?
5.  Should the accolade be on an individual or team basis?

Let's apply each of these questions to the cross-cultural negotiator.

1.  **Type of Performance Motivated**. The three value-based performance criteria are customer satisfaction, customer sales penetration, and customer sales. Customer satisfaction relates to building a strong, trusting relationship with the customer and addressing the customer needs in a superior manner. The chain of satisfaction extends along the marketing-sales-customer service continuum and then beyond into an organization's functional areas. Although some cultures place higher value on relationships than others, all cultures eventually value a strong relationship with their business partners. Customer sales penetration refers to opening additional sales avenues within the company, potentially taking share away from competitors. Again, the marketing-sales, customer service team approach can **facilitate** this performance. Customer sales are the most quantifiable performance measure and represent the organization's contribution to the growth of the customer's business.

    In addition, high proficiency in applying the core cross-cultural negotiating skills and bridging challenging cultural divides should also be motivated through the organization's reward and recognition program.

    A critical element of any reward and recognition program is to align the performances motivated with the organization's strategic and operational objectives as well as its mission and core values.

2. **Performance Measurement.** Some areas of performance can be measured quantitatively, such as performance against sales quotas or initiating sales with new customers or in new areas/divisions of existing customer organizations. Others, such as the application of core skills, bridging cultural divides, and strengthening the customer relationship need to be evaluated qualitatively even though success in these applications can be related to the more quantifiable performance measures.

3. **Performance Level.** Performance that would merit an award or recognition needs to be set at levels that differentiate the top five to ten percent of performers from everyone else. Ambitious, yet attainable, performance goals trigger a psychological striving mechanism in individuals and motivate all employees to emulate the top performers. Quantitative performance levels worthy of recognition are based on past top performance and derived from optimistic projections of overall organization performance. Qualitative accolade-worth performance is somewhat more difficult to set. An example of negotiator or negotiating team high performance would be signing a contract with a customer situated across wide cultural divide or a customer service specialist rescuing a customer on the verge of severing the business relationship.

4. **Reward, Award, or Recognition.** A reward is normally monetary, such as a spot cash payment, a salary increase, or a bonus. An award is a token, such as a trophy or plaque. A recognition is a broadcast over one or more media of a special performance. The best policy is to have a mix of all three. For negotiating performance that results in higher profits for the company, possibly a combination of cash payment (allowing the negotiator to directly share in the profit generated) and recognition would be proper. For exceeding a sales quota, a quasi-cash payment, such as a vacation or time off, would be appropriate. For service *beyond the call,* usually given at regular intervals, an award would be best.

5. **Individual or Team.** This decision is not always an easy one, as an individual showing outstanding performance usually has support within the organization. The integrated marketing-sales-customer service **team approach** to cross-cultural negotiating will itself promote **superior performance.** So recognition of that team effort in producing superior performance is critical. Many organizations have a peer-to-peer recognition program that allows for individual recognition within a group.

Although cash awards are the most tangible means of motivating superior performance, don't underestimate the power of non-cash rewards and recognitions. The results of a recent survey of 291 companies by the Aberdeen Group, an American research firm, in support of their research study "Sales Performance Management 2012: How Best In Class Optimize the Front Line and Grow the Bottom Line", show that organizations that give non-cash rewards and recognitions had (1) an average annual increase in revenues of 9.6% versus 3.0% for all others, (2) a 1.6% annual increase in team quota attainment versus 2.2% for others, and (3) a 2/1% annual increase in revenue per sales full-time employee versus a 0.7 decrease for others.

That completes the explanation of the building blocks of organizational cross-cultural negotiating success as illustrated in Figure. Now let's take a quick look at how those building blocks can be utilized in conjuntion with key account management (KAM).

## 4.6        Cross-Cultural Negotiations and Key Account Management

The organizational commitment to excellence in cross-cultural negotiating cuts across the company's functional areas and is especially illustrated by key account management (KAM). Assume a German company producing advanced technology batteries for hybrid vehicles has identified one of its customers – an American automobile manufacturer – as a key account. The German company has organized its **KAM team** as comprising an account manager, a marketing specialist, a dedicated sales account executive, and support by customer service representative. On a less dedicated level will be specialists in procurement, research and development, quality control, product management, and production management.

The German company realizes that at any one time, every person on the key account team could be negotiating across different cultural divides. Therefore, each person would have had to have taken the organization's in-house core negotiating skills and cross-cultural negotiating skills training to qualify to be a KAM team member. With this training requirement, the German company knows that team members will be representing the company by successfully applying high-level core cross-cultural negotiating skills and bridging cultural divides throughout the American customer's global organizational network.

On a particular day, based on information provided by the *account and customer service representative* on the account, the *account sales executive* and the *account product manager* are in the American automaker's New York headquarters negotiating with the president of the commercial vehicle division to be the automaker's battery supplier for a new line of hybrid short- to mid-range commercial vehicles. The morning meeting was scheduled for two hours, had an agreed-upon agenda, and started and finished on time. The negotiation on pricing was detail-oriented. The discussion was direct and took each issue – performance, pricing, quality, durability, delivery – sequentially. No decision was made but a follow-up meeting was scheduled for a future date. The division president had more of a competitive negotiating style than the Germans but, overall, the cultural divides were narrow between the German and American negotiators.

While the account salesperson stayed in New York to continue negotiations with the automaker's division president, the account manager flew south to one of the American automaker's hybrid vehicle test facilities in Mississippi where the German *key account product manager* was meeting with the automaker's Vice President of Research and Development and a few of his research engineers to negotiate the cost of an enhancement of the design of the battery to add more power generating efficiency. The account manager met his product manager and the American vice president at a local plantation restaurant where the negotiation was taking place.

The German account manager found the culture in Mississippi, a state in the Deep South of the United States, completely different than the one he left in New York City. The discussion was much more casual and relationship-oriented, with a diminished sense of urgency in coming to an agreement. The American vice president, a native of Mississippi, had a negotiating style that was more collaborative and team-oriented and less formal and structured than the president of the commercial vehicle division in New York City.

At the same time, a *Research &Development specialist* on the key account team was in Italy negotiating a technology transfer agreement with the president of a small company that had developed a new polymer that would substantially increase the power-to-weight ratio of the German company's hybrid vehicle batteries and result in a value-added for both the company and its key accounts. The German R&D specialist and Italian company president had never met before. Prior to the trip to Italy, the German R&D specialist mastered the substance of the upcoming negotiation by reading about the Italian company and its polymer research. He was also prepared for wide cultural divides in interactive style, time sensitivity, decision-making hierarchy, relationship value, and temperament, and a narrow divide in agreement focus.

Meanwhile, the German *account procurement manager* was in Australia negotiating a price increase with the sales manager of the company's supplier of mineral nickel used in the manufacture of the hybrid vehicle batteries. Australia is a leading producer and exporter of mineral nickel and prices have been increasing with the increased production of stainless steel, of which mineral nickel is a component. Before that meeting, the German procurement manager met with the marketing, sales, and customer service teams who have knowledge of the culture, communication style, and negotiating protocol of Australia. As a result of the valuable information provided by those teams, the procurement manager was prepared to face an Australian negotiator with a collaborative, win-win approach. The procurement manager prepared brief statements supported by verifiable facts concerning the state of the mineral nickel market, as Australians value brevity and supportable facts. The German manager was pleased that he was of equal status in management with the Australian negotiator as Australians are more trusting of equals.

That very same day, the German *quality control specialist* was in Mexico at one of the American automakers hybrid vehicle assembly plants. There was an issue with variations in battery dimensions and negotiations were underway at resolving the issue to the satisfaction of all parties. The German production specialist found his negotiating counterpart – a Mexican national he was meeting for the first time – warm and open in their communication. The negotiation progressed over several days with frequent breaks and delays when the Mexican was called away on other business. The German was invited to the Mexicans home each evening, but no business was discussed. The German made a strong effort to gradually strengthen the personal and professional relationship with the Mexican so that they could begin their discussions on resolution of the quality control problem.

In many key world-wide negotiations with the American key account representatives, German account representatives were effectively applying high-level cross-cultural **core negotiating skills**, **bridging** both narrow and wide **cultural divides**, and leveraging the coordinated, consistent, and clear **strategic method of the marketing-sales-customer service team** for a triple-win for the company.

# References

Hackman, J. R., & Oldham, G. R. (1980). Work redesign. Reading, MA: Addison-Wesley

Hackman, J. R. & Oldham, G. R. (1976) Motivation through the design of work: Test of a theory. Organizational Behavior and Human Performance, 16, 250– 279.

Hall, Edward T. (1984) The Dance of Life. The Other Dimension of Time, 2nd ed., Garden City, NY: Anchor Press/Doubleday.

Herzberg, F.I., One more time: How do you motivate employees? Harvard Business Review, Sep/Oct87, Vol. 65, Issue 5

Hofbauer, G./Hellwig, C. (2012) Professionelles Vetriebsmanagement – Der prozessorientierte Ansatz aus Anbieter- und Beschaffersicht, 3. Aufl., Erlangen

Hofmaier, R. (2011/2013) Vertriebliche "Hit Rate"-Optimierung im BtB-Sales: Neue Ansätze, Methoden und Umsetzungsmöglichkeiten – Empirische Studie, München

Hofmaier, R. (1999) Systematische Marktsegmentierung und Hit Rate-Optimierung (im Business-to-Business-Marketing) in Pepels, W. (Hrsg.), Business to business Marketing, Neuwied, S. 130–139

Hofmaier, R./Leutbecher, K. (1996) Investitionsgüter zeitgemäß vermarkten, in: Havard Business Manager, Heft III, S. 106–110

Homburg, Ch./Schäfer, H./Schneider, J.(2012) Sales Excellence – Vertriebsmanagement mit System, 7. Aufl., Wiesbaden

Parson, T. (1949) Essays in sociological theory: pure and applied, The Free Press, Glencoe, IL, p. 8

See S. REP. NO. 95–114, at 1–3 (1977)

U.S.C. §§ 78dd-1(f)(1)(A), 78dd-2(h)(2)(A), 78dd-3(f)(2)(A) (2006).

U.S. Foreign Corrupt Practices Act, 15 U.S.C. §§ 78dd-l (c)(2), 7Bdd-2(c)(2), 7Bdd-3(c)(2).

v. Bischopink, Y./Ceyp, M. (2009) Suchmaschinen-Marketing: Konzepte, Umsetzung und Controlling für SEO und SEM, 2. Aufl., Berlin

Weber, Max, The methodology of the social sciences, The Free Press, New York, 1949. p. 76

# V     Integriertes Kundenloyalitäts-, Kundenbeziehungs- und Kundenbindungsmanagement (CRM)

Im heutigen BtB-Vermarktungsmanagement hat ein weiterer Programm- und Maßnahmenbereich Eingang gefunden, der sich aus praktisch-operativen Anwendungserfordernissen im Unternehmensalltag in den letzten Jahren herausentwickelt hat und der explizit durch den in diesem Buch gewählten **integrierten** Vermarktungsansatz substantiiert wird. Durch Einbeziehung einer solchen **Kundenmanagement„perspektive"** und ihrer spezifischen Methoden und Instrumente ergibt sich ein **eigenständiger Programm-** und **Instrumentenmix**, nämlich der des integrierten **Kundenzufriedenheits-, Kundenloyalitäts-, Kundenbeziehungs-, Kundenbindungs-** und **Tool-Managements** als **ganzheitlicher CRM-(Customer-Relationship-)Ansatz**.

# 1 Der ganzheitliche CRM – Customer-Relationship-Management-Ansatz

Der **ganzheitliche-orientierte Customer-Relationship-Management- bzw. CRM-Ansatz** ist Bestandteil einer ganzheitlichen Kundenorientierung (vgl. Abb. 46) und setzt sich aus den folgenden **fünf Programm- und Maßnahmenbereichen** (vgl. Abb. 46a) zusammen und beinhaltet damit eine sowohl unternehmensstrategische als auch operative Managementperspektive:

(I)    **Dem Kundenzufriedenheits- und Kundenloyalitätsmanagement**

(II)   **Dem Kundenbeziehungsmanagement**

in Form von
   a.   Business-Relationship-Management
   b.   Interpersonal-Relationship-Management sowie dem
   c.   Kundenrückgewinnungsmanagement

(III)  **Dem Kundenbindungsmanagement**
durch die
   a.   Zehn Dimensionen der Kundenbindung und
   b.   Programme und Maßnahmen der Kundenbindung

(IV)   **Dem Tool- und Data-Base-(DB-)Integrationsmanagement**

durch
   a.   (CRM-)Tool-Auswahl und Implementierung/Optimierung
   b.   Integratives Data-Base-Management
   c.   Tool-gestützte Integration von Sales, Kundenmanagement, Marketing und Services

(V)    **(Ergänzend) Dem Kundenentwicklungsmanagement (KAM/vgl. Kap. VI)**

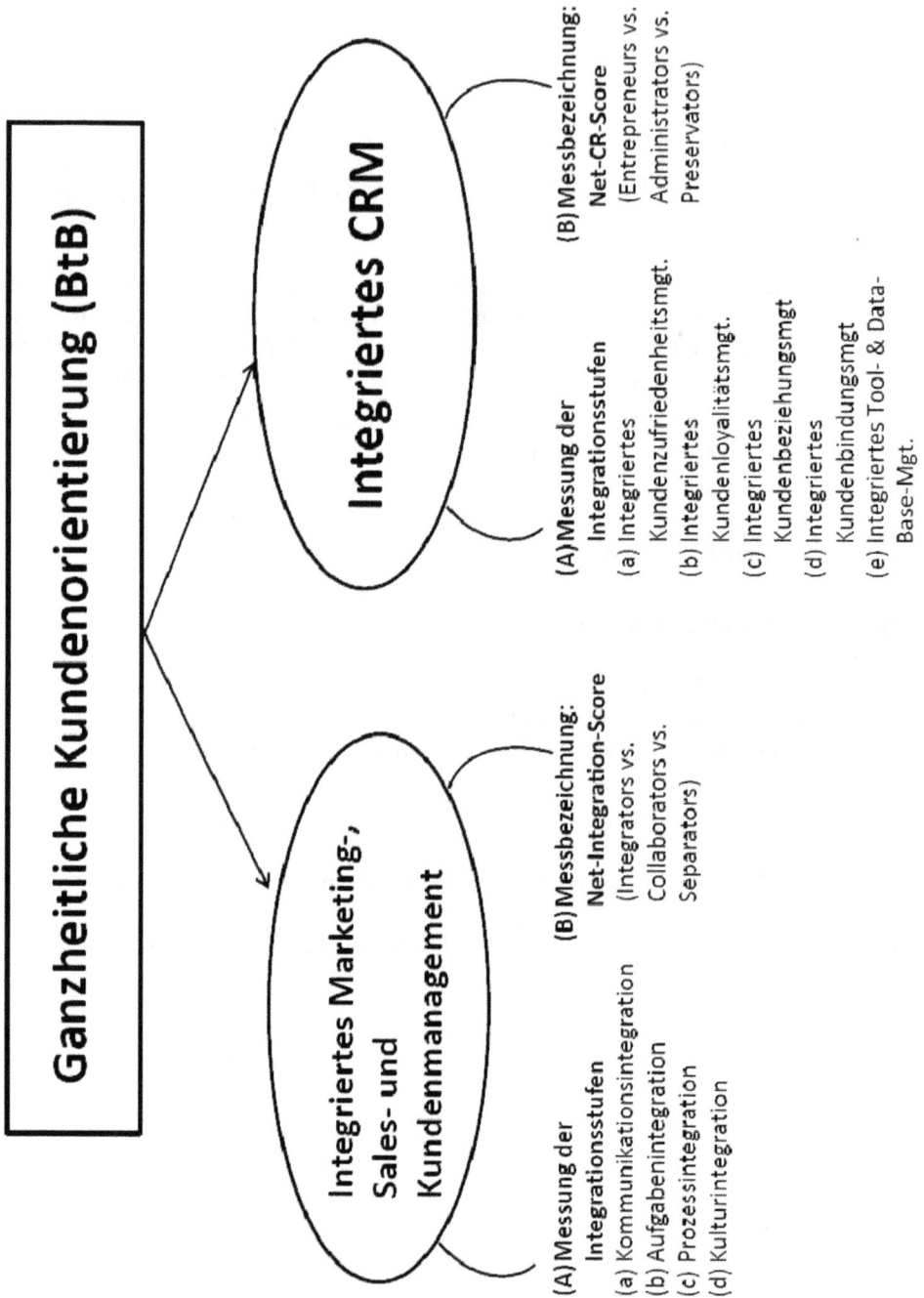

Abb. 46:     Ganzheitlich-integriertes CRM als Hauptbestandteil einer Kundenorientierung (© Prof. Dr. R. Hofmaier).

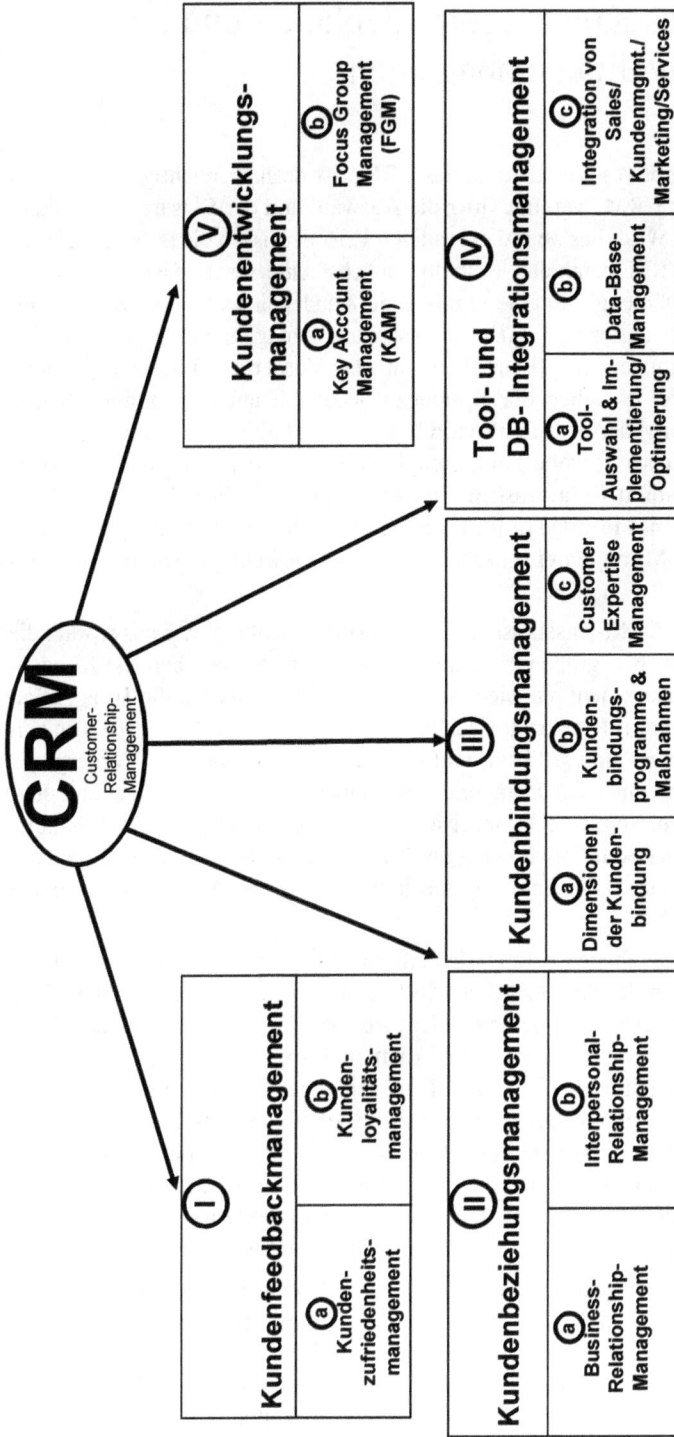

Abb. 46a:     CRM als Kundenmanagementansatz (BtB) (© Prof. Dr. R. Hofmaier).

# 2     Integriertes Kundenzufriedenheits- und Kundenloyalitätsmanagement

Ein **ganzheitliches** und integratives Verständnis des CRMs ist deshalb wichtig, da vielfach in der Wirtschaftspraxis unter CRM „verengt" **nur** die Auswahl und der Einsatz eines geeigneten CRM-Tools verstanden wird, das aber den heutigen Erfordernissen eines substantiellen CRMs nicht gerecht wird. CRM beinhaltet deshalb zunächst eine **strategische** Unternehmens- und Vermarktungsausrichtung, die eine umfassende Kundeneinbeziehung, Kundenentwicklung und Entscheider„fokussierung" („Einzelentscheidermanagement"; vgl. z. B. den Ansatz des Focus-Group-Managements (FGM)) mit in den Vordergrund stellt (vgl. auch Kap. VII). Operativ beinhaltet es neben der Kundenzufriedenheit auch die **längerfristige** Entwicklung und Stabilisierung der **Kundenloyalität** (dies beinhaltet weit mehr als einen reinen Kundenzufriedenheitsansatz), weiterhin die explizite Berücksichtigung des **Business- Relationship- und Interpersonal-Relationship-Ansatzes** und schließlich die entsprechenden **kontinuierlichen Kundenbindungsmaßnahmen**, ergänzt durch einen entsprechenden **Tool- und Data-Base-(DB-)Managementansatz**, sowie die notwendige Kundenentwicklungsperspektive.

Für den hier zugrundegelegten CRM-Ansatz ist es zunächst von Bedeutung, wie ausgeprägt die Kundenorientierung (verstärkt bei größeren Kunden) durch ein entsprechendes Kunden- Feedback- und Integrationsmanagement realisiert wird. Hierbei steht zunächst die **Integration von CRM** über die **fünf Stufen** (a) Kundenzufriedenheits-, (b) Kundenloyalitäts-, (c) Kundenbeziehungs-, (d) Kundenbindungs- und (e) Tool- und Data-Base-Management im Vordergrund (vgl. Abb. 46), deren unterschiedlicher Ausprägungsgrad gemessen (Net-CR-Score) und sukzessive verbessert werden kann. Somit steht zunächst nicht nur die Erreichung bzw. Erhöhung der Kundenzufriedenheit, sondern die Entwicklung und Verbesserung der Kundenloyalität und Kundenbindung im Vordergrund. (Dies kann in „idealtypischer" Form Abb. 47 entnommen werden.)

Gemäß Abb. 47 ist bei einer gegebenen Kunden-Unzufriedenheit zunächst schnell und **ursachen-**(nicht symptom-)**bezogen** der diesbezügliche Grund zu erfassen und zu beheben sowie den relevanten Entscheidungsträgern und Anwendern zu kommunizieren. Erst bei Erreichung einer sogenannten „Nicht-Unzufriedenheit" kann und sollte darauf aufbauend der Status einer tragfähigen Kundenzufriedenheit (und dementsprechend weiterführende Verbesserungsmaßnahmen) realisiert werden. Der nächste Schritt der Weiterentwicklung der Kundenbeziehung gilt dem Erreichen „ausgewählter" „Commitments" und letztlich der Erzielung eines „Überzeugtheits-Status" bezüglich der eigenen Produkte, Services, „Betreuungsmaßnahmen usw., bis eine **längerfristige kooperative Geschäftsentwicklung** (vgl. Kap. II und VII) durch und über eine hohe Ausprägung der Kundenloyalität (vgl. Kap. VI) erreicht wird.

Damit reicht die reine Fokussierung auf primär kundenzufriedenheitsbezogenen Erhebungs- und Betreuungsmaßnahmen **nicht** mehr aus. Eine Vielzahl von Praxisprojekten und Untersuchungen hat ergeben, dass die „klassische" Durchführung von Kundenzufriedenheitsanalysen erweitert und ergänzt werden muss. Der **unterstellte Zusammenhang**, dass sich mit **reinen** kundenzufriedenheitsorientierten Feedbacks und Gestaltungsmaßnahmen ein ausreichender Geschäftserfolg realisieren lässt (vgl. Abb. 48), kann so heute und in der Zukunft **nicht mehr aufrechterhalten** werden.

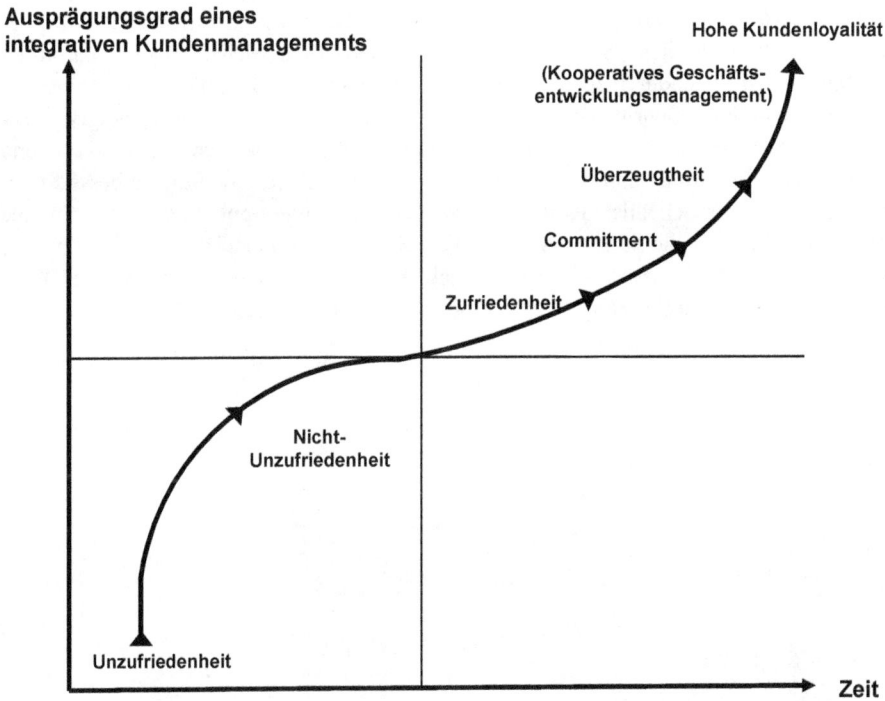

Abb. 47: „Idealtypische" Ausprägungsformen des Kunden-Feedback- und Integrationsmanagements (© Prof. Dr. R. Hofmaier).

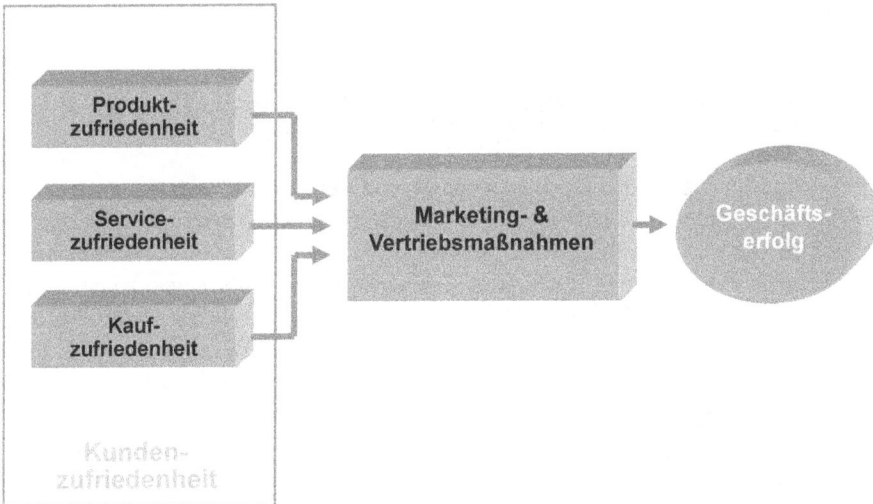

Abb. 48: Der „mono-kausale" Zusammenhang von Kundenzufriedenheitsmanagement und Geschäftserfolg (© Prof. Dr. R. Hofmaier).

Deshalb ist eine weiterführende und längerfristig potenzialorientierte **Kundenentwicklung** (Kundenintegration) durchzuführen. Das beinhaltet, dass zu dem bisherigen **Zufriedenheitsmanagement** (Erreichung und graduelle Verbesserung der Kundenzufriedenheit) heute i. d. R.

zunächst die notwendige **Preferred-Supplier-Position** (über eine entsprechende Anforderungsanalyse und diesbezügliche Vermarktungsmaßnahmen) zu erreichen bzw. **auszubauen und zu verbessern** ist (da dadurch auch die eigenen Handlungs-„spielräume" erweitert werden können). In einem weiteren Schritt (und damit auch unterstützend) sind die notwendigen **Kundenbeziehungsmaßnahmen** sowie **Kundenbindungsmaßnahmen** herauszuarbeiten und gezielt einzusetzen. Hierdurch kann wiederum insgesamt die **Kundenloyalität** verbessert werden und durch ein entsprechendes **Kundenentwicklungsmanagement** eine weiterführende Geschäftsentwicklung und damit eine kooperative „Geschäftspartnerschaft" (weiterführende Business-Development-Maßnahmen) **kontinuierlich** angestrebt und realisiert werden (Win-win-Partnerschaft v. a. bei größeren Kunden und Key-Accounts; vgl. Abb. 49).

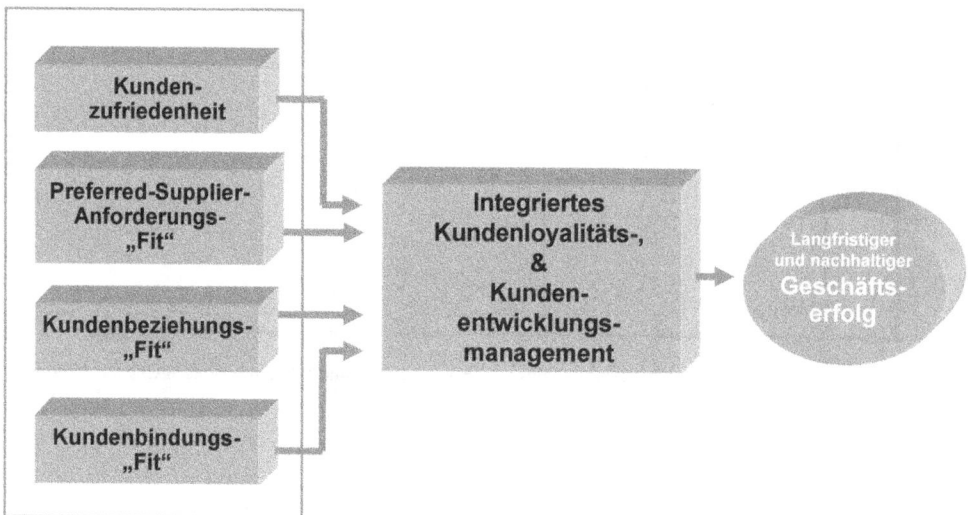

Abb. 49:     Der „multi-kausale" Zusammenhang von Kundenzufriedenheits-, Kundenloyalitäts-, Kundenentwicklungsmanagement und Geschäftserfolg (© Prof. Dr. R. Hofmaier).

Eine **längerfristige** Kunden- und. Geschäftsentwicklung bei ausgewählten (Groß-)Kunden ist auch deshalb **begründet**, da dadurch auf Basis bestehender Kundenkontakte, Kundenbeziehungen und Bindungen **multiplikativ** Geschäftspotenziale bei existierenden und neuen Kunden tiefergehend analysiert und erschlossen werden können, die für beide Seiten vorteilhaft sind. Vielfach ist dadurch auch die Möglichkeit einer kontinuierlichen **Profitabilitätsverbesserung** gegeben (vgl. hierzu die systematisierte Zusammenfassung von Profitabilitätspotenzialen in Abhängigkeit von der zeitlichen Kundenbindung in Abb. 50).

Für die nachhaltige und längerfristige Kundenentwicklung ist damit auch die Betrachtung von erzielbaren unterschiedlichen **Kundenwert- und Kundenpotenzialfaktoren** wichtig. Gerade für die (Groß-)Kunden- und Key-Account-Durchdringung stellen diesbezügliche Potenziale relevante Analyse- und Zielkriterien dar (vgl. Abb. 51). So besitzen bei einer **„klassischen"** Kundenbetreuung vornehmlich die Kennzahlen der **Kategorie I** (Absatz, Umsatz, DB) und der **Kategorie II** (Single-Selling-Kennzahlen, Verbesserung der bisherigen Ist-Umsätze beim Kunden) eine gewisse Bedeutung. Für die längerfristige und **loyalitätsorientierte Kundenentwicklung** sind jedoch v. a. die Kennzahlen III, IV und V **(Cross-, Up- und Strategic-Selling)** wie auch ergänzend die Kennzahlen VI, VII, VIII und IX von großer Bedeutung (vgl. Kap. VI/KAM).

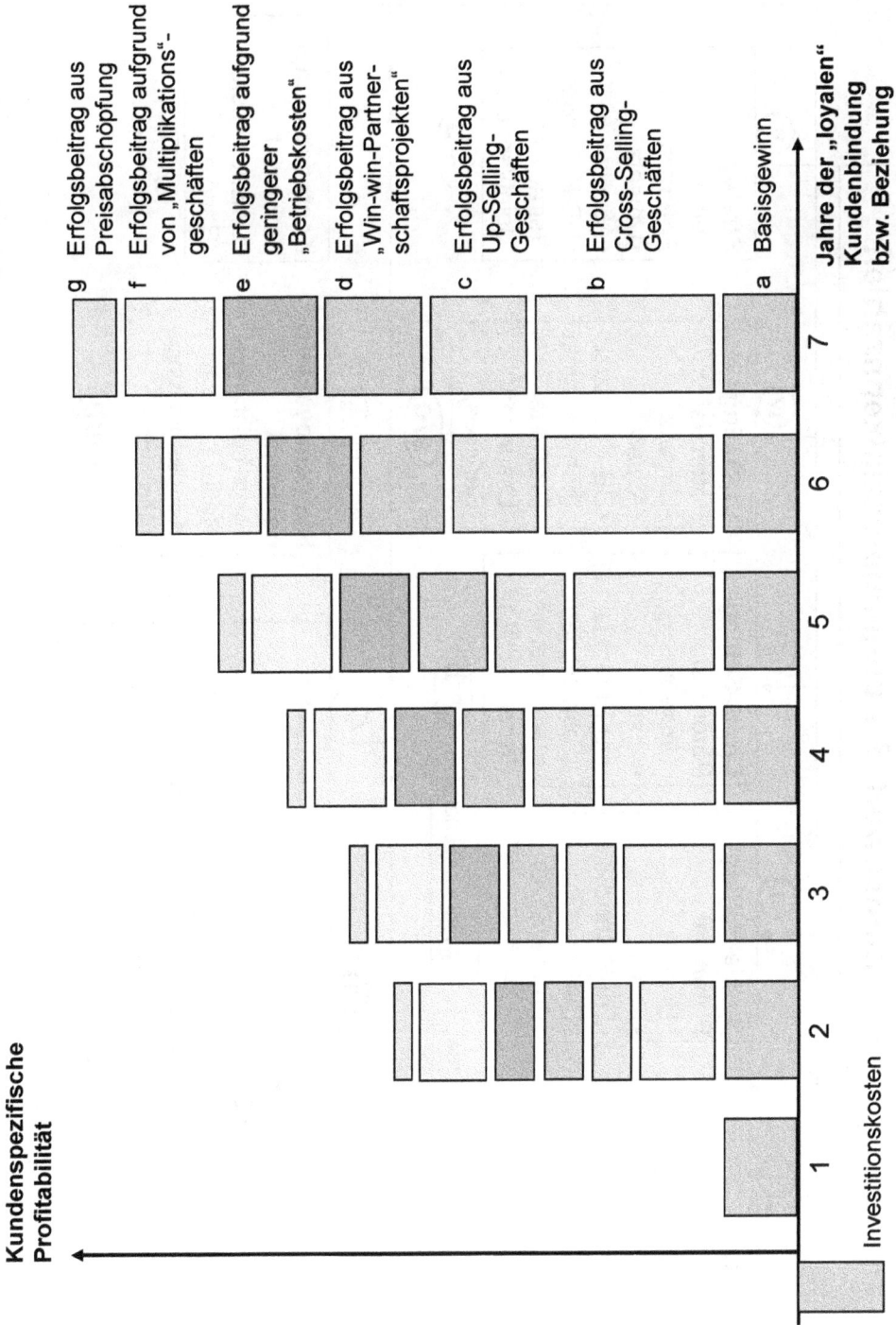

Abb. 50:    Systematisierung der Kundenprofitabilität in Abhängigkeit einer loyalitätsorientierten Geschäftsentwicklung (© Prof. Dr. R. Hofmaier).

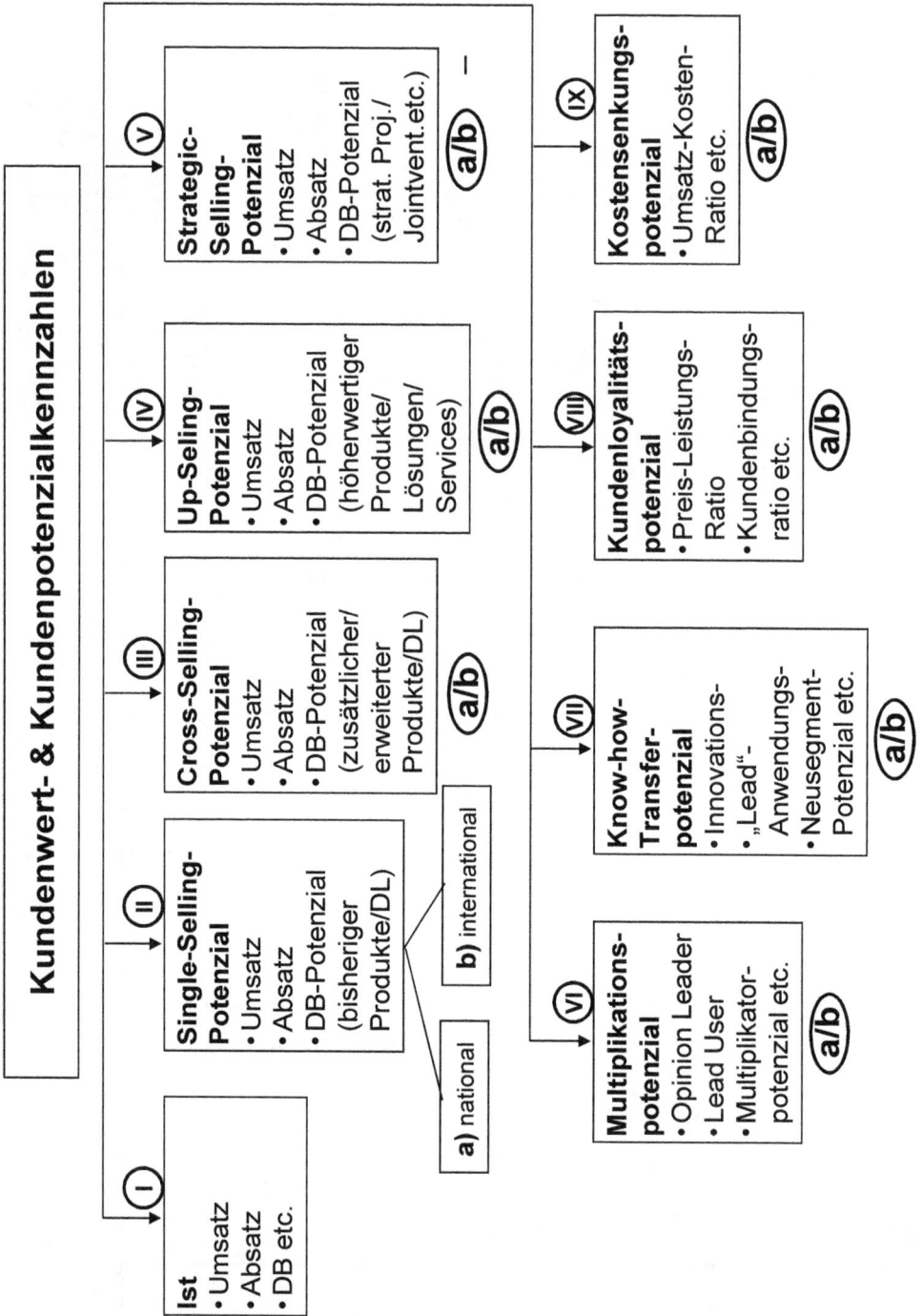

Abb. 51:     Kundenwert- und Kundenpotenzialkennzahlen (© Prof. Dr. R. Hofmaier).

Für die Durchführung eines solchen Kundenzufriedenheits-, Loyalitäts- und Entwicklungs-managements sind nun entsprechende **Kundenerhebungen** und **Feedbackanalysen** durch-zuführen. Sie können integriert werden in eine **jährliche Kundengesamterhebung**, die noch weitere Analyseschwerpunkte (z. B. ausgewählte Potenzial- und Positionierungsanalysen) beinhalten und die durch zwischenzeitliche Detailerhebungen[34] ergänzt werden kann. Die gesamten **Erhebungsziele** und das hierauf abzustimmende **Erhebungsdesign** können den Abb. 52 und 53 entnommen werden.

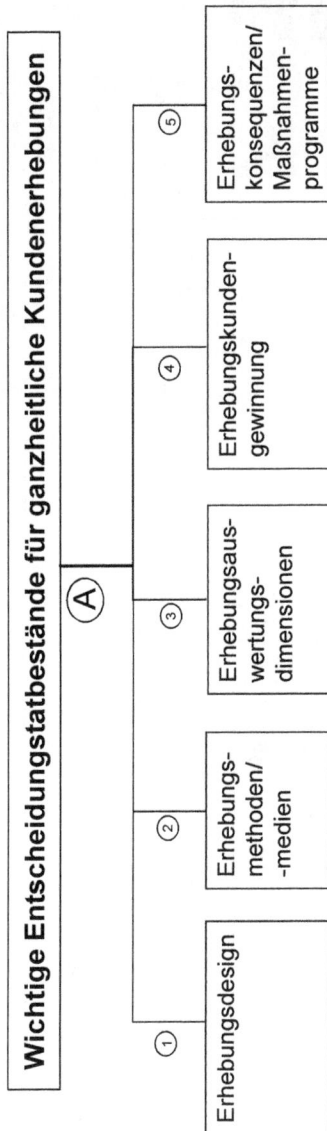

Abb. 52:    Wichtige Entscheidungstatbestände für ganzheitliche Kundenerhebungen (© Prof. Dr. R. Hofmaier).

---

[34]    Vgl. zu den unterschiedlichen Möglichkeiten der Kundenerhebung auch Hofmaier, 1995, S.55ff.

## Erhebungsdesign & Erhebungsmedien

Ⓑ

**Erhebungsziele (Hauptkriterien):**

- Aussagefähige und kunden„objektivierte" Gesamtpositionierung
- Ermittlung von KEFs (& sich dadurch ergebenden Markt-/
  Kundensegmentierungen)
- Zufriedenheitspositionierung
- Loyalitätspositionierung
- Kundenbeziehungspositionierung
- Kundenbindungspositionierung
  (inkl. Kundenbindungsmaßnahmen)
- Kundenentwicklungspositionierung (Kundenentwicklungsprofile)
- Spezifische Markt-, Vertriebs-, Kundenmanagement- &
  Servicepositionierung
- Detailpositionierung des Marketing-, Vertriebs- &
  Kundenmanagementmix
- Detailinformationen über Markt-, Applikations- &
  Produktentwicklungen etc.
- Detailinformationen über Informations- &
  Kommunikationsverhalten
- Informationen über Business-Development &
  Kooperationsmöglichkeiten
- Verbesserungsmöglichkeiten der Kundenzusammenarbeit
- Bestimmung der Preisbereitschaft
- Positionierung der Belieferung und Logistik
- usw.

**Erhebungsstufen:**

- Auswahl der relevanten
  Kritischen
  Erfolgsfaktoren (KEF) &
  Anforderungskriterien/
  Profile
- Gewichtung der
  Faktoren
- Bewertung der Faktoren
- Kausalitätsgeleitete
  Vertiefungen &
  Detaillierungen
- Validitäts- &
  Reliabilitätsprüfung
- usw.

**Erhebungsmedien:**

- Persönlich (persönliche
  Kundengespräche,
  Focus-Groups,
  Gruppengespräche,
  (Event-)Workshop-
  diskussionen)
- Schriftlich
- Telefonisch
- Online
- Kombination nach dem
  „T-Prinzip" (große
  Kunden persönlich und
  tiefergehend, kleine
  Kunden mediengestützt
  und mehr standardisiert)

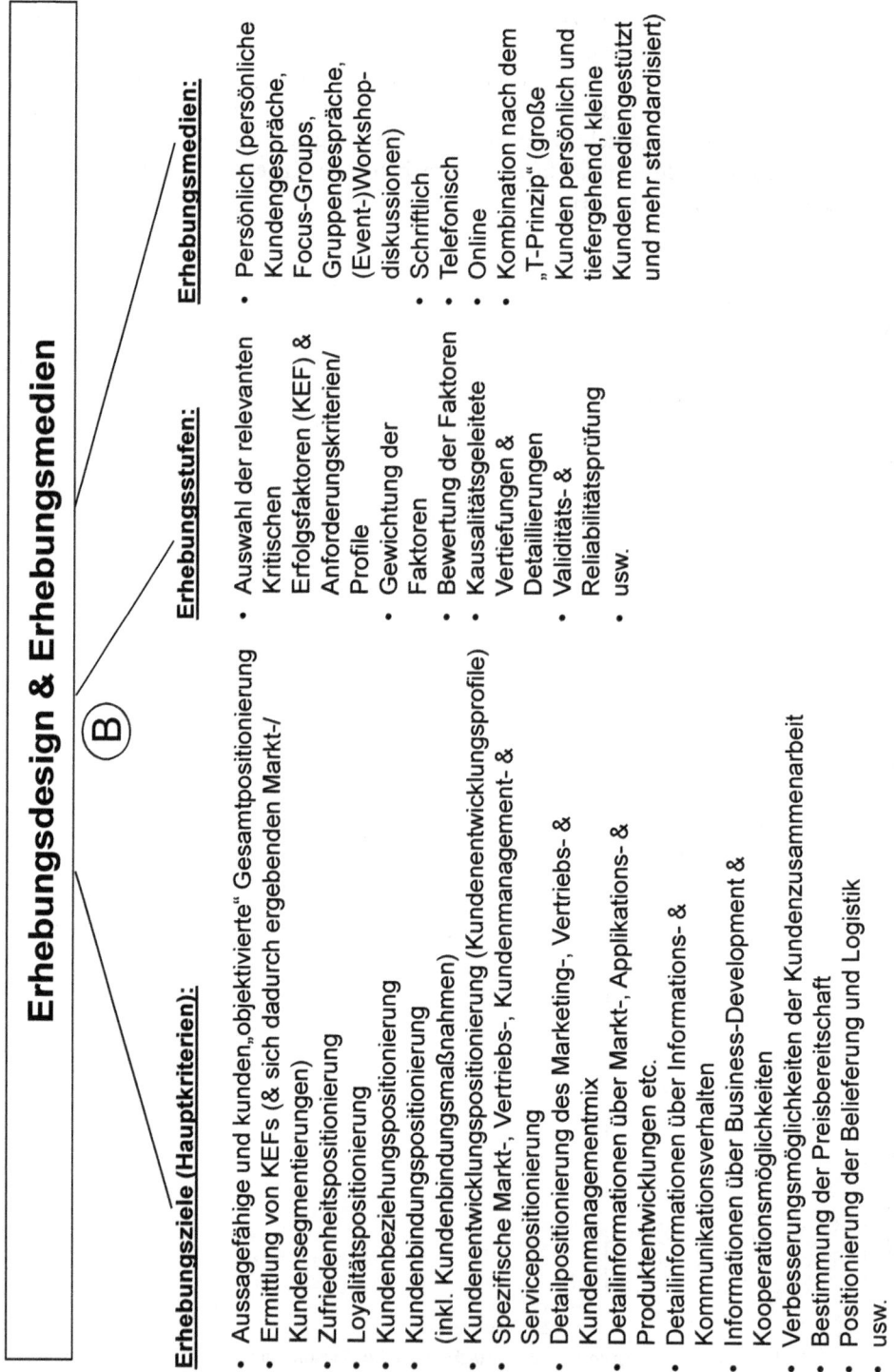

Abb. 53:     Ausgewählte Erhebungsziele, Stufen und Medien (© Prof. Dr. R. Hofmaier).

Mit der Festlegung des Erhebungsdesigns kann eine **Vielfalt von Erhebungszielen** und diesbezüglichen Hauptkriterien mitberücksichtigt werden, beginnend mit den Einstiegsfragen über die eigene Beurteilung von Marktsegment-, Anwendungs- und Produktentwicklungen, über die Berücksichtigung von kritischen Erfolgs- und relevanten Anforderungsfaktoren, über detaillierte Positionierungskriterien und Bewertungen (Kundenzufriedenheit), bis hin zu spezifischen indirekten Fragestellungen und Kriterienabfragen zur Kundenloyalität, Kundenbeziehung, Kundenbindung und Kundenentwicklung. Ferner können detaillierte Fragen zu ausgewählten Marketing-, Vertriebs- und Kundenprogrammen wie auch zu kooperativen Produktentwicklungs-, Business-Development- und Kooperationsmöglichkeiten etc. gestellt werden. Ebenso Fragestellungen zum (informellen/formalen) Informations- und Kommunikationsverhalten, Preisbereitschaften, Preis-Leistungs-Priorisierungen, Belieferungsanforderungen und vieles mehr.

Neben diesen Erhebungszielen und den **Erhebungsstufen** spielt auch die Kombination der einzusetzenden **Erhebungsmedien** eine wichtige Rolle. Zudem können die vier Bereiche der Erhebungsmedien je nach Erhebungsziel, Kundenart und inhaltlicher Ausgestaltung miteinander **kombiniert** werden. Hierfür eignet sich bisweilen auch der sogenannte „T-Ansatz". Die relativ wenigen, aber wichtigen und großen Kunden werden über **persönliche** und/oder **Gruppengespräche** mit tiefergehenden Themen und Diskussionen abgefragt, wobei deren unterschiedliche **Entscheidungsträger** intensiv miteingebunden und bezüglich ihrer persönlichen Einstellung, Bewertung, Erfahrung etc. differenziert analysiert und mitberücksichtigt werden. Die **mittelgroßen** und **kleineren** Kunden werden in einer größeren Anzahl **schriftlich**, **telefonisch** und **elektronisch** (Online) bzw. auch im kombinativen Einsatz unterschiedlicher Medien befragt.

Für die **Gewinnung der Erhebungskunden** (vgl. Abb. 54) ist es wichtig, dass diese auch einen „Mehrwert" aus einer solchen Befragung (und Erhebungs„beziehung") erhalten. Dieser Mehrwert kann sich auf Informationsmehrwerte beziehen, indem beispielsweise durch ein Management-Summary die „Einstiegsfragen" zu den Markt- und Anwendungsentwicklungen ausgewertet, zusammengefasst und analysiert zur Verfügung gestellt werden, oder – bei entsprechender Absprache – eine spezifische Auswertung verbesserter gemeinsamer Kooperations-, (Produkt-) Entwicklungs-, Business-Development- und Vermarktungsmöglichkeiten herausgearbeitet, diskutiert und implementiert wird. Schlichtweg kann auch eine gezielte Verbesserung und Anwendung wichtiger Vermarktungsprogramme und Maßnahmen abgeleitet und für die Kunden angeboten und umgesetzt werden (vgl. Abb. 55).

Wichtig ist in diesem Zusammenhang, dass die herausgearbeiteten **Erhebungs-„konsequenzen"** und **Maßnahmen** (Abb. 55) beim Kunden nicht nur entsprechend rechtzeitig umgesetzt werden, sondern vorab auch „aktiv" **kommuniziert** werden und der diesbezügliche „Mehrwert" nachvollziehbar und transparent wird. Dies kann wiederum Basis für eine weiter auszubauende **Zusammenarbeit** sein, damit wird auch eine solche Kundenerhebung selbst zu einem wichtigen Vermarktungsinstrument.

Für die **Auswertung** einer solchen Kundenerhebung ist v. a. auf einige wesentliche Perspektiven einzugehen. Einen zentralen Auswertungsschwerpunkt ergibt die Gegenüberstellung von **priorisierten Erhebungsmerkmalen** (z. B. kritische Erfolgs- und Anforderungsfaktoren nach ihrer **Gewichtung**) und die Bewertung bzw. **Evaluierung** bezüglich **dieser Merkmale** durch den Kunden. Hieraus ergeben sich dann unterschiedliche **Handlungsbedarfe**, die durch die entsprechenden Marketing-, Vertriebs- und Kundenmanagementprogramme und Maßnahmen umzusetzen sind (vgl. Abb. 56).

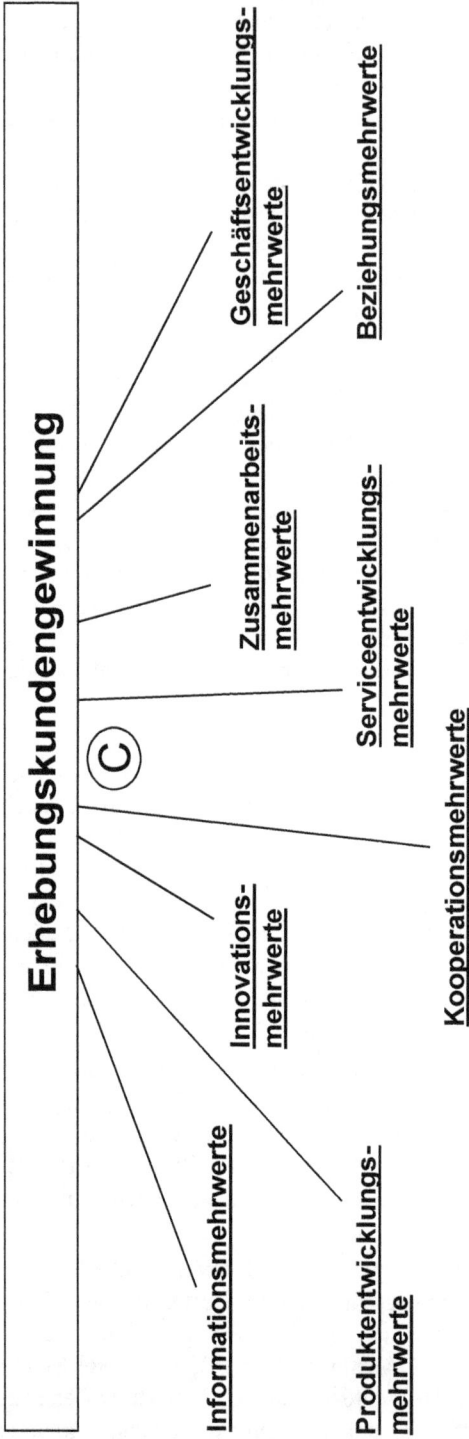

Abb. 54:     Möglichkeiten der Erhebungskundengewinnung (© Prof. Dr. R. Hofmaier).

## Ausgewählte Erhebungskonsequenzen und Maßnahmenprogramme

(D)

**Maßnahmengeleitete Zufriedenheitsver-besserung/Handling**

**Entwicklung & Aktualisierung des Kunden-Clusters & des gemeinsamen Data-Base Managements**

**Überarbeitung des Marketing-, Vertriebs- & Kunden-managementmix (inkl. Prozesse)**

**Abbau von Positionierungs-überdeckungen**

**Einsatz & Ausbau gezielter Kundenbindungsprogramme**

**Verbesserung des Kommunikations-management- & Medienmix**

**Aufbau & Verbesserung von ausgewählten Kundenentwicklungs-programmen & Maßnahmen**

**Aus- & Aufbau des maßnahmengeleiteten Kundenbeziehungsmanagements**

**Auf- & Ausbau von USP- & Präferenzvorteilen**

**Aufbau von notwendigen Positionierungs-verbesserungen**

**Maßnahmengeleitete Loyalitätsverbesserung & Stabilisierung**

**Kundenfeedback & Managementsummary**

**Aktive Kundenkommunikation bzgl. der Ergebnisse & durchzuführenden Programme/ Maßnahmen**

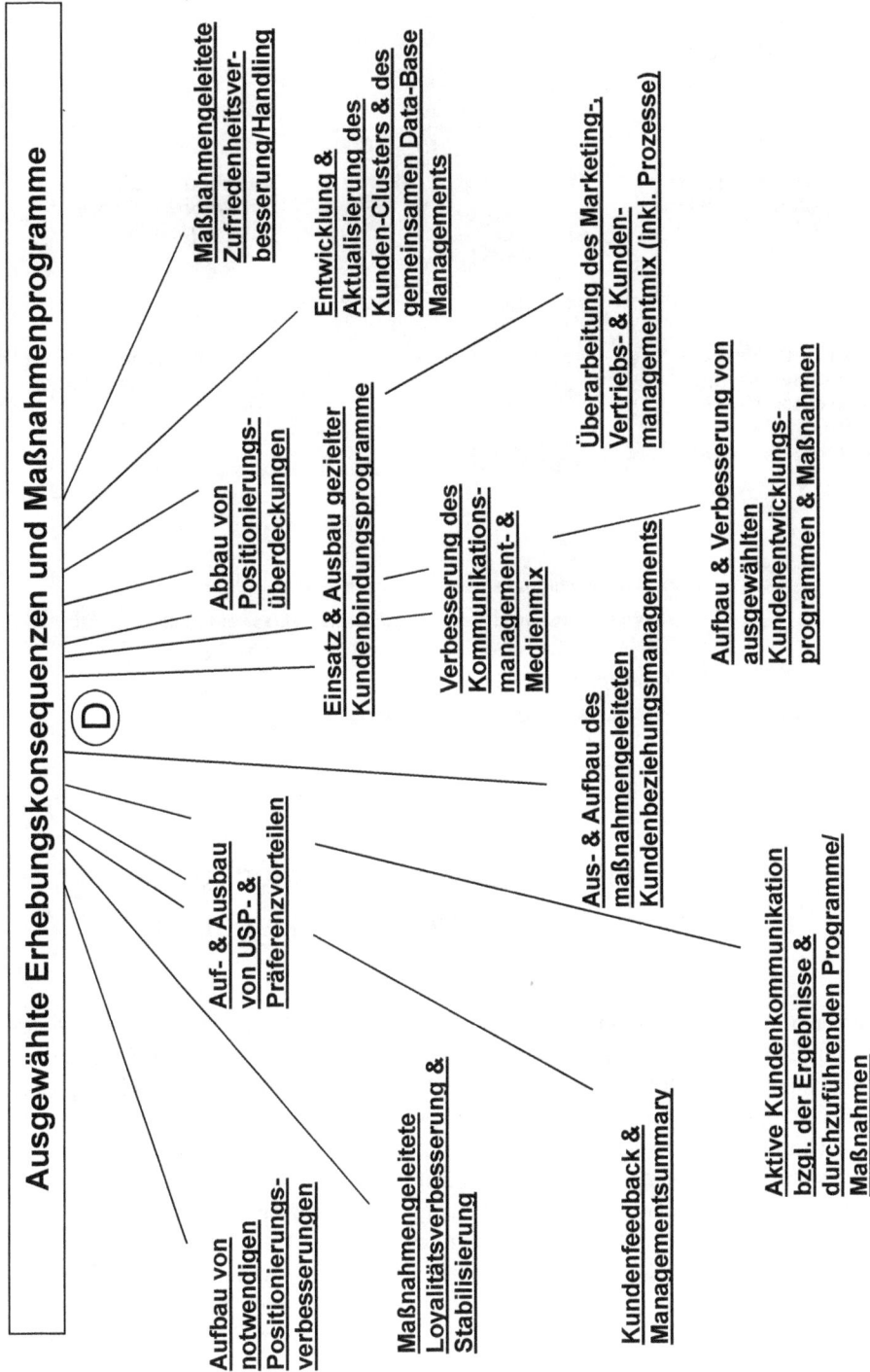

Abb. 55:     Erhebungskonsequenzen und Maßnahmenprogramme (© Prof. Dr. R. Hofmaier).

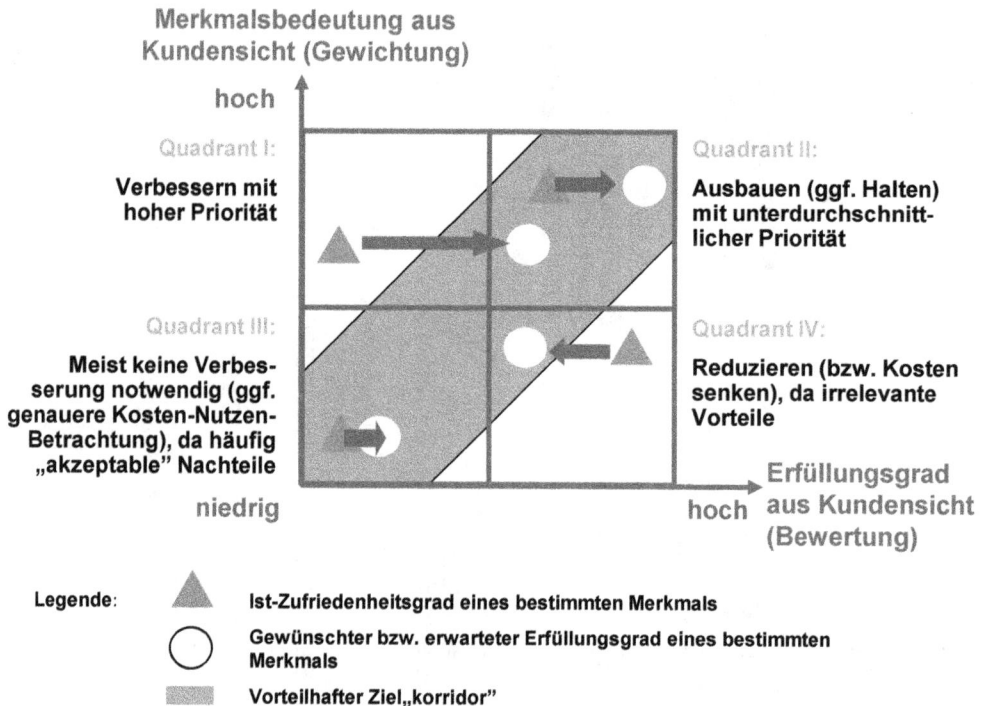

Abb. 56:    Kundenanalyseportfolio (Kundenzufriedenheit) und Handlungsbedarf (© Prof. Dr. R. Hofmaier).

# 3    Business-Relationship-Management und Interpersonal-Relationship-Management (CRM)

Die zusammenfassende **Gegenüberstellung** von Kundenloyalitäts- und Zufriedenheitsauswertungen ist nun für die grundlegende Ableitung und Akzentuierung von Programmen und Maßnahmen des **Relationship- und Kundenbindungsmanagement** wichtig. Ihre grundsätzlichen Optionen ergeben sich aufgrund der unterschiedlichen **Kunden-Clusterung** in Abb. 57. Hierbei kann unterschieden werden in **Stammkunden** (mit einem hohen Anteil entwicklungsfähiger Key-Accounts), den potenziellen **Wechselkunden** (mit ausgeprägter Gesamtzufriedenheit und relativ geringer Loyalität), den potenziellen **Abwanderungskunden** sowie den sogenannten **„Gefährdungskunden"**. Es wird ersichtlich, dass die ausschließliche Zufriedenheitsorientierung bei solchen Erhebungen nicht mehr alleine aussagefähig ist, da es auch Kunden gibt, die relativ zufrieden sind, jedoch eine geringe Kundenloyalität und damit eine meist hohe **Wechselbereitschaft** aufweisen und umgekehrt. (Die „Unterstellung", dass die Ausprägung der Zufriedenheit auch derjenigen der Loyalität entspricht, d. h. die Kundengruppen sich alleine entlang der „Abbildungsdiagonalen" von rechts oben nach links unten befinden, reicht als Erklärungsansatz nicht aus, wie die verifizierten

Kunden-Cluster der Wechsel- und Gefährdungskunden belegen.) Gerade auch die Wechsel- und Gefährdungskunden bedingen spezifischer Vermarktungsprogramme und Maßnahmen. Hierfür ist es allerdings von Bedeutung, die Kunden-Cluster (vgl. Abb. 32) mit den entsprechenden **Kundentypisierungen** zu hinterlegen (d. h. aufgrund der Information aus der Kundendatenbank, welcher Anteil und welche Verteilung von **A-, B-, C- und D-Kunden in den jeweiligen Clustern** gegeben sind). Somit können gezielte entsprechende vermarktungs- und v. a. auch spezifische Kundenbeziehungs- und Kundenbindungsinstrumente zur Anwendung kommen.

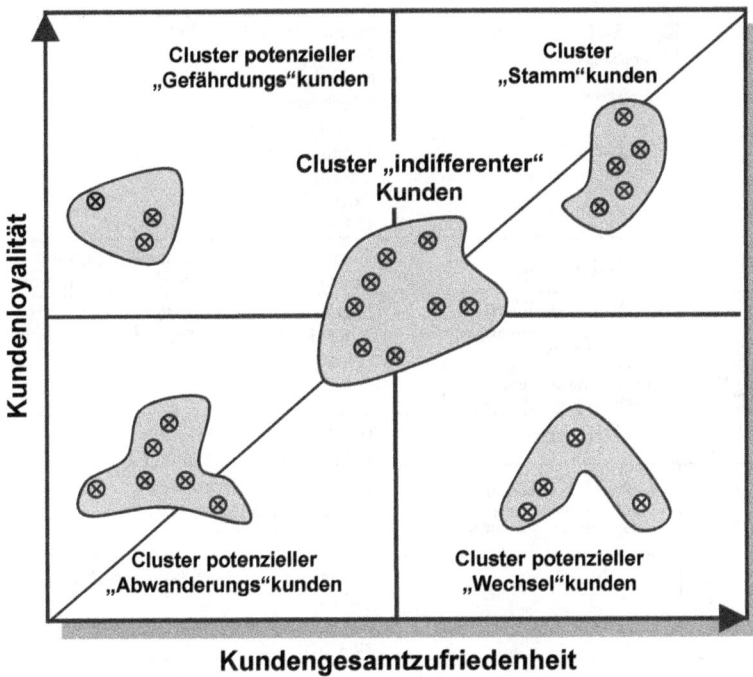

Abb. 57:     Kundenzufriedenheits- und Kundenloyalitätsportfolio (© Prof. Dr. R. Hofmaier).

Für die **„Stamm"kunden** mit einem relativ hohen A- und B-Kundenanteil gilt häufig die (erhebungsgeleitete) schrittweise Weiterentwicklung und kundendifferenzielle Akzentuierung des Vermarktungsmixes unter Berücksichtigung **ausgewählter** Relationship- und Kundenbindungsmaßnahmen (Abb. 58 und 59). So kann gerade hier für größere Kunden und Key-Accounts die (Weiter-)Entwicklung von Win-win-Partnerschaften (z. B. abgestimmte oder gemeinsame Produktentwicklungsprojekte, Internationalisierungen etc.) und der Ausbau der unmittelbaren Entscheideransprache und Integration als Ansatzpunkte des **Business- und Interpersonal-Relationship-Managements** im Vordergrund stehen. Ergänzt und strukturiert werden kann dies durch spezifische Maßnahmen des **Kundenbindungsmanagements**, wie beispielsweise konkrete Innovationspartnerschaften, Best-Expertise-Sharing usw. (vgl. v. a. Abb. 58).

Den **„Wechsel"kunden** ist konzentrierte Aufmerksamkeit dahingehend zu schenken, dass für die jeweiligen A- und B-Kunden (über die klassischen Vermarktungsmaßnahmen hinausgehend) beispielsweise eine **verbesserte** Entscheideransprache mit dem Schwerpunkt der Generierung von „Commitments" und Überzeugungsarbeit bezüglich möglicher Produktein-sätze, Entwicklungs- sowie Integrationsprojekte etc. erreicht wird. Begleitend können hier ähnlich zu den Stammkunden, ausgewählte Expertise-Sharings, Tech-Days, Produktkliniken als Kunden**bindung**smaßnahmen infrage kommen.

| Kundenbeziehungs- & Kundenbindungs-möglichkeiten / Kundencluster | Kundenbeziehungs(-)* & Kundenbindungsschwerpunkte/ Maßnahmen | |
|---|---|---|
| (I) **Stamm-kunden** | ① **A-/B-Kunden**<br>* (Weiter-)Entwicklung von Win-win-Partnerschaften & Involvements | a) Innovationspartnerschaften<br>b) Best-Expertise-Sharings<br>c) News-Groups/Events<br>d) Integrierte-Consulting-Teams<br>e) Tech-Days & Workshops & Specialevents |
| (II) **„Wechsel"-kunden** | ① **A-/B-Kunden:**<br>* Verbesserte Entscheideransprache & „Generierung" von Commitments/Win-wins | • Produkt-/Leistungsdifferenzierung<br>• Lösungsgeschäfte ↗<br>• Added Services ↗<br>• (1a–e) |
| | ② **C-Kunden:** | Ausgewählte Gewährleistungsmaßnah-men sowie Bonus-/Konditionenprogramme |
| (III) **„Gefährdungs"-kunden** | ① **A-/B-Kunden:**<br>* Gezielte Entscheideransprachen & Involvements<br>* Aktive Durchführung entsprech. Kommunikations- und Verbesserungsmaßnahmen | • Unzufriedenheitsabbau ↘ und Zufriedenheitsaufbau ↗<br>• (1a–e) |
| | ② **C-Kunden:** | Unzufriedenheitsabbau u. Zufriedenheitskonsolidierung |
| (IV) **„Abwanderungs"-kunden** | ① **A-/B-Kunden:**<br>* Prüfung ausgewählter Kundenbeziehungsmaßnahmen | Durchführung ausgewählter Kundenbindungsmaßnahmen (s. o.) |
| | ② **C-Kunden:** | • „Günstigere" Vertriebsbetreuung/Organe wählen<br>• Ggf. bedingt bestimmte „Abwanderungen" zulassen |

Abb. 58:    Ausgewählte Kundenbeziehungs- und Kundenbindungsmöglichkeiten (nach Kunden-Cluster und Kunden„typen") (© Prof. Dr. R. Hofmaier).

Für die **„Gefährdungs"kunden** gilt grundsätzlich, dass die Probleme infolge bestimmter Nicht-Zufriedenheitsergebnisse zügig behoben und eine entsprechende Zufriedenheit über darauf abgestimmte Maßnahmen wieder erreicht und stabilisiert wird. Dies kann ergänzt werden durch aktivere Kommunikation der Verbesserungsmaßnahmen, gezieltere Entscheider-ansprache und „Involvements" für weitergehende Maßnahmen und ausgewählte Kunden-bindungsmaßnahmen (wie die Einbindung von Tech-Days und Special-Events etc.).

Bei den **„Abwanderungs"kunden** gilt für die A- und B-Kunden eine Prüfung verbesserter Möglichkeiten des Vermarktungsmix-Einsatzes, aber auch der Heranziehung ausgewählter Beziehungs- und Bindungsmaßnahmen, deren Einsatz sinnvoll ist. Bei sehr „kritischen" Kundenperspektiven kann analog zu den hier vorhandenen C- und D-Kunden eine Prüfung anderer bzw. „günstigerer" Vertriebskanäle und Organe bzw. ggf. eine gezielte Abwande-rung (bei Absatz-, Umsatz- und Margendefiziten etc.) zugelassen werden.

Bei der Anwendung von Möglichkeiten und Maßnahmen des Beziehungsmanagements sind diejenigen des **Business-Relationship-Managements** von denjenigen des **Interpersonal-Relationship-Managements** zu unterscheiden (vgl. Abb. 59). Bei ersteren kann es um die unternehmensspezifischen und daraus abgeleiteten funktionsrelevanten **Businessziele** im Rahmen von **kundenbezogenen Produkteinsätzen, Lösungen** und/oder **Projekten** inklusive ihrer erfolgreichen **Realisierung** gehen, andererseits kann es sich beim Interpersonal-Relationship aber auch um die Berücksichtigung und Einbindung **individueller (persönlicher) Entscheiderziele und Ambitionen** im Rahmen solcher Projekte und des damit verbundenen **persönlich-beruflichen Erfolgs** handeln. Entsprechend kann auch das persönliche „Involvement", „Commitment" und die Überzeugung dieser Entscheider für ihr Job-Enrichment und damit auch für ihr persönliches „Win" wichtig sein (Triple-win-Projekte). Zusätzlich dient der CRM-Ansatz im weiteren Sinn auch der **Rückgewinnung** verlorengegangener bzw. vielleicht gerade „verlorengehender" Kunden mit entsprechend abgestimmten Maßnahmen und einem adäquaten Beziehungs- und Bindungsaufbau.

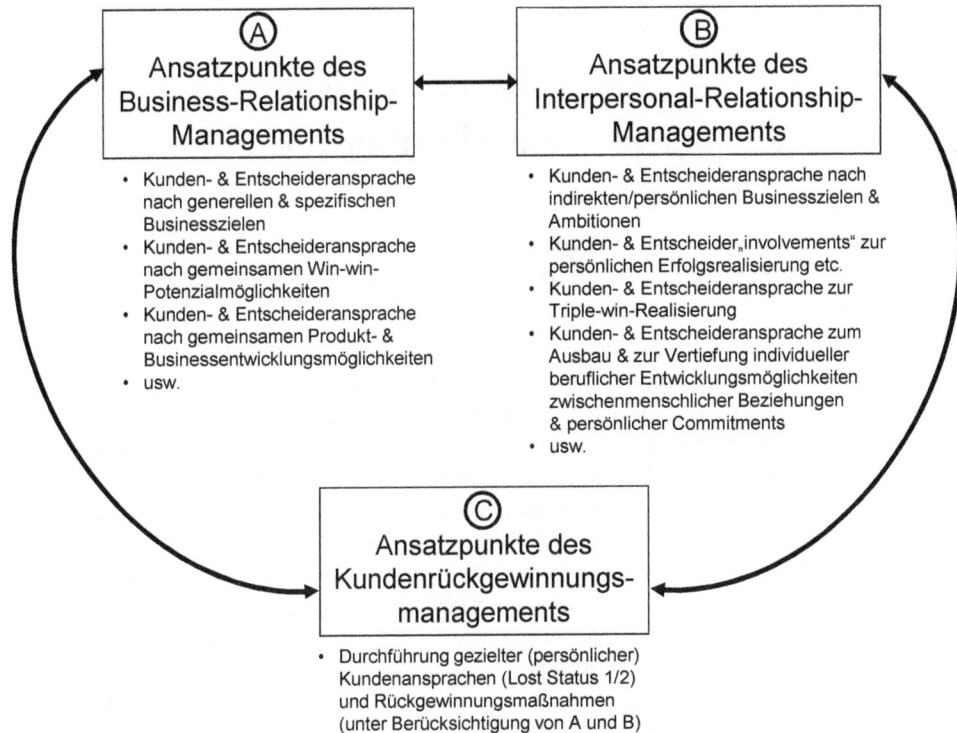

Abb. 59:     Ansatzpunkte des Business- und Interpersonal-Relationship-Managements (CRM i. e. S.) (© Prof. Dr. R. Hofmaier).

Ausgangsbasis für eine solche entscheiderprofilierende Vorgehensweise ist die hinreichende Erfassung entsprechender Entscheiderdaten und Profile, ohne die ein professionelles Kunden-Data-Base-Management und damit **CRM nicht möglich ist.** (Hierfür kann eine **Entscheiderinformationsmatrix** (vgl. Abb. 84 und 85 in Kap. VII) zugrundegelegt werden, die in übersichtlicher Form entsprechende Tool-integrierte Beziehungsperspektiven, Kriterien und Informationen verdeutlicht.)

Insgesamt kann festgehalten werden, dass für Stammkunden, aber auch für Wechsel- und Gefährdungskunden nicht nur der bisherige **Produkt- und Leistungsansatz** gezielt ausgebaut werden kann, sondern durch eine **breitere Wertschöpfungsabdeckung** (die wiederum die Kundenbindung (u. a. höhere Wechselkosten) unterstützt) eine **tiefergehende Kundendurchdringung und Kundenloyalität** ermöglicht wird. Dies kann gezielt für **höherwertigere Produktkombinationen, Packages, Added-Services**, bis hin zum sogenannten **Teillösungs- oder Lösungsgeschäft** (Total-Solution-Business) genutzt werden. Somit kann wiederum die Preferred-Supplier-Position verbessert und die Akzeptanz- und Kooperationsbasis für zukünftige Win-win-Partnerschaften weiterentwickelt werden. Damit nimmt die Berücksichtigung ausgewählter **Kundenbeziehungs- und Kundenbindungsmaßnahmen** einen immer größeren Stellenwert ein (vgl. Abb. 58, 59, 60 und 61).

# 4    Die zehn Dimensionen der Kundenbindung und ihre Kundenbindungsinstrumente

Die für einen CRM-Gesamtansatz erforderlichen Kundenbindungsprogramme und Maßnahmen können aus den unterschiedlichen **Dimensionen** der grundsätzlichen **Kundenbindung**[35] (vgl. Abb. 60) abgeleitet werden.

Zu den grundsätzlichen **Kundenbindungsdimensionen** gehören zunächst **bedarfsoptimierte, abnahme- und projektvertragliche Kundenbindungsmöglichkeiten** mit ihren jeweiligen Verpflichtungen. Es gibt aber auch **technologische, Community-spezifische** und **psychologische** Kundenbindungsalternativen, wobei sich erstere beispielsweise auf die **technologiebezogenen Ausstattung, Test- und Integrationsmöglichkeiten** beim Kunden beziehen kann (z. B. IT-, steuerungs- und applikationsfokussierte Hersteller„ausrichtung", Zurverfügungstellen von bestimmtem Test-Equipment bzw. technischem Consulting-Know-how durch den Hersteller). Weitere wichtige Kundendimension können die **psychologischen** und **persönlich „verpflichtenden"** Kundenbindungsoptionen sein, die sich aufgrund längerfristiger, wechselseitig fruchtbarer und erfolgreicher Zusammenarbeit ergeben können, aber auch die **„weiterentwicklungsorientierte" Kundenbindung** im Sinne von Produktentwicklungs- und Geschäftskooperationen, wie auch **themen- und interessenzentrierte, Event-spezifische** sowie **institutionelle** Kundenbindungsmöglichkeiten.

Grundsätzlich sind gerade für A- und B-Kunden, aber auch für A-„Potentials" die daraus ableitbaren **Kundenbindungsprogramme und -maßnahmen** zur längerfristigen **Kundenentwicklung** sinnvoll und hilfreich.

---

[35]    Vgl. zu den Dimensionen und Maßnahmen der Kundenbindung auch Hofmaier, 2012, S. 6ff.; im Weiteren generell zur Kundenbindung auch Homburg/Bruhn, 2005.

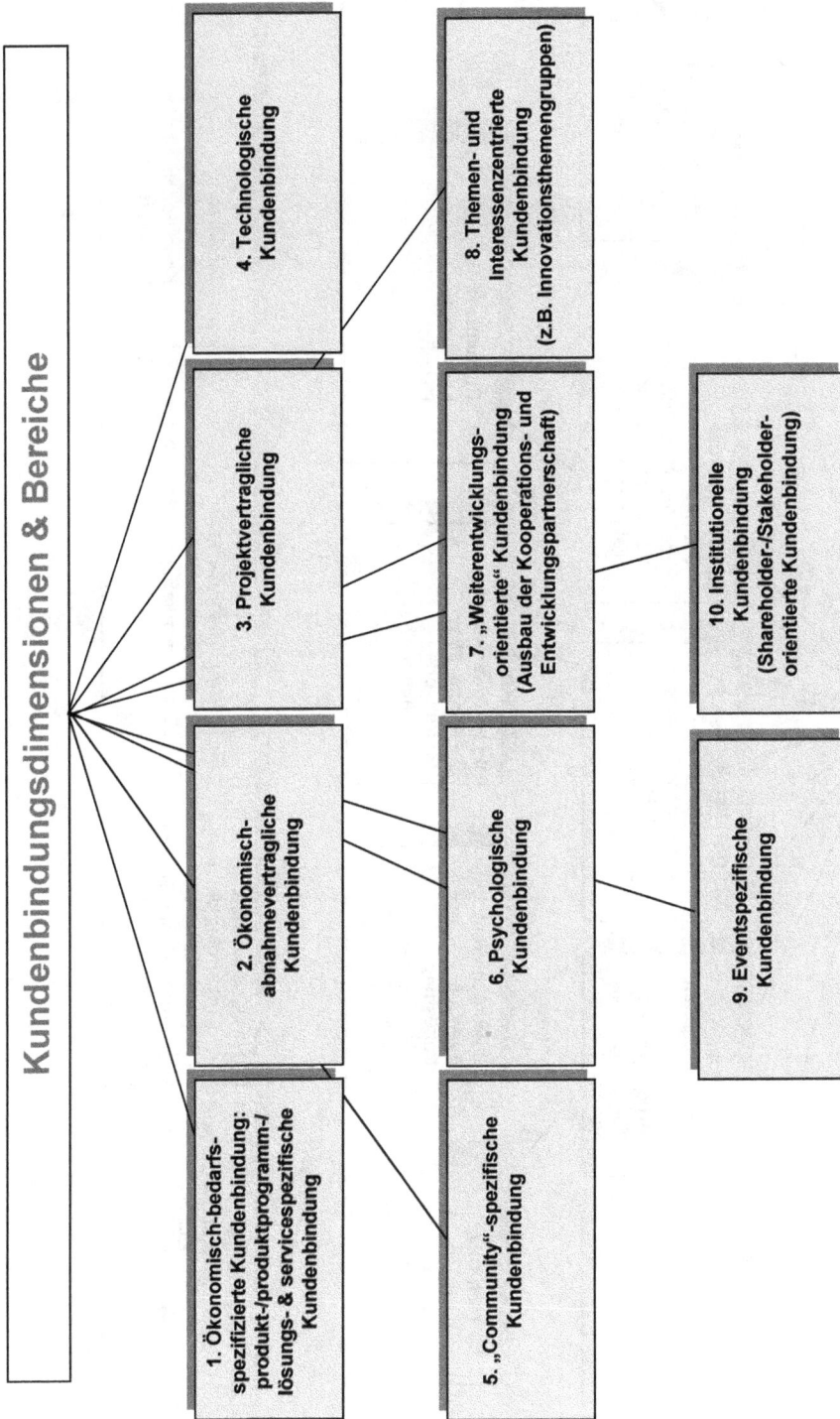

Abb. 60:      Dimensionen der Kundenbindung (© Prof. Dr. R. Hofmaier).

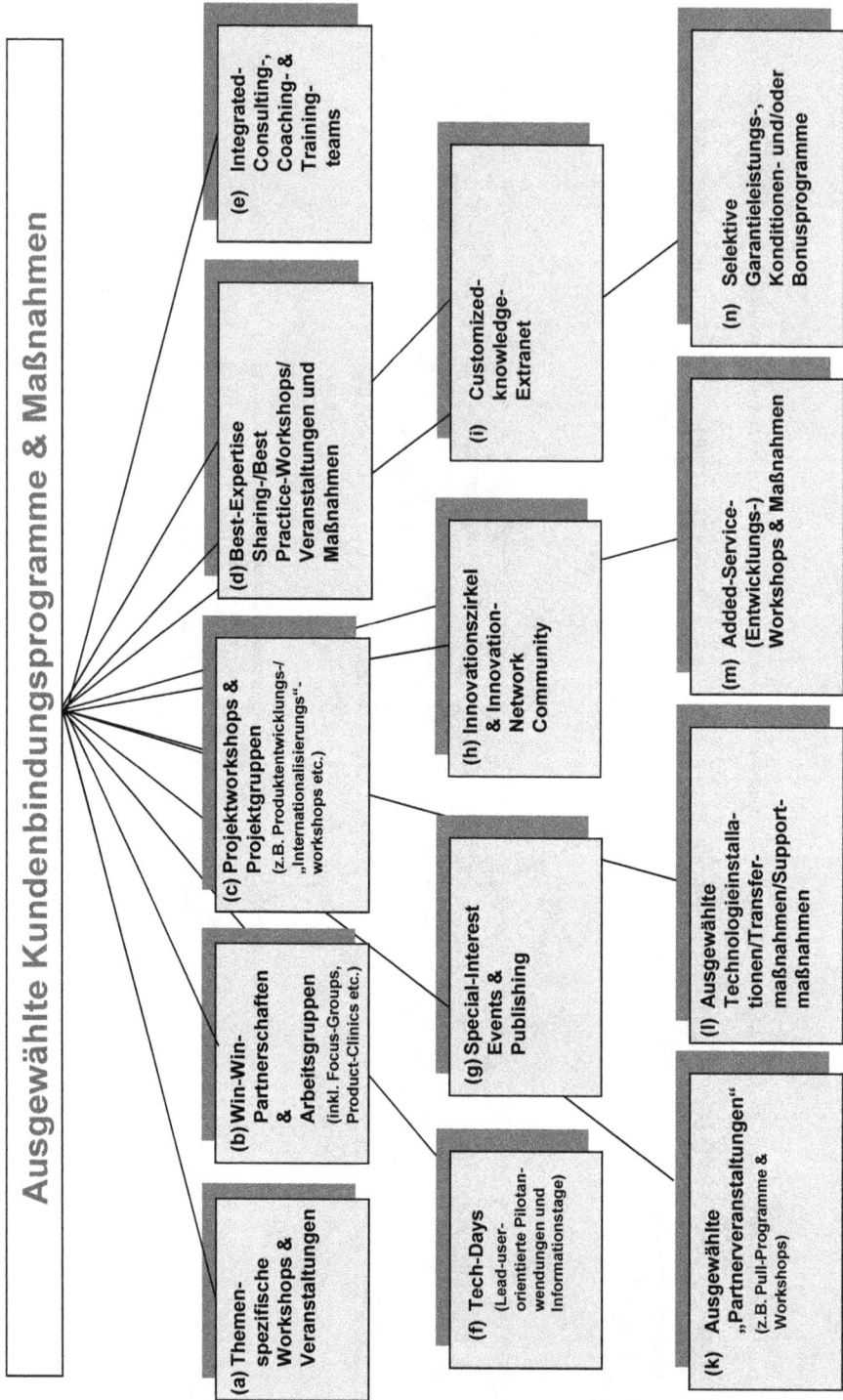

Abb. 61:    Ausgewählte Kundenbindungsprogramme und Maßnahmen (© Prof. Dr. R. Hofmaier).

Zu den einzelnen **Programmen und Maßnahmen**, die sich aus den bisher angesprochenen Kundenbindungs**dimensionen** ergeben (vgl. Abb. 61), sind hier vornehmlich die **themenspezifischen Workshops und Veranstaltungen**, die **Win-win-Partnerschaften** und **Arbeitsgruppen** (z. B. **Focus-Groups** und Produktkliniken), die **Projektworkshops** und **Projektgruppen** (z. B. Produktentwicklungs- und „Internationalisierungs"-Workshops), **Best- Expertise-** sowie **Best-Practice-Maßnahmen**, **Tech-Days** (z. B. anwendungsorientierte Veranschaulichung und Kommunikation von anwenderspezifischen Weiterentwicklungen mit Pilotkunden für ausgewählte Kunden), **Special-Interest-Events** und entsprechende (gemeinsame) **Veröffentlichungen** zu nennen. Des Weiteren können auch sogenannte **Innovationszirkel** und **Innovation-Network-Communities**, das **Customized-Knowledge-Extranet** sowie ausgewählte **Partnerveranstaltungen** (zur Endkundenbindung durch gemeinsame Pull- und Mehrwertprogramme für den Endkunden), ausgewählte **Technologieinstallationen** und **Transfermaßnahmen**, **Added-Service-(Entwicklungs-)Workshops** sowie selektive **Garantieleistungs-**, **Konditionen-** und/oder **Bonusprogramme** zum Einsatz kommen.

Für unterschiedliche Großkunden und ihre Entscheidungsträger kann ein entsprechendes **Methodenset** zusammengestellt werden, das sich in seiner jeweiligen Ausgestaltung und Kombination zunehmender Bedeutung und Anwendungsintensität erfreut. (In diesem Zusammenhang kann bereits auf die Maßnahmen des **Focus-Group-Managements** (FGM) verwiesen werden.) Durch eine vertiefte und integrierte Entscheiderbetreuung, Maßnahmeneinbindung und auch Abstimmung mit „laufenden" Marketing-, Vertriebs- und Kundenmanagementmaßnahmen können ausgewählte Kundenentwicklungsziele gemeinsam projektiert und erfolgreich umgesetzt werden (siehe auch sogenannte Produkt-, Applikations- und Produktentwicklungs„kliniken"). Einen weiteren hervorzuhebenden Maßnahmenbereich stellen beispielsweise die **Expertise-Sharings** dar. Im Rahmen ausgewählter Workshops (ggf. in Kombination mit Kunden- und Eventveranstaltungen) kann zu wichtigen Themenbereichen ein „erfahrungsgeleiteter" Know-how-Transfer stattfinden, der eine sukzessive Durchdringung, aber auch Erweiterung des Zielkundenkreises zulässt. Ebenso können an sogenannten **Tech-Days** spezifische Projekt- und Anwendungserkenntnisse gemeinsam mit Pilot- und Referenzkunden weiteren interessierten Kunden vorgestellt und damit einem breiteren Anwenderkreis in unterschiedlicher Applikationstiefe zugänglich gemacht werden. Durch sogenannte **Innovationszirkel**, **Innovation-Communities** und/oder **Produktentwicklungspartnerschaften** können – in unterschiedlicher Konkretisierungs- und Anwendungstiefe – neue Technologieanwendungs- oder Produkttrends bzw. Pilotprojekte vorbereitet, in Angriff genommen und im Rahmen konkreter Kundenlösungen umgesetzt werden.

Die **Implementierung von Kundenbindungsmaßnahmen** erfolgt gemäß den jeweiligen Kundenbindungszielen und Aufgaben und kann durch unterschiedliche Maßnahmenkombinationen umgesetzt und fundiert werden. Eine diesbezügliche Vorgehensweise der **Implementierung** von Kundenbindungsprogrammen und Maßnahmen ergibt sich aus Abb. 62.

| Kd.bindungs-vorgehen / Kunden-bindungsziele | Kunden-bindungs-zielgruppen & Programme | Kunden-bindungs-maßnahmen & Aufgaben | Aktionen | Verant-wortung | Support | Implemen-tierungs-phasen & Mess-kriterien | Zeit-rahmen | Sonstiges |
|---|---|---|---|---|---|---|---|---|
| 1 | | | | | | | | |
| 2 | | | | | | | | |
| 3 | | | | | | | | |
| . . . . . | | | | | | | | |
| N | | | | | | | | |

Abb. 62: Implementierung von Kundenbindungsprogrammen und Maßnahmen (© Prof. Dr. R. Hofmaier).

# 5    Der CRM-Tool-Ansatz

Für einen **ganzheitlichen CRM-Ansatz** sind nun im Weiteren auch die entsprechenden erforderlichen Tools (**CRM-Tools**), ihre Wertschöpfungs- und Effizienz„anteile", die diesbezüglichen **Anforderungen** und **Implementierungsnotwendigkeiten**, sowie die zugrundezulegende **Kunden-Data-Base (DB)** zu berücksichtigen.

Für die **Auswahl** und den **effektiven Einsatz** des „richtigen" CRM-Tools sind die diesbezüglichen **Anforderungsprofile** und **Prozessanalysen** einhergehend mit den entsprechenden **Kundendaten** und ihren crossfunktionalen „Verknüpfungen" herauszuarbeiten und festzulegen. Dem schließt sich ein entsprechender Implementierungsplan[36] mit seinen unterschiedlichen Implementierungs- und Optimierungsphasen an. Von besonderer Bedeutung ist hierbei, dass das von den Marketing-, Vertriebs- und Kundenbereichen **gemeinsam und abgestimmt** auszuwählende CRM-Tool die **wesentlichen Prozesse** eines solchen integrierten Marketing-, Vertriebs- und Kundenmanagements integriert **abdecken** soll, die hierfür relevanten **Daten** einfach strukturierbar, aktualisierbar und einpflegbar handhaben lässt sowie eine kontinuierliche vermarktungsgesteuerte Weiterentwicklung zulässt.

Die damit realisierbaren **Wertschöpfungs- und Effizienzziele** durch ein solches **CRM-Tool** in Verbindung mit einem ganzheitlichen CRM ergeben sich auch aus Abb. 63. Wesentliche strategie- und prozessgeleitete **Tool-Einsatzziele** für die Tool-Auswahl und Implementierung sind nun (aufbauend auf einer vorangegangenen Anforderungsanalyse) entsprechend abzuleiten und vorzugeben. Erforderliche Kosten-Nutzen-Analysen[37] für die Tool-Auswahl sollten mitberücksichtigt werden. Durch das auszuwählende CRM-System sollten auch wichtige hinterlegte **Teilprozesse** systematisch **verbessert** werden. Relevant ist auch die rechtzeitige und umfassende (Projekt-)Einbeziehung der davon „betroffenen" **Mitarbeiter** und ihre Schulung. Eine gezielte **„Incentivierung"** der Kundenmanagement-, Vertriebs- und auch Marketingmitarbeiter bezüglich der Tool-Implementierung und persönlich umfassenden Nutzung kann sehr wichtig sein. Geleitet werden muss ein solches „CRM-Tool-Projekt" von einem kompetenten Vertriebs- oder Kundenmanager (nicht IT-Manager!) und unterstützt von einem entsprechenden Arbeits- und Steuerkreis.

Die in Abb. 60 aufgeführten strategischen **Kunden-, Vertriebs- und Marketingvorteile** können in abgeleiteter Form für die einzelnen Tool-Projektschritte und CRM-Maßnahmen miteinbezogen und berücksichtig werden. Erst dadurch werden die Möglichkeiten eines ganzheitlichen Ansatzes auch realisiert.

Zusätzlich können die aufgeführten, empirisch untersuchten **Kostenvorteile** bezüglich Auswahl, Einsatz und Ausgestaltung des CRM-Tools mitvorgegeben und bewertet werden. Insgesamt sollen dadurch die notwendigen Marketing-, Vertriebs- und Kundenprozesse besser systematisiert und evaluiert werden.

Die beispielhafte Auslegung des CRM-Ansatzes unter Einbindung eines CRM-Tools kann in wesentlichen Bereichen durch Abb. 64 dargelegt werden. Hier ist eindeutig zu sehen, wie die auf die unterschiedlichen **Prozesse** bezogenen Ziele, Aufgaben, Inhalte, Verantwortlichkeiten, Zei-

---

[36]    Vgl. zur Auswahl und Implementierung eines geeigneten CRM-Tools (Tool-Projekts) und zu den Tool-bezogenen Kosten-Nutzen-Analysen Hofmaier/Bauer, 2007/2012.

[37]    Vgl. ebd.

ten, Einzelmaßnahmen, Messkriterien und Benchmarks zu definieren und durch ein effizientes CRM-Tool hinterlegbar, aktivierbar und steuerbar sind. Dies dient dem einzelnen Marketing-, Vertriebs- und Kundenverantwortlichen zu einer komprimierten und effektiven Planung, Steuerung und Überprüfung der eigenen Aktivitäten und Maßnahmen und erlaubt jeweils einen effektiven Überblick über strategische wie auch operative Zusammenhänge im Rahmen der Zielerreichung und dem ggf. notwendigen Ergreifen zusätzlicher Maßnahmen und Aktivitäten.

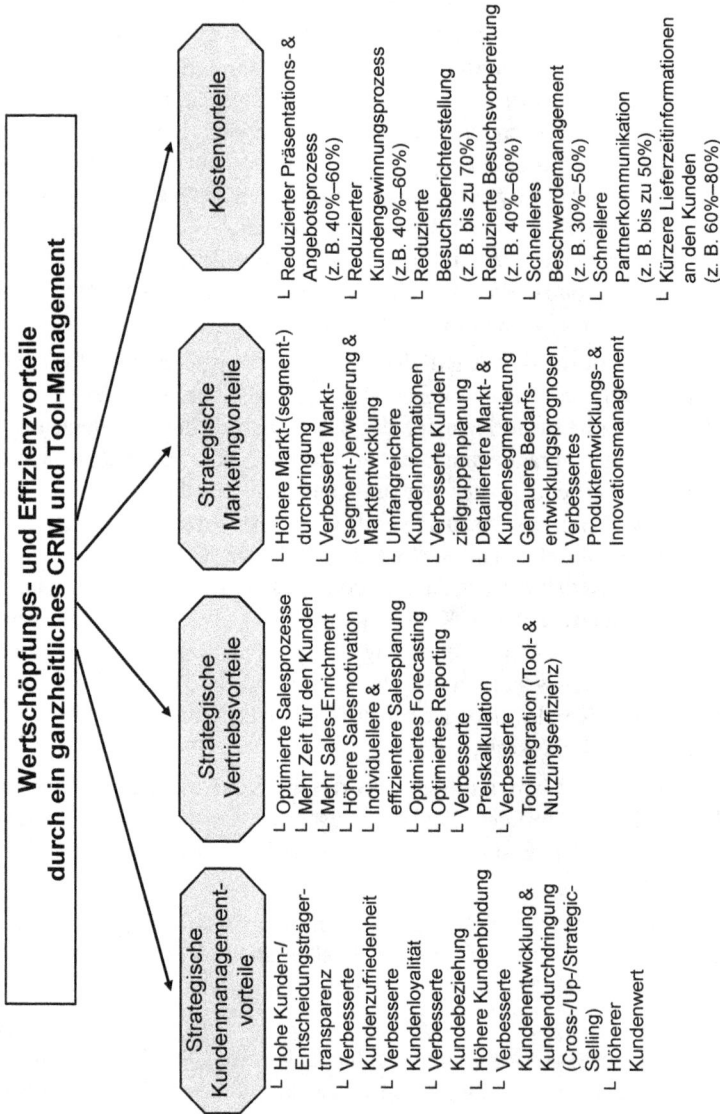

**Wertschöpfungs- und Effizienzvorteile durch ein ganzheitliches CRM und Tool-Management**

**Kostenvorteile**
- Reduzierter Präsentations- & Angebotsprozess (z. B. 40%–60%)
- Reduzierter Kundengewinnungsprozess (z.B. 40%–60%)
- Reduzierte Besuchsberichterstellung (z. B. bis zu 70%)
- Reduzierte Besuchsvorbereitung (z. B. 40%–60%)
- Schnelleres Beschwerdemanagement (z. B. 30%–50%)
- Schnellere Partnerkommunikation (z. B. bis zu 50%)
- Kürzere Lieferzeitinformationen an den Kunden (z. B. 60%–80%)

**Strategische Marketingvorteile**
- Höhere Markt-(segment-)durchdringung
- Verbesserte Markt-(segment-)erweiterung & Marktentwicklung
- Umfangreichere Kundeninformationen
- Verbesserte Kunden-zielgruppenplanung
- Detailliertere Markt- & Kundensegmentierung
- Genauere Bedarfs-entwicklungsprognosen
- Verbessertes Produktentwicklungs- & Innovationsmanagement

**Strategische Vertriebsvorteile**
- Optimierte Salesprozesse
- Mehr Zeit für den Kunden
- Mehr Sales-Enrichment
- Höhere Salesmotivation
- Individuellere & effizientere Salesplanung
- Optimiertes Forecasting
- Optimiertes Reporting
- Verbesserte Preiskalkulation
- Verbesserte Toolintegration (Tool- & Nutzungseffizienz)

**Strategische Kundenmanagement-vorteile**
- Hohe Kunden-/Entscheidungsträger-transparenz
- Verbesserte Kundenzufriedenheit
- Verbesserte Kundenloyalität
- Verbesserte Kundebeziehung
- Höhere Kundenbindung
- Verbesserte Kundenentwicklung & Kundendurchdringung (Cross-/Up-/Strategic-Selling)
- Höherer Kundenwert

Abb. 63: Wertschöpfungs- und Effizienzvorteile durch ein ganzheitliches CRM und Tool-Management[38] (© Prof. Dr. R. Hofmaier).

---

[38] In Anlehnung an Winkelmann, 2010.

| CRM-Prozess-stufen | Ziele, Aufgaben, Verantwort-ungsbereiche & Hit-Rate-Kennzahlen | Ziele, Aufgaben, Prioritäten, Zeiten und sonst. Vorgaben z. B. E-Durchdringung/ A\|B\|C Priorisierung/ Verbesserungsoptionen | Funktionsträger (Verantw./Support) & Umfang/Abstimmung GF/GL/BMgr/BDevel/ Marketing/AD/ID/KAM /Kundendienst/Techn. Service/Call Center etc./ Vertriebspartner etc. | Einzelmaßnahmen/ Informationen/ Kompetenzen/ Qualifizierung | Hit-Rate Kennzahlen |
|---|---|---|---|---|---|
| Neukunden-identifizierung | | | | | |
| Kunden-qualifizierung | | | | | |
| Entscheider-qualifizierung | | | | | |
| Kunden-/ Entscheider-kontaktierung & Terminierung | | | | | |
| Kundenbedarfser-mittlung, Lösungs- und Anwendungs-vorschläge | | | | | |
| Win-win-Erreichung & Commitment | | | | | |
| Anfragen-generierung | | | | | |
| Anfragen-qualifizierung & Angebots-erstellung | | | | | |
| Angebots-verfolgung, Nachverhandlung & Closing | | | | | |
| Auftrags-fakturierung & -management | | | | | |
| Begleitende Kunden-beziehungs- & Bindungs-maßnahmen | | | | | |
| Folgebedarfs- & Auftragsmanage-ment (ggf. Kd.-rückgewinnung) | | | | | |

Abb. 64:     CRM-Prozessanalyse- und Tool-Anwendungsmatrix[39] (© Prof. Dr. R. Hofmaier).

---

[39]     Vgl. u. a. ausführlich Winkelmann, 2012 und Winkelmann, 2008.

# Literatur

Bruhn, M. (2009) Relationship Marketing – Das Management von Kundenbeziehungen, 2. Aufl., München

Hofmaier, R. (2012) Möglichkeiten und Chancen einer konzeptionellen Fundierung und Weiterentwicklung des Key Account Management (BtB), in: FORUM Betriebswirtschaft München, Heft 01, S. 6–13

Hofmaier, R./Bauer, H. (2007/2012) Stand und Auswahlmöglichkeiten bezüglich der Implementierung von leistungsfähigen CRM-Tools – Empirische Studie, München

Hofmaier, R. (Hrsg.) (1995), Erfolgsstrategien in der Investitionsgüterindustrie, Landsberg a. Lech

Homburg, Ch./Bruhn, M. (2005), Kundenbindungsmanagement – Eine Einführung in die theoretischen und praktischen Problemstellungen, in: Bruhn, M./Homburg,C. (Hrsg.) Handbuch Kundenbindungsmanagement, Wiesbaden, S. 3–35

Reichheld, K. (1997) Lernen Sie von abtrünnigen Kunden, was Sie falsch machen, in: Harvard Business Manager, Heft 2, S.57–68

Winkelmann, P. (2008), Vertriebskonzeption und Vertriebssteuerung, 4. Auf., München

Winkelmann, P. (2010) Marketing und Vertrieb – Fundamente für die marktorientierte Unternehmensführung, 7. Aufl., München

Winkelmann, P. (2012) Integriertes und fachgestütztes CRM – Vortragsmanuskript

# VI    Integriertes Kundenentwicklungs- und Key-Account-Management (KAM)

Ein nachhaltiges **Kundenentwicklungsmanagement** beinhaltet neben den dargestellten Merkmalen der Kundenbeziehung vor allem ein **modernes** uns **konzeptionell fundiertes** BtB-**Key-Account-Management (KAM)**. Deshalb ist für integriertes Vermarktungs-management ein methodisch stringentes, längerfristig ausgerichtetes KAM für ein kontinu-ierliches, meist überproportionales Wachstum im strategisch wichtigen Großkundenmarkt von großer Bedeutung und lässt dem Unternehmen ein „profiliertes" Positionierungs-, Diffe-renzierungs- und Penetrationspotenzial im nationalen wie internationalen Großkundenwett-bewerb erschließen. Dies ist gerade deshalb auch für die BtB-Branchen von besonderer Be-deutung, da bei limitiert vorhandenen Ressourcen durch eine solche Key-Account-geleitete Kundenbearbeitung, Kundenbindung und Kundendurchdringung erst eine wirklich profitable und längerfristige Kundenentwicklung realisiert werden kann. Damit unterscheidet sich das hier aufgezeigte, empirisch fundierte und weiterentwickelte Key-Account-Management (BtB) vom „klassischen Großkundenmanagement" durch seinen wesentlich differenzierteren kon-zeptionell-methodischen Ansatz[40].

Das klassische Großkundenmanagement in den BtB-Branchen mit dem traditionellen Fokus auf das „reine" Single-Selling reicht heute nicht mehr aus, und bedarf eines weitergehenden, Value-orientierten Gesamtansatzes unter Einschluss sogenannte **Single-, Cross-, Up-** und **Strategic-Selling-Strategien** im generellen CRM-Kontext. Es konzentriert sich schwer-punktmäßig auf Großkunden bzw. definierte Key-Accounts wie auch auf potenzielle, „ent-wickelbare" (Noch-Nicht-)Key-Accounts. Im Mittelpunkt steht dabei eine partnerschaftliche, weiter auszubauende bzw. multiple Geschäftsentwicklung, die sich ausgehend vom klassi-schen Produkt- bzw. Servicegeschäft über ein Teillösungs- bzw. „Solution"geschäft bis hin zu einer strategischen Geschäfts- bzw. Entwicklungspartnerschaft erstrecken kann. Richtig angewandt ist damit ein strategischer, geschäftsbasierender „Hebeleffekt" und somit eine Geschäftspotenzialentwicklung möglich, die das klassische Kundengeschäft um ein Vielfa-ches übersteigen lässt und eine effektive Know-how-Partnerschaft erst ermöglichen kann. Vielfach ist ohne eine solche Win-win-Partnerschaft eine langfristig erfolgreiche Produkt- und Marktentwicklung nicht mehr möglich. Definiert nach der sogenannten Wertschöp-fungskette, deckt damit der Anbieter, in der Regel der Preferred-Supplier, einen immer grö-ßeren Bereich der Wertschöpfungskette des Kunden ab, wodurch sich der Kunde immer mehr auf seine eigenen Kernkompetenzen konzentrieren kann, ohne die Outsourcing-Bereiche zu vernachlässigen. Hierbei wird gerade auch das Knowledge- und Expertise-Sharing erfolgreich angewandt, um eine gemeinsame Win-win-Strategie zu entwickeln und umzusetzen.

---

[40]    Vgl. zu diesem KAM-Ansatz und seinen Methoden Hofmaier, 2008, S. 42ff. und Hofmaier, 2012, S. 6ff.; ferner im Detail entsprechende empirische Studien von Hofmaier, 2010/2013.

# 1 Modernes und nachhaltiges Kundenentwicklungs- und Key-Account-Management (KAM)

Das „Businessmodell" des KAM hat sich vom früheren, reinen Transactional-Selling über ein Consultative-Selling und späteren Enterprise-Management hin zu einem Value-orientierten, mehrdimensionalen KAM weiterentwickelt.

Für den **Value-orientierten, mehrdimensionalen KAM-Ansatz** ist auch kennzeichnend, dass die vielfältigen Möglichkeiten der „Arena" bezüglich der „gemeinsamen Wertschöpfungsentwicklung" und Win-win-Zusammenarbeit mit dem Key-Account um ein **Vielfaches** erweitert werden kann (vgl. Abb. 65). Durch die aktive Einbeziehung des eigenen (Anbieter-) Know-hows wird dem Kunden die Möglichkeit gegeben, zukünftige Anwendungs- und Entwicklungsoptionen und damit Bedarfsbereiche zu erkennen und frühzeitig abzudecken, was ohne diese (Anbieter-)Know-how-Integration häufig nicht erkennbar bzw. nicht im erforderlichen Umfang realisierbar ist („Customer's-Blind-Spot").

Ebenso werden durch das spezifizierte Kundenfeedback und z. B. gemeinsame Kooperations- und/oder Entwicklungspartnerschaften neue Lösungen bzw. Produkte entwickelbar, die bisher aus eigener Sicht so nicht realisierbar bzw. im Verborgenen geblieben wären („My Blind Spot"). (Für ersteres würde beispielsweise die Entwicklung eines neuen Durchflussmessgerätes mit neuer Technologie und wesentlichen Wertschöpfungsvorteilen durch den Anbieter für ein Chemiekundenunternehmen stehen, für zweiteres das abzudeckende Anforderungsprofil mit neuen Leistungsmerkmalen fundiert und prototypengetestet durch den Kunden.)

Für die dargelegte **Kundenentwicklung** und **Durchdringung** kann es deshalb erforderlich sein, diese Ist-Arena **in drei Richtungen** letztlich zu erweitern. Durch entsprechende Kundenbetreuungs-, Beziehungs- und Bindungsmaßnahmen kann sowohl der Kunde **durch unser Know-how** künftig für ihn wichtige neue Anwendungen und ihre Lösungen „vermittelt" bekommen (z. B. zusätzliche/erweiterte Nutzen- und Wertschöpfungsvorteile seiner Anlagen/Systeme), wie auch wir bzw. unser Unternehmen kann durch das **Anwendungs-Know-how des Kunden** neue Produkte und Anwendungs(teil)lösungen entwickeln, die schließlich im Rahmen **gemeinsamer Projekte** zu neuen Anwendungslösungen und Wertschöpfungsvorteilen für den Kunden und für unsere neuen Lösungen (Win-win-Vorteil) führen können (vgl. Abb. 66). Damit wird die Ist-Arena (Quadrant I/bisheriges gemeinsames Geschäfts- und Vermarktungsfeld) gezielt **erweitert** hinein in die Bereiche II, III und letztlich IV (gemeinsames Entwickeln, Anwenden und Vermarkten neuer Anwendungs-/Systemlösungen). So können zum beiderseitigen Vorteil die Geschäftsmöglichkeiten für beide Parteien weiterentwickelt und ausgebaut sowie **neues gemeinsames Geschäftspotenzial** erschlossen werden. (Wichtig ist dabei zunächst die gezielte Know-how-Entwicklung bzw. Transfergestaltung sowohl in „vertikaler" wie „horizontaler" Richtung durch die geeigneten, integrierten Vermarktungsmaßnahmen!)

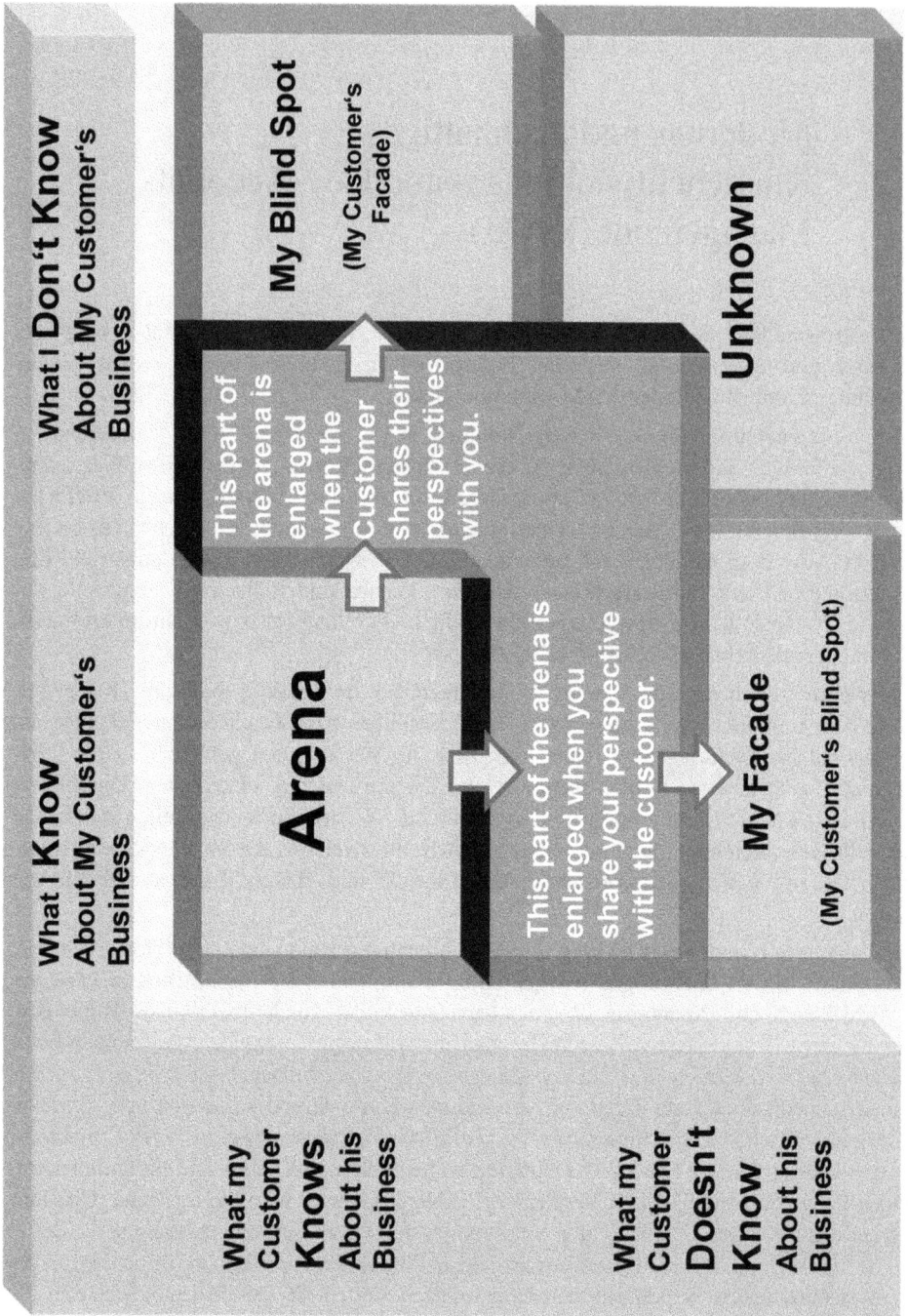

Abb. 65:     Weiterentwicklung der gemeinsamen Win-win-Arena[41](© Prof. Dr. R. Hofmaier).

---

[41]    Vgl. zu dieser „Arena"-Veranschaulichung auch grundsätzlich Bacon,1999.

Unser Nichtwissen

Erweiterung unseres Wissens durch den Kunden (Know-how-Feedback des Kunden)

Wissen von uns über unsere Kompetenzen

Nicht erschließbares eigenes Wissen (Nicht-Wissen von uns)

Unbekannt

Unbekannt

(II) Hinweis/Unterstützung für uns, um eigene, z. B. neue Produkte/Produktentwicklungen durch den Kunden aufzufinden $Ziel\text{-}Arena_1$

(IV) Gemeinsames Entwickeln, Anwenden eigener neuer (Produkt-/Applikations-)Lösungen für den Kunden (Win-win-Realisierung) $Ziel\text{-}Arena_3$

Unbekannt

(I) Bisheriges wechselseitiges Aktionsfeld und Vermarktungsmöglichkeiten für und mit dem Kunden (Key-Account) Ist-Arena

(III) Hinweis/Unterstützung des Kunden z.B. bezüglich neuer Kundenlösungen/Added Values durch uns $Ziel\text{-}Arena_2$

Nicht erschließbares Kundenwissen (Nichtwissen des Kunden)

Wissen des Kunden über seine Kompetenzen

Erweiterung des Wissens des Kunden durch uns (unser Know-how-Feedback)

Nichtwissen des Kunden

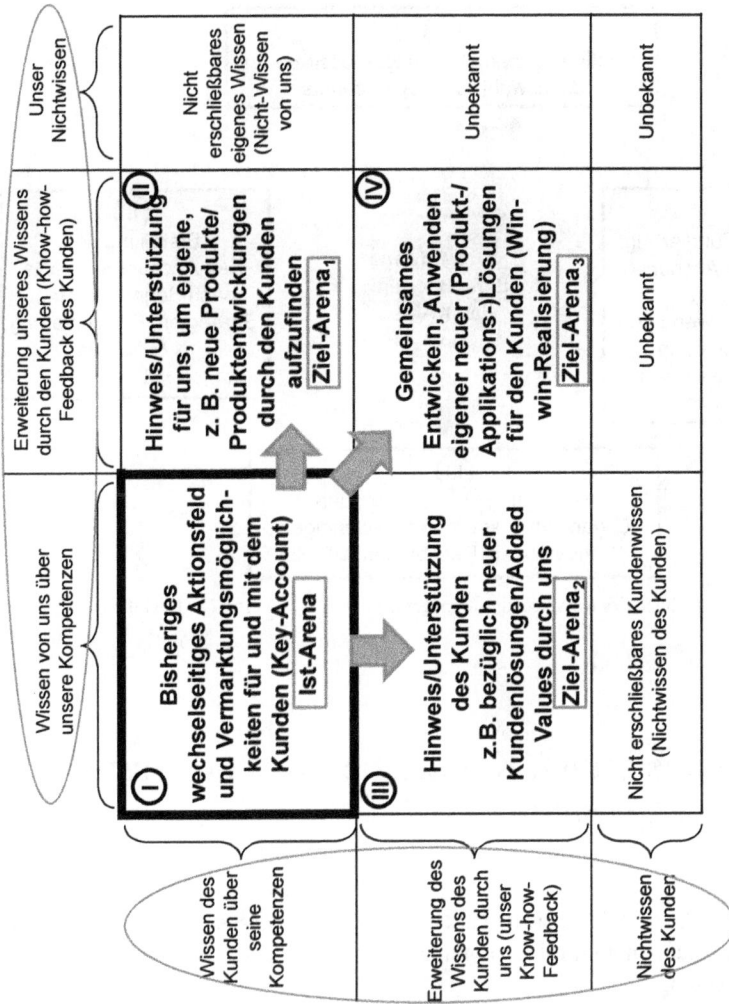

Abb. 66:    Vorhandene und potenziell „erschließbare" Wissens- und Vermarktungsmöglichkeiten gemeinsam mit (Groß-)Kunden (© Prof. Dr. R. Hofmaier).

Das Value-orientierte KAM beinhaltet zunächst eine strategische, operative, organisatorische und individuell-persönliche Betreuung des Kunden und seines Buying-Centers[42], mit dem Ziel einer langfristigen **Kundenbeziehung** (Business- und Interpersonal-Relationship), **Kundenbindung** sowie **Kundenentwicklung** (Single-, Cross-, Up- und Strategic-Selling). Key-Accounts sind daher Schlüsselkunden, deren gemeinsame Business-„Arena" weiterzuentwickeln ist und damit der „Key-Customer-Life-Cycle/Value" langfristig auf- und ausgebaut wird. Dieser KAM-Ansatz beinhaltet **vier** grundsätzliche **Entscheidungsdimensionen** (Abb. 67).

---

[42]    Ein Buying-Center kann sich aus technischen Fachentscheidern (Forschung und Entwicklung, Produktion, Produktmanagement, Vertrieb, Qualitätsmanagement etc.), kaufmännischen Fachentscheidern (z. B. Einkauf: zentral/dezentral), der Geschäftsleitung, Anwendern/Benutzern, Beeinflussern und sogenannten Gatekeepern zusammensetzen.

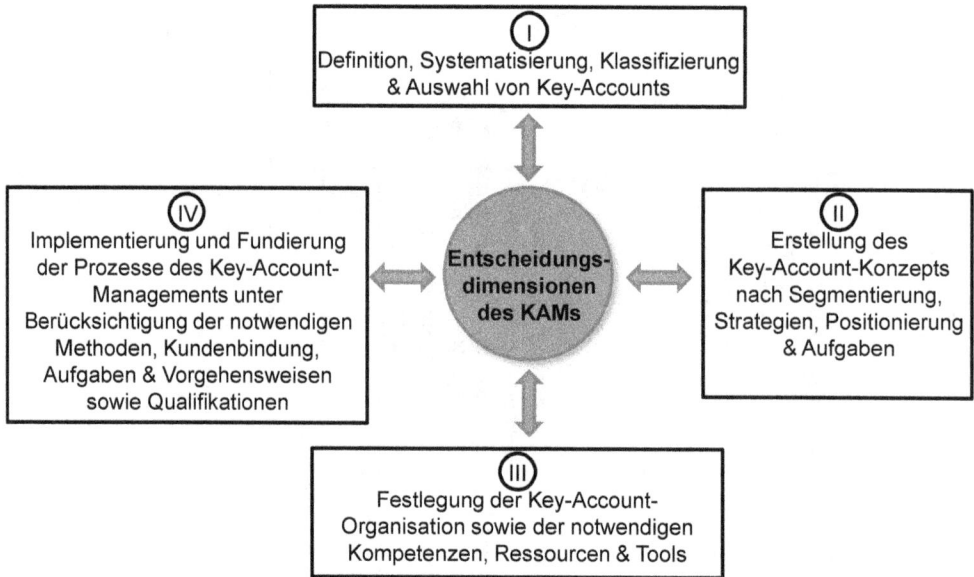

Abb. 67:　Entscheidungsdimensionen des Key-Account-Managements (KAM) (© Prof. Dr. R. Hofmaier).

# 2　Systematisierung, Klassifizierung und Auswahl von Key-Accounts

Grundsätzlich beinhaltet die **Key-Account-Analyse** zunächst die **Systematisierung** und **Klassifizierung** der Key-Accounts und ihrer Potenziale. Dabei sind vor allem die folgenden **vier Kriterien** von Bedeutung:

- Der Ist-Umsatz (des Key-Accounts),
- das strategische Potenzial (Umsatzpotenzial, aber auch Lead-User-/Opinionleader und Know-how-Transferpotenzial)
- die Ist-Marge bzw. der Kundendeckungsbeitrag (und sein „Gestaltungs"potenzial) und
- das Kundenwachstum (und sein Potenzial; ergänzend kann hierzu noch die nationale wie internationale Marktabdeckung des Kunden herangezogen werden).

Bei internationalen und global operierenden Key-Accounts kann demzufolge auch eine **Kategorisierung** (vgl Abb. 68) in

- Corporate-Strategic-Key-Accounts,
- Country-Key-Accounts,
- Industry-Key-Accounts,
- Potential-Key-Accounts

vorgenommen werden.

Erstere stellen Kundenunternehmen dar, die global betreut, beraten und beliefert werden (mit lokaler Unterstützung), die zweiten diejenigen Unternehmen, die – nicht nur, aber auch – schwerpunktmäßig national betreut und beliefert werden, des Weiteren analog die den einzelnen Industriesegmenten (national) zugeordneten Key-Accounts, und letztere sind diejenigen Unternehmen, die die notwendigen Key-Account-Kategorien noch nicht erfüllen, jedoch grundsätzlich ein diesbezügliches Potenzial besitzen. Hierbei werden in die erste Betrachtung die grundsätzlichen „Business Opportunities", „Responsibilities", „Programs and Tasks" miteinbezogen.

| Account Categories due to Importance / Factors | Corporate Strategic Key Account (CSKA) (A₁ Accounts) | Country Key Account (CKA) (A₂ Accounts) | Industry Key Account (IKA) (A₃ Accounts) | Potential Key Accounts (KA) (A₄ Accounts) |
|---|---|---|---|---|
| **Sales Potential:** | | | | |
| • Actual Sales (in K $) | > 3.000 | > 500 | > 100 | |
| • Estimated Value Potential (in 3–5 Years K $) (+ Strategic Potential) | > 30.000 | > 2.500 | > 500 | |
| • Customer Market Share & Positioning (today/tom.) | | | | |
| **Margin:** | | | | |
| • Actual Margin | > 450 | > 100 | > 25 | |
| • Estimated Margin (3–5 Years) | > 4.500 | > 500 | > 125 | |
| **Company Growth (Ø)** | high | medium-high | medium-high | high |
| **Business Opportunities:** | | | | |
| • Business Potentials (incl. Strategic Potential/SWOT-Analysis) • Business Development Partnerships • Targets & Programs • Impacts & Soft Facts | └ Potential for Joint Venture/Strategic Partnership/Joint Technol. (Development) └ Cross, Up & Strategic Selling Opportunities | └ Single Source Supplier └ Joint Business Solutions └ Cross & Up Selling Opportunities | └ Significant Value Growth └ Cross Selling Opportunities | └ Significant Sales, Potential Value Development |
| **Proposal & Responsibilities/ Reporting & Supports/ Structure/Duties** | └ Strategic Key Account Mgr. └ Regional Key Account Mgr. └ Divisional Key Account Mgr. | └ Country Key Account Mgr. (Regional KAMgr.) | └ Divisional Key Account Mgr. └ Sales Mgr. (Divisional KAMgr.) | └ Sales Mgr └ Key Acct. Mgr. |
| **KA–Hit Rate Optimization (incl. HR Improvements)** | yes (high) | yes | yes | yes |

Abb. 68:    Key Account Classification Categories and Criteria (© Prof. Dr. R. Hofmaier).

Für eine aussagefähige KA-Systematisierung und Klassifizierung ist der Aufbau einer umfassenden **Key-Account-Datenbank** sinnvoll, deren Kriterien weiter- und tiefergehend einzupflegen sind, um eine hinreichende KA-Bearbeitung auch zu gewährleisten. (Entsprechende Anforderungen an die CRM-Prozesse und ihre Tool-gestützte Data-Base sind dabei zu berücksichtigen.)

Für eine weitergehende Klassifizierung von Key-Accounts und ihre konkrete Auswahl kann auf sogenannte **Key-Account-Portfolios** (Abb. 69) und ihre **Detailkriterien** zurückgegriffen werden, die eine übersichtliche Verteilung und Positionierung der einzelnen Key-Accounts im Gesamten, aber auch nach Regionen, Anwendungsbereichen etc. erlauben oder auch einzelne Businessbereiche eines Corporate-Strategic-Key-Account darstellen lassen. Vor diesem Hintergrund erhält man eine gute Erstübersicht – gemäß der allgemeinen Portfoliotheorie – welche Key-Accounts (bzw. KA-Geschäftsbereiche) welche **Attraktivität** besitzen, welche eigene **Positionierung** bei den Key-Accounts effektiv gegeben ist und welche grundsätzlichen strategischen **Ziele (Zielpositionierungen)** und **Vorgehensweisen** aus dem strategischen Key-Account-Portfolio (Abb. 69) abzuleiten sind. Grundsätzliche **Zielpositionierungen** können dabei gegenübergestellt und priorisiert werden.

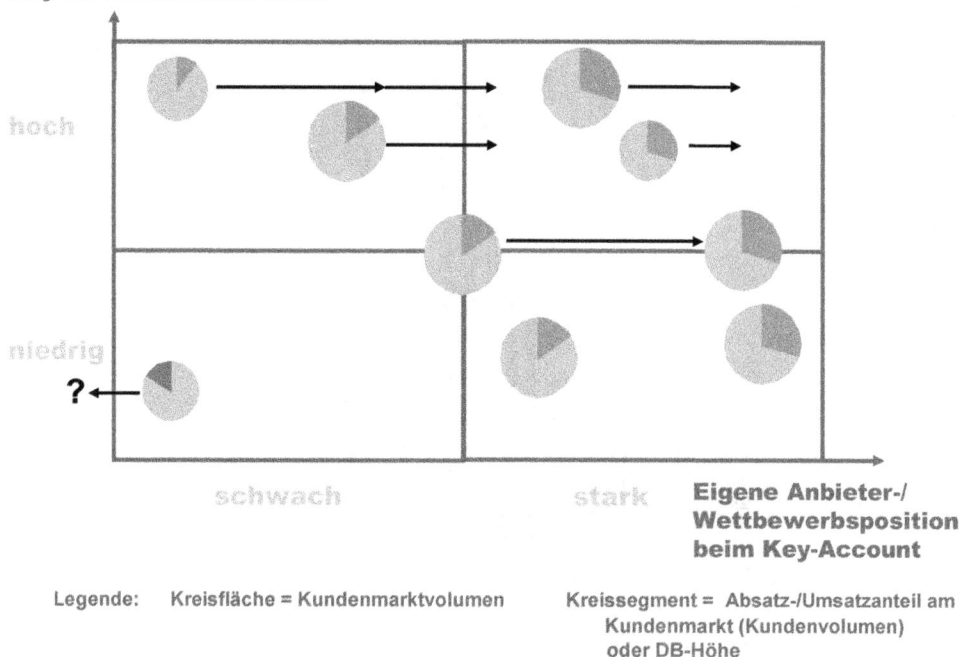

Abb. 69:  Strategisches Key-Account-Portfolio (© Prof. Dr. R. Hofmaier).

Gemäß dem allgemeinen Portfolioansatz[43] sind zunächst diejenigen Key-Accounts (bzw. KA-Geschäftsbereiche) verstärkt zu entwickeln und zu durchdringen, die ein relativ **hohes Attraktivitäts- und somit Wachstumspotenzial** für die nächsten Jahre besitzen und bei

---

[43]  Vgl. zu den möglichen Anwendungen von Key-Account-Portfolios und ihren Kriterien auch ausführlich Sidow, 2002.

denen die eigene **Anbieter-** bzw. Preferred-Supplier-**Positionierung ausgebaut** werden kann. Dies setzt jedoch auch eine **tiefergehende Single, Cross- und Up-Selling-Analyse** voraus, auf die im Folgenden noch eingegangen wird. (Die einzelnen **Kriterien** der Key-Account-Attraktivität und der eigenen Anbieter-/Wettbewerbsposition sowie ihrer Gewichtung und Bewertung können ausführlich Abb. 70 entnommen werden.)

| Kriterien | Gew. | Pkt. |
|---|---|---|
| **Key-Account-Attraktivität** | | |
| Kunden-Ist-Umsatz | (hoch) | |
| Strategisches Kundenpotenzial | (hoch) | |
| Kundenrentabilität | (hoch) | |
| Kundenwachstum | | |
| Kundenbonität | | |
| Lead-User-Funktion/Leitimage | | |
| Preissensibilität | | |
| Reklamations- u. Bearbeitungsintensität | | |
| Summe (KA-Attraktivität) | | |
| **Anbieterpositionierung beim Key-Account** | | |
| Eigener Anbieter-/Kundenmarktanteil: Single-Selling | (hoch) | |
| Eigener Kundenmarktanteil: Cross-Selling | (hoch) | |
| Eigener Kundenmarktanteil: Up-Selling | (hoch) | |
| Ausstattungsgrad mit eigenen Erzeugnissen | | |
| Geographische Nähe | | |
| Spezifisches Produkt-/Service-/Applikations-Know-how bzgl. Key-Account | | |
| Beziehung und Bindung des Key-Accounts | | |
| Preis-Leistungs-Positionierung | | |
| Summe (Attraktivität) | | |

Abb. 70:  Kriterien der Key-Account-Attraktivität und der Anbieter-/Wettbewerbsposition beim Key-Account (© Prof. Dr. R. Hofmaier).

# 3 Key-Account-Konzepterstellung, Key-Account-Strategien und Aufgaben

Die Erstellung des KAM-Gesamtkonzeptes und seiner Konkretisierung bezüglich der einzelnen Key-Accounts kann anschaulich anhand eines **dreidimensionalen Ansatzes** (vgl. die visuelle Darstellung des KAM-Konzepts in Abb. 71a, b und c) erfolgen. Diese **Key-Account-Pyramidendarstellung** ermöglicht eine aussagefähige und praktisch-anwendbare („visualisierbare") Vorgehensweise.

Es lassen sich die einzelnen **Businesssegmente** der einzelnen Key-Accounts zunächst plausibel ableiten und die diesbezüglichen **Potenzial- und Positionierungsanalysen (KA-SPOT/SPOS)** klar und schrittweise detailliert abklären und detaillieren. Die Key-Account-Ebenen (Level I–IV) können nun jeweils in die einzelnen **Produkt- und Leistungssegmente** (Kundenteilmärkte/ -segmente) aufgeteilt werden. Meist wird mit der Ebene I, **der Produkt- bzw. Komponentenebene** begonnen. Sie stellt (von links) die bisher adressierten Kundenmarktsegmente (Ist-Segmente) dar und lässt Möglichkeiten der **Segmentanteilserweiterung** (Single-Selling-Potenziale/Maßnahmen) zunächst qualifizieren und quantifizieren. Dabei sollten nicht nur die einzelnen Kundensegmentanteile, sondern auch die absolute Größe der Kundensegmente und ihre Entwicklung (Kundemarktsegment-Volumen/Potenzial/Wachstumskennzahlen) ermittelt bzw. abgefragt werden. Somit können erste Kunden- Ist-Marktabdeckungen festgehalten werden und diesbezügliche Anteilsverbesserungen/Anteilsgewinne plausibilisiert und konkretisiert sowie entsprechende Maßnahmen und Schritte umgesetzt werden (**Single-Selling-Strategien, Programme** und **Maßnahmen**).

In einem weiteren Schritt können nun (auf Ebene I) anschaulich und transparent die sogenannten „Nachbarproduktsegmente" bzw. unmittelbar zusammenhängende **„Wertschöpfungssegmente"** des Kunden (Kundenmarktes) veranschaulicht und herausgearbeitet werden und Möglichkeiten ihrer Erschließung und Abdeckung mit eigenen Produkten und Leistungen zum beiderseitigen Vorteil herausgearbeitet und argumentiert werden (sukzessive Win-win-Generierung). Eine solche Opportunity-Analyse ermöglicht die Gewinnung weiterer Kundenpotenziale durch die Vermarktung eines erweiterten Leistungsangebotes (andere, modifizierte oder auch neue Produkte) auf Ebene I (**Cross-Selling-Strategien, Programme** und **Maßnahmen**). Meist können dabei mehrere „Nachbar"segmente sukzessive erschlossen und dem Key-Account zusätzliche „Synergievorteile" eingeräumt werden. Sind nun diesbezüglich auch Tochterunternehmen oder Auslandsgesellschaften des Key-Accounts **international** erschließbar, gelangt man in die dritte Cross-Selling-Dimension (internationale Cross-Selling-Segmente des KAs; vgl. Abb. 71a).

Eine **vertikale** Expansion des eigenen Leistungsangebotes beinhaltet das sogenannte **Up-Selling**, das über mehrere Stufen stattfinden kann. Vielfach ergibt sich dabei für den Anbieter die Möglichkeit, **zusätzliche Services, Produktpaketierungen, Teillösungen, Sonderbearbeitungen und Belieferungen usw.** mitanzubieten und/oder beispielsweise spezifische **Integrationslösungen** zu offerieren. Dadurch ergeben sich „höherwertige" Leistungen für den Kunden (**Level II**) mit dem Vorteil der Abnahme seines sogenannten Koordinationsaufwandes etc. Über die Paketierung von Produkten und Teillösungen hinaus können auch **Komplettlösungen** (entwickelt und) dem Key-Account angeboten werden (Solution-Business). So kann ein Hersteller und Anbieter von Steuermodulen der Produktgruppe 1 (vgl. Abb. 72) nicht nur weitere Steuermodule als Produktgruppe 2 und 3 (z. B. weitere SPS-Module und AMD-Module etc.) anbieten (Cross-Selling), sondern diese mit anderen Produkten zu sogenannten Teilsteuerungen (**Up-Selling I**) integrieren und mit entsprechenden Services (z. B. Engineering-Leistungen) bis hin zu sogenannten **Total-Solutions** bzw. Gesamtsteuerungssystemen (**Up-Selling II/Level III**) vermarkten. Damit werden erweiterte und höherwertige Wertschöpfungsbereiche (Wertschöpfungsketten) des Kunden bzw. erweiterte/zusätzliche Applikationsbereiche integriert und mit abgedeckt. Als weiterer **Vermarktungslevel (IV)** ist derjenige des **Strategic-Selling** zu betrachten. Hierbei können für einen Großkunden beispielsweise komplette Projekte (Generalauftragnehmerschaften etc.) übernommen und durchgeführt werden, was strategische Management- und Projektaufgaben (inklusive der Koordination von Sublieferanten) beinhalten kann.

**KA-Hit-Rate/ KAM-Prozesse**

| 1 | 2 | 3 | 4 | 5 | 6 | 7 | 8 | 9 | 10 | 11 |
|---|---|---|---|---|---|---|---|---|---|---|
| Kunden-basis | E-Träger-kontakte | Terminierung | Gespräche & Bedarfs-ermittlung u. Kreierung | Win-win- & Anfragen-generierung | Anfragen-qualifizierung | Angebots-erstellung & Abgabe | Angebots-Verfolgung u. Nachverhandl. | Closing & Auftrag | Auftrags-betreuung & Fakturierung | Folgeaufträge/ Kunden-entwicklungs-maßnahmen etc. |
| Kennz. | Kennz. | Kennz. | Kennz. | Kennz. | Kennz. | Kennz. | Kennz. | Kennz. | Kennz. | Kennz. |

**KA-Roadmap**

A Systematisierung, Klassifizierung & Analyse der Key-Accounts nach ausgewählten Kriterien

B Generelle Key-Account-Strategieplanung & Strategieziele (Strategy-Map)

C Konkrete Key-Account-Einzelstrategieplanung & Implementierungsmatrix I: Strategieziele, Verantwortlichkeiten, Messkriterien, Zeiten & Prozesse

D Key-Account-Implementierungsmatrix II: Programme, Maßnahmen & Aufgaben/Aktionen

E Key-Account-Feedback & KAM-Scorecard

F Key-Account-Qualifizierung & Coaching

Strategic Selling

Strategic Selling

Cross Selling

Countries
Regions
Locations

Up Selling — Longterm Strategic Values, Projects & Partnerships (incl. Conjoint Developments a. s. o.) — Level IV

Up Selling — Strategic & Total Solution Values (Total Solution Business) — Level III

Up Selling — Added Values (Packeged Products/Added Services a. s. o.) — Level II

Cross Selling — Product Features/(Single) Products & Added Product Groups — Level I

Single Selling

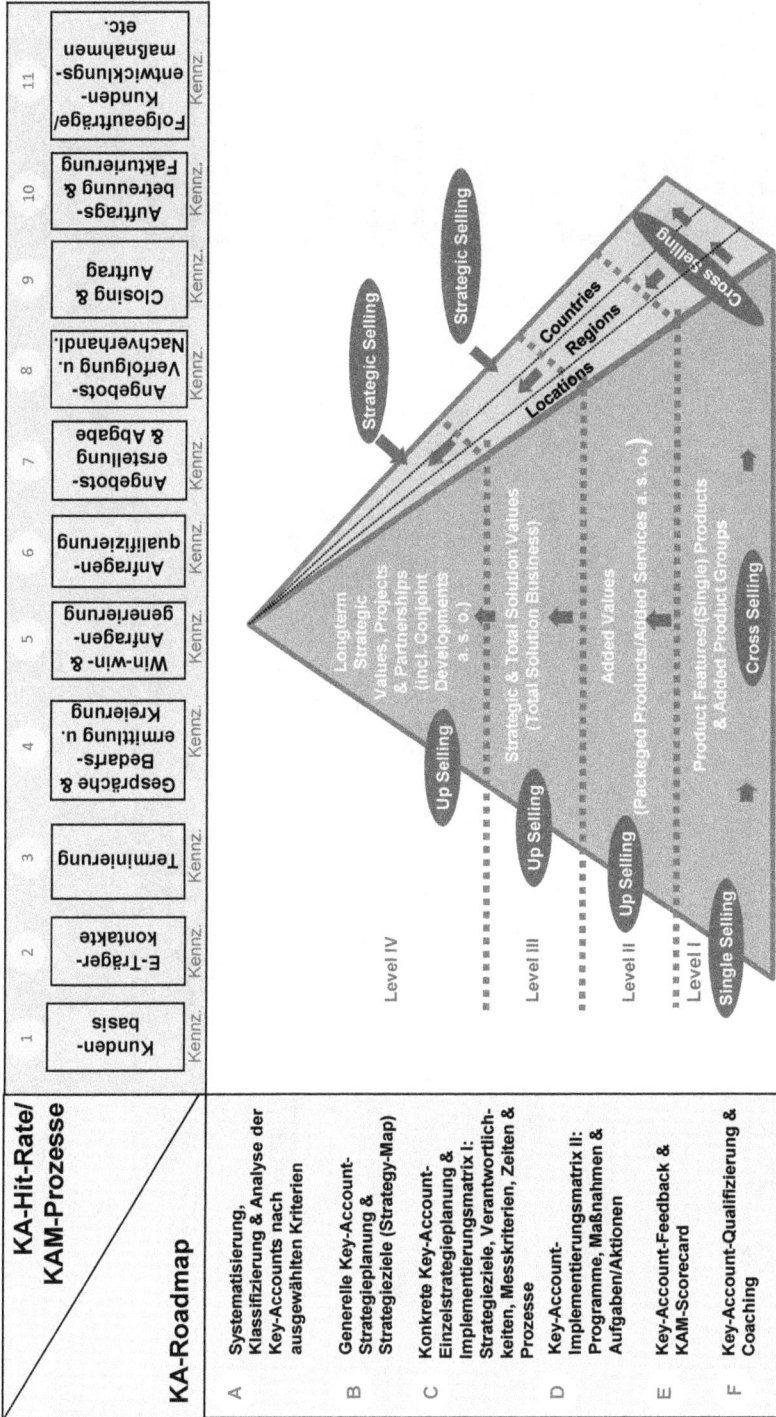

Abb. 71a:   Ganzheitliches Key-Account-Management (KAM-Gesamtkonzept/I) (© Prof. Dr. R. Hofmaier).

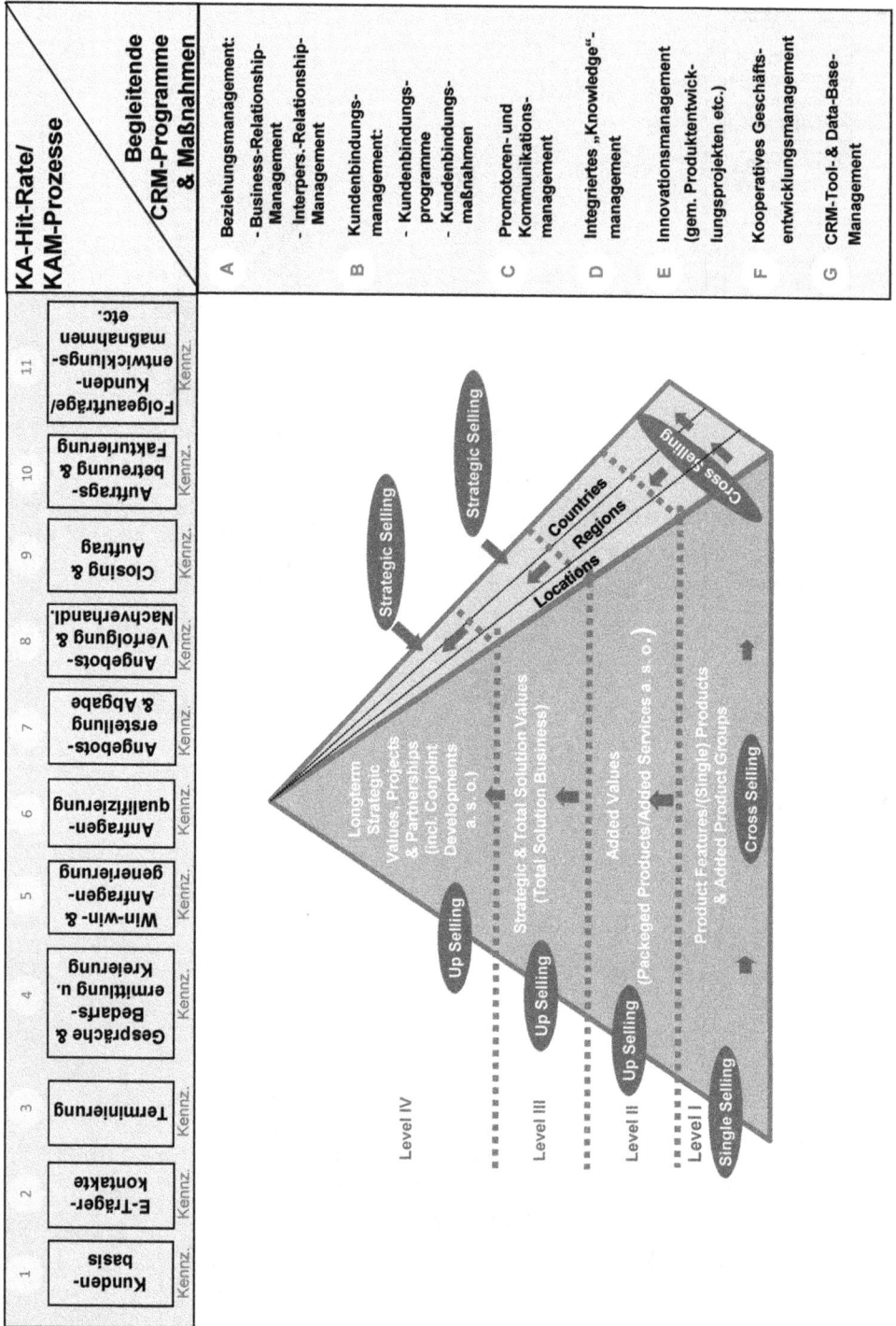

Abb. 71b:      Ganzheitliches Key-Account-Management (KAM-Gesamtkonzept/II) (© Prof. Dr. R. Hofmaier).

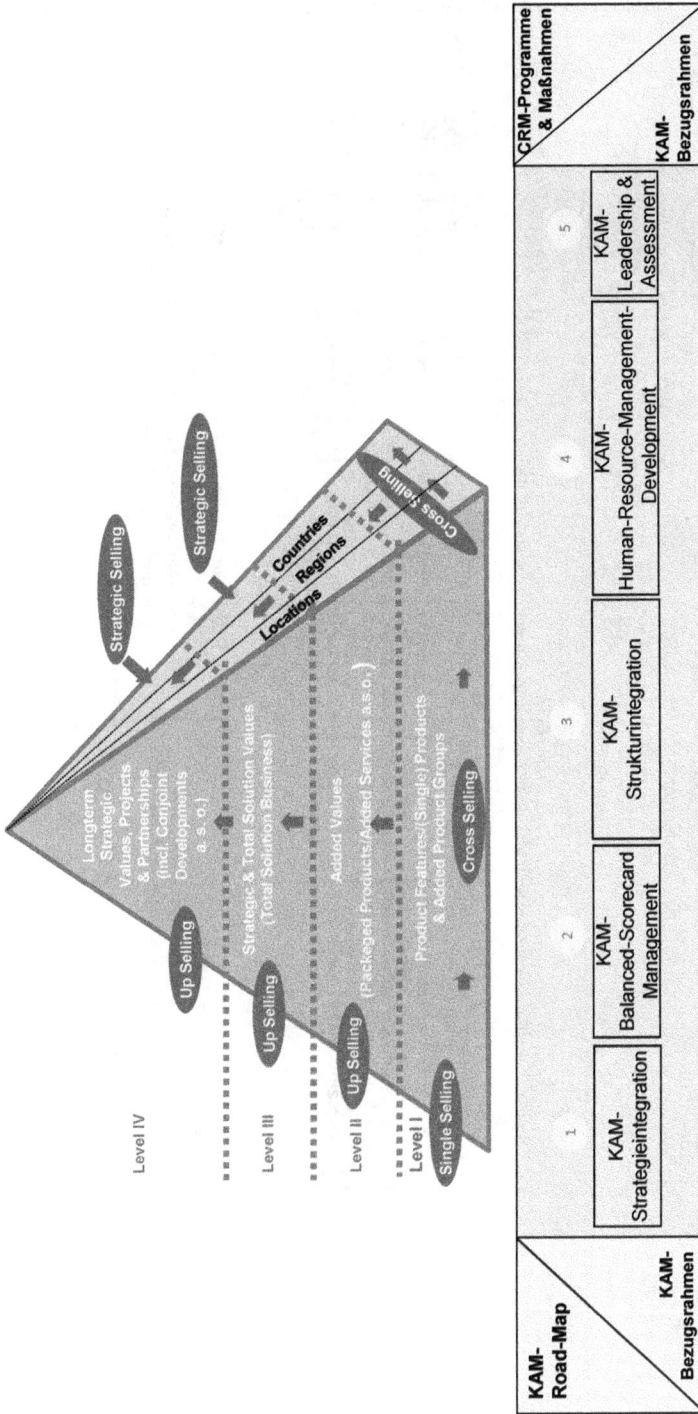

Abb. 71c:     Ganzheitliches Key-Account-Management (KAM-Gesamtkonzept/III) (© Prof. Dr. R. Hofmaier).

Abb. 72 stellt nun einen solchen KA-Ansatz anhand eines quantifizierten Praxisbeispiels zusammenfassend dar:

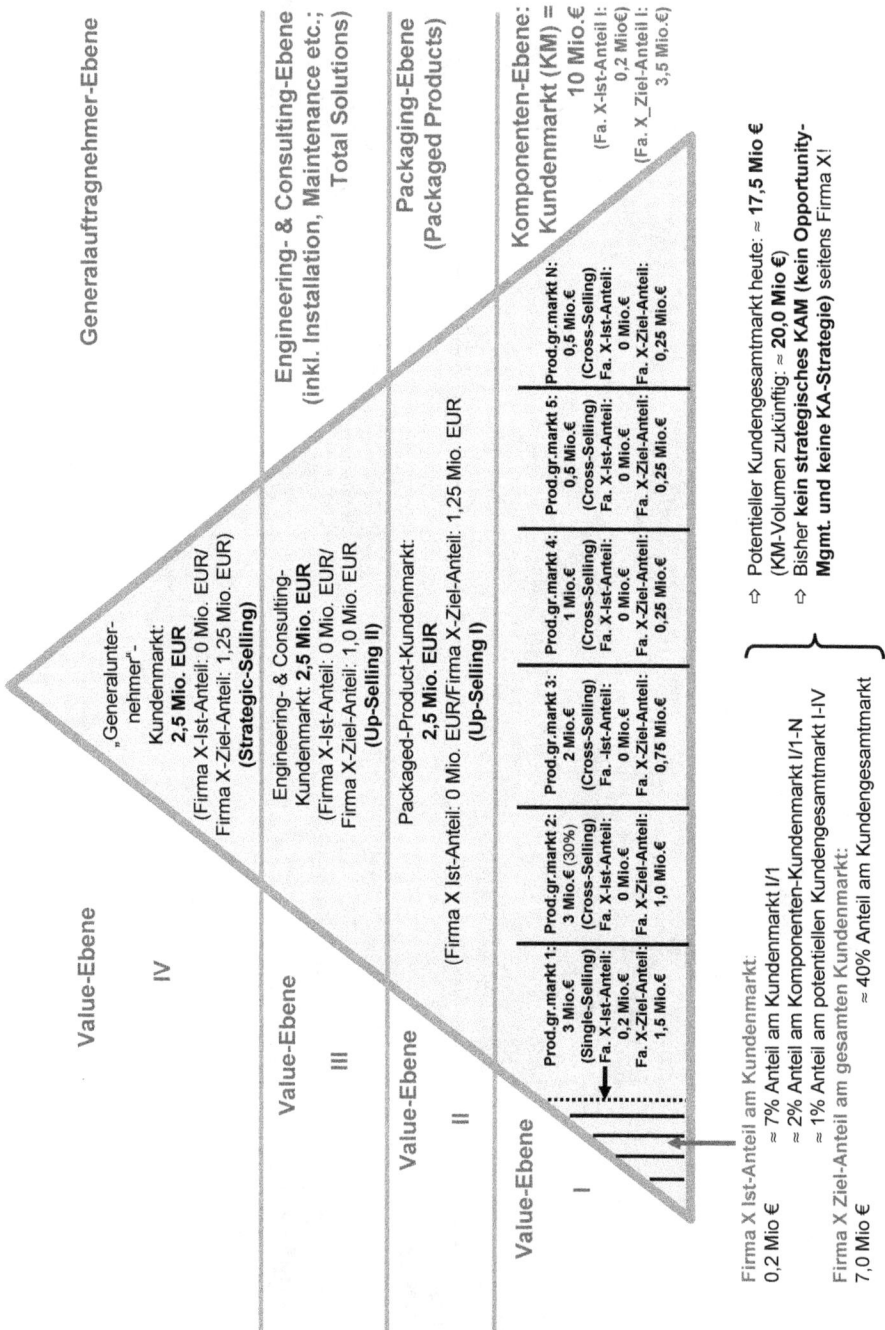

Abb. 72: Key-Account-Segmentierung, Quantifizierung und Penetration am Praxisbeispiel (© Prof. Dr. R. Hofmaier).

An diesem Praxisbeispiel ist klar erkennbar, dass bezüglich der **Ausgangssituation**, d. h. der bisherigen **Abdeckung des Kundenproduktmarktes 1 (Level I) von lediglich 0,2 Mio. EUR** (mit nur 7% Kundensegmentanteil), schrittweise durch **Cross-Selling**-Aktivitäten die **Kundenmärkte 2–4** mit angegangen und abgedeckt werden können und damit vom grundsätzlich verfügbaren **Cross-Selling-Marktpotenzial von 10 Mio. EUR** beispielsweise mittelfristig anstatt 0,2 Mio. EUR nun **3,5 Mio. EUR** gezielt akquiriert werden können. Zudem kann durch ein konzeptionelles KA-Management optional die **Packaging-Ebene** (Up-Selling I/ Valueebene II) mit **2,5 Mio. EUR**, die **Solution-Ebene** (Up-Selling II/Value-Ebene III) mit **1,0 Mio. EUR** und ggf. die Value-Ebene IV (Strategic-Selling) mit beispielsweise **1,25 Mio. EUR** mittelfristig gewonnen werden. So können schrittweise vom adressierbaren Kundenpotenzial von heute 17,5 Mio. EUR anstatt bisher nur 0,2 Mio. EUR mit einem entsprechenden Konzept mittelfristig, wie dieser Fall veranschaulicht, in diesem Fall durchaus 7,0 Mio. EUR strategisch und operativ angegangen und potenziell erschlossen werden.

Die Begründung, warum eine solche Betrachtung über den bisherigen Produktmarktansatz 1 hinaus nicht erfolgte, liegt häufig darin, dass der bisherige **„klassische"** Vertrieb tagesgeschäftsgetrieben war, der verantwortliche Vertriebsmitarbeiter lediglich über die Produktgruppe 1 gesteuert und provisioniert wurde und v. a. eine detaillierte KA-Methodik und Vorgehensweise (von der KA-Analyse bis hin zur konzeptionellen KAM-Implementierung) bisher nicht bekannt war bzw. nicht praktiziert und gefördert wurde. Neben der methodischen Voraussetzung sind aber auch die entsprechenden KAM-**Qualifizierungen** und die jeweilige **Unterstützung** durch die zugehörigen Vertriebs-, Marketing- und Servicemitarbeiter zu beachten. Zudem sind alle KA-Beteiligten auch materiell, d. h. variabel zu entlohnen („incentivieren"). Eine ganzheitliche KA-Analyse und mittelfristig ausgelegte Vorgehensweise und Entscheiderintegration ist dabei eine unabdingbare Voraussetzung, um gezielt die möglichen Geschäftspotenziale (Opportunity-Management) zum beiderseitigen Vorteil zu erschließen.

Notwendig hierfür sind dabei entsprechende **KA-Aufgabenziele** (vgl. auch Preferred-Supplier-Ziele), die den auferlegten Marketing-, Vertriebs- und Kundenintegrationsansatz widerspiegeln.

**Aufgaben des Key-Account-Managements**
Die in der **KAM-Konzeption** (vgl. Abb. 71a) dargestellte **KA-Roadmap** (linke Spalte) zeigt einerseits sowohl die Voraussetzung für ein solches KAM auf, wie die Systematisierungs- und grundsätzlichen **Analysemöglichkeiten** der Key-Accounts (vgl. auch die entsprechenden Analyseaufgaben im folgenden Abschnitt), aber auch die **Integration** der gesamten **KA-Planung** in die grundsätzliche **Vermarktungsstrategie** (siehe Strategy-Map/Kap. II) sowie die entsprechende strategiegeleitete **Implementierung** und das **KA-Feedback** (vgl. die Implementierungsmatrix in Abb. 78a und b); ebenso aber auch das notwendige **Qualifizierungsmanagement** (vgl. Abb. 80 u. 82). Die **Kopfzeile** in Abb. 71a stellt in komprimierter Form den KAM-Prozess dar, die rechte Spalte in Abb. 72b die begleitenden und zu integrierenden **CRM-Programme und Maßnahmen** und schließlich die **untere Zeile** in Abb. 71c die ergänzend zu berücksichtigenden **KAM-Rahmenbedingungen** und Maßnahmen.

Wichtige **KAM-Methoden** sind neben den bereits angesprochenen Methoden der KA-Systematisierung, die KA-Analyse (v. a. Segmentierungs- und Opportunity-Analysemethoden), die Strategie-, Positionierungs- und Durchführungsplanung (Selling-Strategien), die KA-Scorecard- und KA-Qualifizierungsmethoden und im Besonderen auch die KAM-

Implementierungsmaßnahmen und Vorgehensweisen. Im Rahmen der **KA-Analyse** kommt dabei v. a. den **Opportunity-Management-Methoden** ein besonderes Gewicht zu, da sich mit ihnen die heutigen und zukünftigen KA-Marktsegment- und Wertschöpfungspotenziale systematisch erschließen lassen.

Einige wesentliche Methoden hiervon lassen sich in sogenannte **„übergreifende"** Methoden und in **„konkretisierende Methoden"** aufteilen (vgl. Abb. 73). Mit ihnen können „neue" Geschäftspotenziale erkannt und zusammenhängende Wertschöpfungsstufen herausgearbeitet, abgedeckt und in eine Gesamtlösung integriert werden.

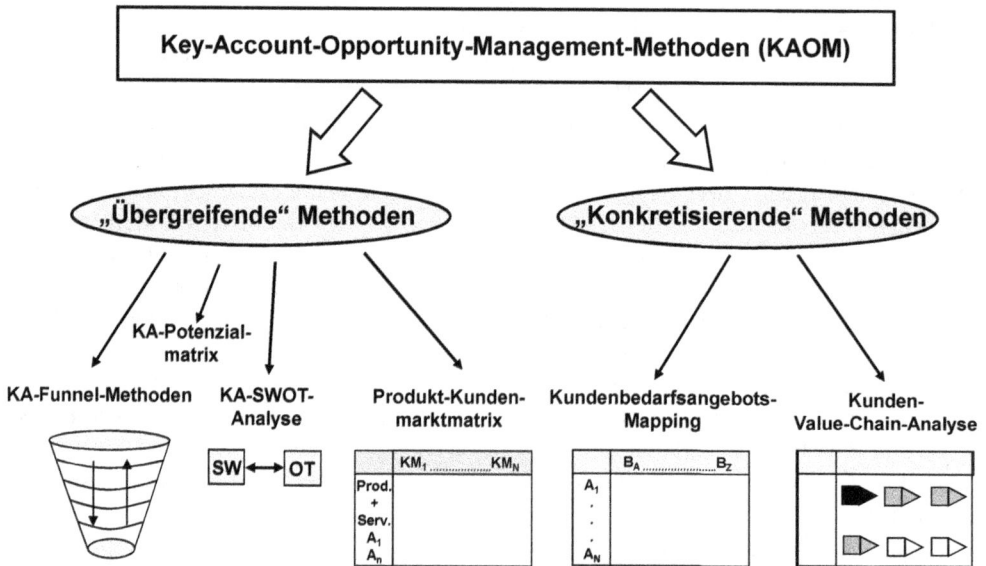

Abb. 73:      Ausgewählte Methoden zum Key-Account-Opportunity-Management (KAOM) (© Prof. Dr. R. Hofmaier).

Im Vordergrund stehen hier die KA-Funnel-Methode, die KA-Potenzial-Matrix, die KA-SWOT-Analyse, das KA-Bedarfs-Mapping und die KA-Value-Chain-Analyse[44]. Während die **Funnel-Methode** Top-down von ausgewählten und ableitbaren Kundeninvestitionen ausgeht, die es zu erfassen gilt (beispielsweise Investitionen in Produktionsausstattungsverbesserungen, Neuinvestitionen usw.), die dann wiederum anteilig „heruntergebrochen" werden in Produktions- und Applikationssegmente (z. B. Anteil der Automatisierungstechnik) und in einem weiteren Schritt in diesbezügliche Automatisierungslösungen (Steuerungslösung) und Produktgruppen (Steuermodule etc.), geht die **KA-Potenzialmatrix** von bisherigen und zu modifizierenden bzw. neuen Kunden-, Applikations- und Produktsegmenten aus, die den bisherigen, modifizierten und neuen Produkten und Leistungen (beim/für den Kunden) gegenübergestellt werden und die durch ausgewählte Entwicklungs- und Plausibilitätsanalysen systematisch bestimmt und detailliert werden. Die **KA-SWOT-Matrix** baut auf der klassischen SWOT-Analyse bezüglich ausgewählter KA-Segmente und Analysebereiche auf.

---

[44]      Vgl. zu diesen Methoden ausführlich Hofmaier, 2010/2013.

Das **KA-Bedarfs-Mapping** beinhaltet eine „funktionsanalytische" Segmentierung und Differenzierung von Produkten und Anwendungsbereichen beim Kunden vor dem Hintergrund einer entsprechenden Ist- bzw. optionalen Abdeckung durch eigene Produkte, Produktentwicklungen, Services und sonstigen Adaptionsmaßnahmen. Die **KA-Value-Chain-Analyse** (vgl. Abb. 74) kann die Feinsegmentierung von kundenspezifischen Anwendungen über mehrere Wertschöpfungsstufen, die durch Wettbewerbsprodukte bisher abgedeckt werden, gezielt durch eigene Produkte substituiert aufzeigen und spezifisch herauszuarbeitende Added Values und Wettbewerbsvorteile zur eigenen Positionierung und Wettbewerbs**anteilsgewinnung/-verdrängung** darlegen. Es gilt, schrittweise die **eigenen** Produkte und Lösungen weiterzuentwickeln und anzubieten, sodass für beide Seiten vorteilhaftere (Gesamt-)Lösungen und eindeutige Wettbewerbsvorteile belegt werden können. Durch die gezielte Erweiterung, beispielsweise zu einer integrierten Steuerungslösung für die gesamten Papiermaschinen (vgl. Abb. 74) entlang der unmittelbaren Wertschöpfungskette, können Leitsystem, Unit-Steuerung sowie Antriebstechnik integriert und als (Gesamt-)Lösung für den Kunden optimiert werden (d. h. eine Gesamtlösung aus **einer** Hand bei verbesserten „Leistungsfeatures" und reduzierten Abstimmungs-, Schnittstellen- und Koordinationsaufwendungen etc.).

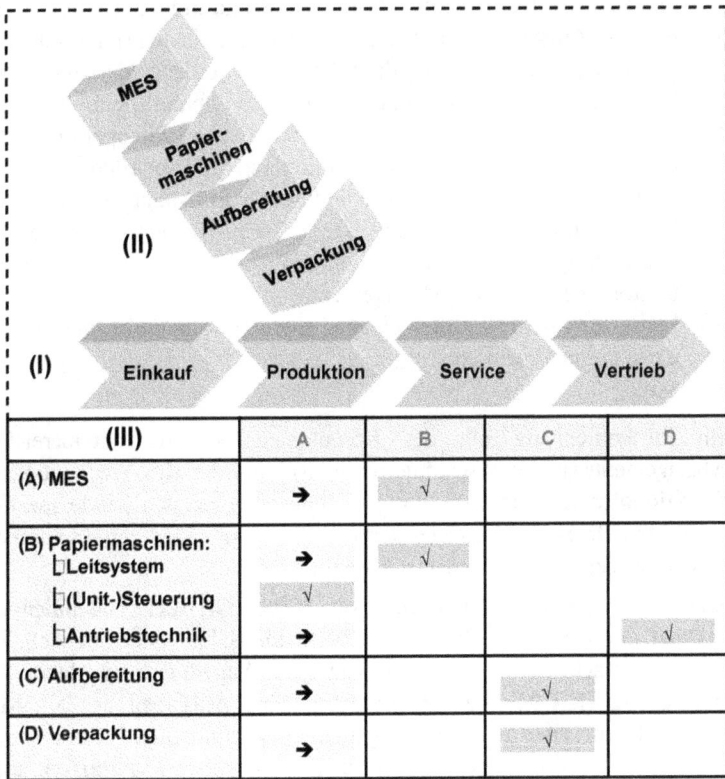

Abb. 74:   Beispielhafte Key-Account-Value-Chain-Analyse und Zielplanung (© Prof. Dr. R. Hofmaier).

Die wesentlichen **Aufgaben des KAMs** können wie folgt zusammengefasst werden (siehe hierzu als Leitfaden auch die Implementierungsmatrix in Abb. 78a und b).

**Strategische Aufgaben:**

- Ableitung und Abstimmung der Key-Account-Strategie aus der generellen Vermarkungsstrategie
- Festlegung der KA-Roadmap
- Abstimmung und „Match" der eigenen Accountstrategie und Vorgehensweise mit der standardisierten Implementierungsmatrix
- Auf- und Ausbau eines strategischen Kundenbeziehungs-, Bindungs- und Entwicklungsmanagements
- Strategieunterstützung durch Einbindung eines „Sponsors" aus dem eigenen Topmanagement und aus dem entsprechenden Kundenmanagement
- Implementierung der Key-Account-Strategie und ihrer Programme, Maßnahmen und Methoden nach innen (im eigenen Unternehmen; Zuarbeitsbereiche) und nach außen (im Kundenunternehmen)

**Operative Aufgaben:**

- Inbound-/Outbound-Koordination für alle relevanten Key-Account-Programme und Maßnahmen
- Vorgabe, Mitarbeit und Organisation der Zuarbeit (inklusive Incentives) für alle internen und externen Key-Account-Aufgaben, Programme und Maßnahmen
- Projekt-, Auftrags-, Informations- und Kommunikationsmanagement nach innen und außen
- Steuerung und Umsetzung der relevanten Kundenbeziehungs-, Bindungs- sowie Entwicklungsprogramme und Maßnahmen anhand spezifizierter Aufgaben und Aktionen
- Entwicklung und Umsetzung von (strategischen wie operativen) Kunden-, Produktentwicklungs- und Vermarktungspartnerschaften
- Umsetzung des KA-Feedbacks und Scorecard-Managements
- Optimierung der internen und externen Key-Account-Prozesse
- Umsetzung des relevanten Reklamations-, Kundenzufriedenheits-, Loyalitäts- und Customer-Experience-Managements
- Umsetzung der relevanten eigenen sowie mitarbeiterbezogenen Qualifizierungs- und Coachingmaßnahmen
- usw.

Im Zusammenhang mit der Komplexität des Aufgabenbereiches des Key-Account-Managements (national wie international) leitet der Key-Account-Manager häufig ein **cross-funktionales Kundenteam**, das sich (fallweise) aus den (landesspezifischen) Vertriebs-, Kunden-, Marketing- und Servicemitarbeitern wie ggf. weiteren „Schnittstellenverantwortlichen" zusammensetzt (siehe nächsten Abschnitt).

Dabei sind die wichtigsten Unterstützer (vor Ort) der Außendienst bzw. Field-Sales, ggf. ergänzt durch weitere Direct-Sales"-, Inside-Sales- oder auch eSales-Verantwortliche und den Technischen Services. Ein wichtiges Augenmerk ist dabei dem „KA-spezifischen" **Marketing (KA-Marketing)** zu geben. Die Aufgaben des KA-Marketings nehmen von „Value-Ebene zu Value-Ebene" gemäß Inhalt und Intensität zu (vgl. Abb. 75), sodass das „klassische Produktmarketing" mit den vorhandenen Kenntnissen und Methoden nicht mehr ausreicht und ein **spezifisches KA-Marketingmanagement** gefordert ist. Dieses KA-Marketing muss sich auch mit KA-relevanten Opportunity-, SPOT- und SPOS-Analysen, Packaging- und Solution- sowie Wertschöpfungs- und detaillierten Up-Selling-Analysen befassen und den KA-Manager unterstützen. Ferner können Teil- und Gesamtlösungsprofile,

Win-win-Simulationen, Best-Practice- und Value-Chain-Szenarien und Berechnungen u. v. m. erforderlich werden.

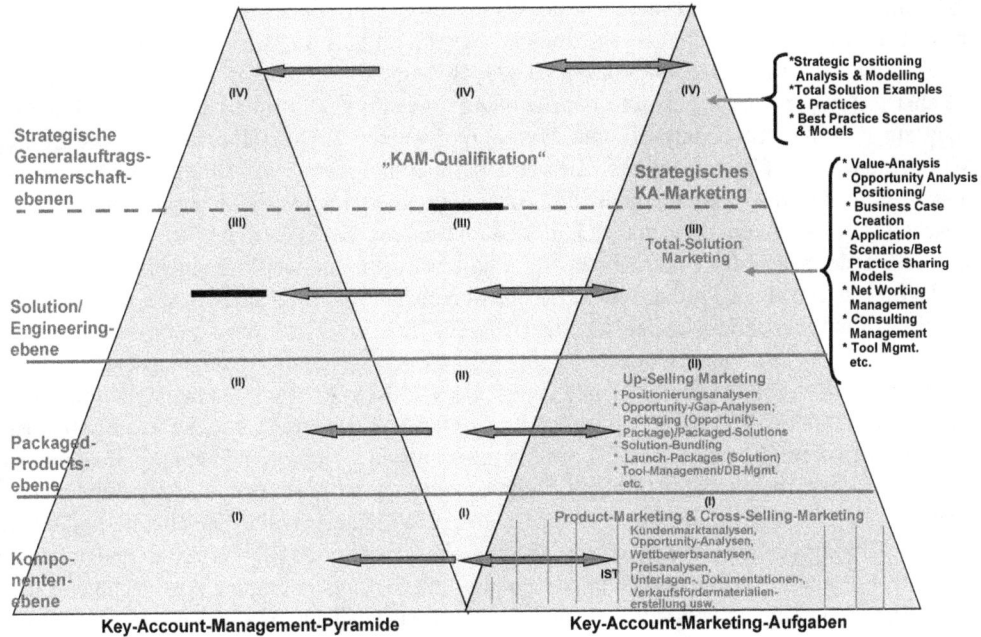

Abb. 75:     Potenzielle Key-Account-Marketingaufgaben (© Prof. Dr. R. Hofmaier).

# 4    Key-Account-Managementorganisation, Struktur, Implementierung und Prozesse

Für die **organisatorische Strukturierung** des **Key-Account-Managements (KAM)** im eigenen Unternehmen ist es von großer Bedeutung, dass der KA-Manager nicht einem Vertriebsleiter aus einem bestimmten Unternehmens- oder Geschäftsbereich zugeordnet ist, sondern **eigenständig** und damit **bereichsübergreifend** im Teamansatz mit den erforderlichen Marketing-, Sales-, Service-, F&E- und Produktionsmitarbeitern etc. sich KA-bezogen abstimmt und diesbezügliche Zielsetzungen und Maßnahmen mit vorgibt (vgl. Abb. 76). Der KA-Manager bzw. der KA-Leiter sollte selbst dem KA-Verantwortlichen aus der Geschäftsführung bzw. dem (KA-)Vorstand unterstellt sein. Damit soll gewährleistet werden, dass das KAM unabhängig von „divisionsgetriebenen" Produktzielen und Verkäufen operieren kann und ein **ganzheitlicher** Kunden- bzw. KA-Ansatz unter Berücksichtigung aller möglichen (Ist- und zu entwickelnden) Produkte bzw. Lösungen (inklusive Services) gewährleistet ist.

Die Festlegung der **Key-Account-Organisation** sollte durch ein **cross-funktionales KAM** (vgl. Abb. 76) geprägt sein, bei der der Key-Account-Manager (KAMgr.) direkt mit den jeweiligen Vertriebs-, Marketing-, Account-, Service-, F&E-, Qualitäts-, Produktions- und Logistikverantwortlichen etc. zusammenarbeitet und bei der in den entsprechenden „Knotenpunkten der Zusammenarbeit" die jeweilige Entscheidungskompetenz, Verantwortlichkeit und Unterstützungsfunktion (inhaltlich und zeitlich) konkret definiert und festgehalten werden muss. Damit ist für das Gelingen einer solchen Matrixstruktur die Ausprägung und Verbindlichkeit der **Knotenpunkte** von entscheidender Bedeutung. Zudem sollte festgelegt werden, welcher Beteiligte wie und in welchem Umfang „incentiviert" wird (z. B. variable Beteiligung am Produkt-/Kundenumsatz und Marge) und welche KAM-Zielerreichung wie in die MBO-(Management-by-Objectives-)Zielvereinbarung integriert wird (inklusive Qualifizierungs-, Entwicklungs- und Karriereziele). Im Sinne einer flexiblen Unternehmenssteuerung berichtet der Key-Account-Manager i. d. R. direkt an den KAM-Leiter bzw. Gesamtverantwortlichen, der selbst der Unternehmensführung bzw. dem Vorstand mitangehören sollte. Er ist damit von einzelnen Produktlinien, Businessbereichen und Geschäftsfeldern unabhängig, womit er für eine **ganzheitliche** Kundensteuerung und Durchdringung auch wirklich zur Verfügung steht! Die Verantwortung für das gesamte Key-Account-Management wird damit auch im obersten Management (durch einen General-Key-Account-Manager und/oder ein explizites Geschäftsführungs-/Vorstandsmitglied für KAM) verankert. Die **Kompetenzen** und **Verantwortung** eines Key-Account-Managers heben sich entscheidend von denjenigen z. B. eines Vertriebsleiters ab, der rein divisions- bzw. geschäftsbereichs-, produktbereichs- oder regional orientiert bzw. ausgerichtet ist. Der KA-Manager sollte vor allem langjährige Berufserfahrung besitzen und über polyvalente Fach-, Vertriebs-, Marketing-, Kundenmanagement-, Führungs-, Teamentwicklungs-, Sozial- und Methodenkompetenzen verfügen (vgl. auch Abb. 80). Zur Unterstützung seiner Tätigkeit ist dabei ein **KAM**-ausgelegtes **CRM-Tool** von großer Bedeutung.

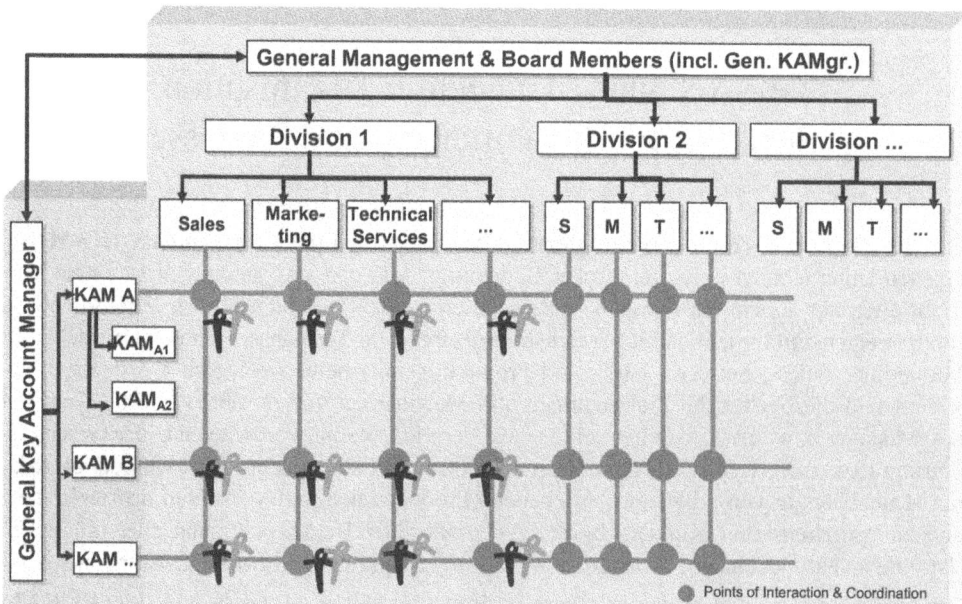

Abb. 76:    Die KAM-Organisationsstruktur (© Prof. Dr. R. Hofmaier).

Bei sehr großen und global operierenden Unternehmen mit einer ausgeprägten KAM-Struktur und unterschiedlichen, internationalen KAM-Funktionen kann es durchaus vorteilhaft sein, die eigenen KA-Managementfunktionen in drei unterschiedliche Organisationsformen aufzuteilen, nämlich in ein federführendes **globales**, ein **regionales** und ein **divisionales KAM** (vgl. Abb. 77).

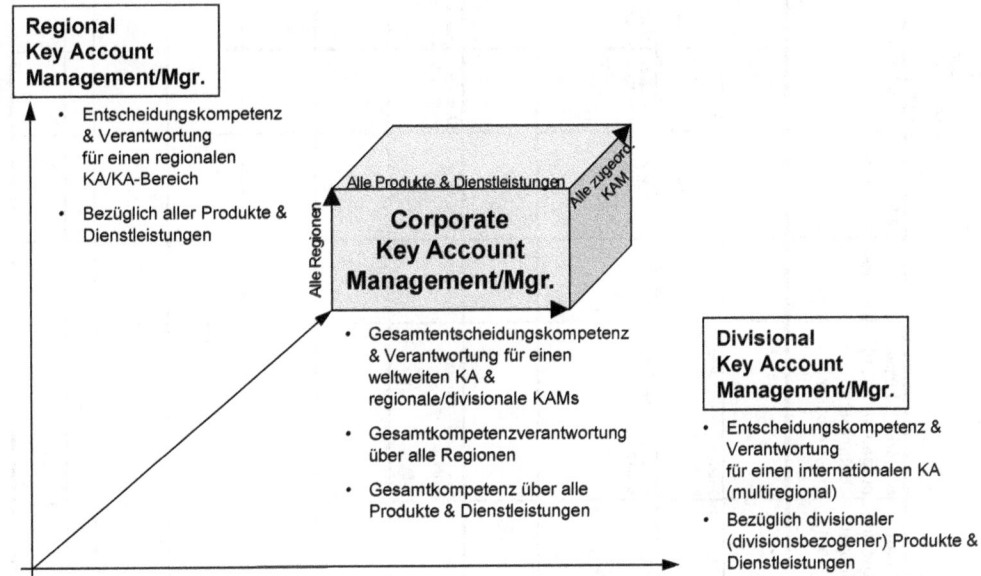

**Regional Key Account Management/Mgr.**

- Entscheidungskompetenz & Verantwortung für einen regionalen KA/KA-Bereich
- Bezüglich aller Produkte & Dienstleistungen

Alle Regionen

Alle Produkte & Dienstleistungen

Alle zugeordn. KAM

**Corporate Key Account Management/Mgr.**

- Gesamtentscheidungskompetenz & Verantwortung für einen weltweiten KA & regionale/divisionale KAMs
- Gesamtkompetenzverantwortung über alle Regionen
- Gesamtkompetenz über alle Produkte & Dienstleistungen

**Divisional Key Account Management/Mgr.**

- Entscheidungskompetenz & Verantwortung für einen internationalen KA (multiregional)
- Bezüglich divisionaler (divisionsbezogener) Produkte & Dienstleistungen

Abb. 77:   Die globale, regionale und divisionale Key-Account-Managementstruktur (© Prof. Dr. R. Hofmaier).

Der **globale KA-Manager** ist weltweit für einen global-strategischen Key-Account gesamtverantwortlich, ihm können jedoch ein regionaler KA-Manager und/oder ein divisionaler KA-Manager zugeordnet werden. Der **regionale KA-Manager** ist dann für eine Region (z. B. Asien) für alle zu koordinierenden Aktivitäten über **alle** Produkte und Services bezüglich eines globalen Key-Accounts (ggf. sonstige Key-Accounts) verantwortlich (z. B. regionaler KAM eines Elektrokonzerns für Coca-Cola in Asien) und berichtet dem „Global-Key- Account-Manager"). Der **divisionale KA-Manager** ist **weltweit** (über alle Regionen hinweg) für **ausgewählte** Produkte und Services (divisionsbezogen) für einen Key-Account verantwortlich mit vergleichbarer Reporting-Struktur. Hierdurch können die relevanten Koordinations-, Entwicklungs-, Steuerungs- und Feedbackaufgaben des Global-KA-Managers deutlich unterstützt und komprimiert werden.

Für die **Implementierung** und **Umsetzung** des KAM im Unternehmen hat sich eine diesbezügliche **KAM-Implementierungsmatrix** (vgl. Abb. 78a und b) häufig als zielführend und nützlich erwiesen. In der ersten Hauptspalte sind – gemäß dem KAM-Prozess – die **wesentlichen Prozessschritte** aufgezeigt, die es einzuhalten und umzusetzen gilt, sowie die zugeordneten KA, Vertriebs-, Marketing- und Serviceziele und -**aufgaben**, ferner die jeweiligen Einzel**aktivitäten** und die diesbezüglichen **Kompetenzen**, **Verantwortungen** und notwendigen „Board-Abstimmungen". Des Weiteren werden Zeitrahmen, Messkriterien, Budgets sowie notwendige Datenangaben usw. determiniert. Damit legt die Implementierungsmatrix auch die notwendigen Abstimmungen und Integrationsschritte fest.

Key Account: .............
Entscheidungsträger (KA): .............
Sellingstrategie: .............
Status: .............

| Aktivitäten<br><br>KA-Phasen und Module | Einzelziele, Aufgaben und Prioritäten | Teilschritte und Einzelaktivitäten (nach innen/außen) | Verantwortung (intern/extern) | Support & Zusatzaufgaben, Boardabstimmung (intern/extern) | Zeitrahmen | Milestones & Messkriterien | Budget | Data-Base/ CRM/ mögliche Störfaktoren | Sonstiges |
|---|---|---|---|---|---|---|---|---|---|
| **1. KA-Status, Potenzial- und Opportunity-Analyse** | | | | | | | | | |
| 1.1 KA-Klassifizierung und Status (heute/zukünftig) | Definition und Zuordnung nach Global Strategic, National & Industry Key Accounts etc. | KA-Segmentierung und Teilaufgaben | $KAM_x$ | Field Sales, Product Mgmt., Inside Sales | $Q_1$ | Segment.-Kriterien. Zuordnung/Portfolio | KA-Budget per $FY/Q_1$-$Q_4$ | (Vermeidung) Wechselnde(r) Key-Account-Prioritäten | |
| 1.2 KA-Situationsanalyse (Kundenmärkte, Positionierung, Wettbewerbsdifferenzierung, Entscheidungsträger und Salesansatz usw.) | KA-Analyse/Positionierung nach Kd. Marktsegmenten/ Applikations-/Produkt- und Servicesegmenten | Analyse- und Positionierungs- erhebungen | $KAM_x$ | Field Sales, Product Mgmt., Inside Sales | $Q_1$ | Kundenmarkt- erschließung/ Volumina- bestimmung | KA-Budget per $FY/Q_1$-$Q_4$ | Schnittstellen- probleme | |
| 1.3 KA-Potenzialanalysen (KA-SPOT/SPOS/Opportunity-Analysen) | | | | | | | | | |
| a) Ist-Business-Analyse/ Potenzial/Bedarfsanalyse (inkl. Single-Selling-Analyse) | Share-of-wallets/Single-Selling-Analyse/Hit-Rate-Optimierung (national/international) | Analysegespräche/ Workshops; Potenzialerfassung | $KAM_x$ | Field Sales, Product Mgmt., Inside Sales, F&E | $Q_2$ | Detaillierung der Volumina | KA-Budget per $FY/Q_1$-$Q_4$ | Inbound-/ Outbound- Koordinations- probleme | |
| b) Cross-Selling-Analyse/ (Potenziale/Bedarfe/Erschlies- sungsmöglichkeiten) | | | | | | | | | |
| c) Up-Selling-Analyse/ (Potenziale/Bedarfe/Erschlies- sungsmöglichkeiten) | | | | | | | | | |
| d) Strategic-Selling-Analyse (Potenziale/Bedarfe/Erschlies- sungsmöglichkeiten) | | | | | | | | | |
| 1.4 „Kundenmarkt-Produkt-/ Leistungs-Analyse" und Positionierungsziele | | | | | | | | | |
| 1.5 KA-SWOT-Analyse | | | | | | | | | |
| **2. KA-Business-, Sales-, Marketing- und Projektziele** | | | | | | | | | |

Abb. 78a:    KAM-Implementierungsmatrix (Teil I) (© Prof. Dr. R. Hofmaier).

| Aktivitäten<br><br>KA-Phasen und Module | Einzelziele, Aufgaben und Prioritäten | Teilschritte und Einzelaktivitäten (nach innen/außen) | Verantwortung (intern/extern) | Support & Zusatzaufgaben, Board-abstimmung (intern/extern) | Zeit-rahmen | Mile-stones & Mess-kriterien | Budget | Data-Base/CRM/ mögliche Stör-faktoren | Sonstiges |
|---|---|---|---|---|---|---|---|---|---|
| 2.1 KA-Ziele, Forecasts, Programme Maßnahmen, Aufwand und Ressourcen etc. (inkl. Single-, Cross-, Up- & Strategic-Selling) | KA-Gesamt-, Segment-, Positionierungsziele; Kundenbindungsziele | KA-Scorecard und Aufgaben; Definition und Kundenbindungs-maßnahmen | KAM, KAM, und PM/MarCom | Segment Mgmt./PM/Finance; Eventmarketing | | Operative Ziele, Bindungsziel-erreichung/ Erfolgskriterien | (s. o.) | Fehlende CRM-Data-Base | |
| 2.2 KA-Road-Map & Prozessplan | | | | | | | | | |
| a) Anfragekontaktierung, Gesprächsführungs und Präsentation | | | | | | | | | |
| b) Bedarfsanalyse, Anfragen-generierung, Positionierung & Top-Down-Unterstützung | | | | | | | | | |
| c) Win-win-Generierung & Value-Proposition (Anfragengenerierung und -qualifizierung) | | | | | | | | | |
| d) Angebotserstellung | | | | | | | | | |
| e) Angebotsverfolgung & Nachverhandlung | | | | | | | | | |
| f) Closing/Auftragsgewinnung | | | | | | | | | |
| g) AE-Management/Fakturierung | | | | | | | | | |
| h) Auftragsmanagement/ Projektmanagement (Auftragsdurchführung)/ Folgeauftragsmanagement | | | | | | | | | |
| 3. Begleitende KA-Beziehungs- und Bindungsmaßnahmen | | | | | | | | | |
| 3.1 Maßnahmenplanung | | | | | | | | | |
| 3.2 Realisierung | | | | | | | | | |
| 3.3 Feedback & Optimierung | | | | | | | | | |
| 4. KA-Scorecard-Qualifizierung und Coaching-Management | | | | | | | | | |

Abb. 78b:    KAM-Implementierungsmatrix (Teil II) (© Prof. Dr. R. Hofmaier).

Diese KA-Prozessschritte und ihre jeweiligen Aufgaben etc. sollten durch ein entsprechendes, KAM-spezifiziertes CRM-Tool und Data-Base-Management gestützt und abgesichert sein, was eine effektivere Umsetzung und Feinsteuerung ermöglicht. Die KAM-Implementierungsmatrix als Feinsteuerungs- und Umsetzungsinstrument hängt bezüglich ihrer Effektivität erheblich von der konkreten inhaltlichen Ausfüllung und Aktualität diesbezüglicher KAM-Daten ab. Dies fängt bei der Eingabe relevanter Besuchsberichtsdaten an und geht bis hin zur Einbindung und Berücksichtigung zu verfolgender strategischer und operativer Messkriterien und einer darauf aufgebauten Balanced-Scorecard. Die rechtzeitige Einbeziehung der am KAM-Prozessbeteiligten ist sehr wichtig. Die Mitberücksichtigung einer Benchmark-orientierten Hit-Rate-Verbesserung versteht sich hier von selbst.

Ergänzend ist darauf hinzuweisen, dass die KAM-Implementierung die notwendigen Kundenbeziehungs-, Kundenbindungs-, Kundenpromotoren- und Kommunikationsmaßnahmen zu berücksichtigen hat. Zudem sind die begleitenden Scorecard-Aufgaben, Qualifizierungs- und Coaching-Maßnahmen miteinzubinden und zu beachten.

Das KAM ist im Rahmen einer alle ein bis zwei Jahre durchzuführenden KAM-Anwendungs- und Implementierungsanalyse bezüglich seines Implementierungsstatus und **Fortschritts** zu hinterfragen und zu überprüfen. Dabei sind die wichtigen Anwendungsbereiche bezüglich weiterer Optimierungsmöglichkeiten einer kritischen Reflexion zu unterziehen (vgl. Abb. 79), um eine kontinuierliche Weiterentwicklung dieses Ansatzes zu gewährleisten.

| KAM-Optimierungsmöglichkeiten / KAM-Anwendungsbereiche | Aktueller Handlungsbedarf | | | Verbesserungs-potenzial | | | Kein Optimierungs-potenzial | | |
|---|---|---|---|---|---|---|---|---|---|
| | Top Mgmt. | KA-Mgmt. | Betei-ligte | Top Mgmt. | KA-Mgmt. | Betei-ligte | Top Mgmt. | KA-Mgmt. | Betei-ligte |
| Systematisierung und Selektion von Key-Accounts | | | | | | | | | |
| KAM-Strategiefestlegung | | | | | | | | | |
| KAM-Analyseinstrumente | | | | | | | | | |
| KAM-Data-Base und Aktualität | | | | | | | | | |
| KAM-Programme und Maßnahmen | | | | | | | | | |
| KAM-Implementierung, Koordination & Support | | | | | | | | | |
| KAM-Struktur | | | | | | | | | |
| KAM-Boardabstimmung und Reviews | | | | | | | | | |
| KAM-Top-Management-Unterstützung und KAM-Kultur | | | | | | | | | |
| KAM-Qualifizierung und Coaching | | | | | | | | | |
| KAM-Tooleffizienz | | | | | | | | | |
| Sonstiges | | | | | | | | | |

Abb. 79:    KAM-Status- und Optimierungsmatrix (© Prof. Dr. R. Hofmaier).

# 5 KAM-Qualifizierungs-, Coaching-, Assessment- und Leadershipprogramme

Für die KAM-Mitarbeiter und speziell für den KA-Manager sind ein **polyvalentes Qualifikationsprofil** und entsprechende **Kompetenzen** von Bedeutung (vgl. Abb. 80). Da er ein breit strukturiertes, übergreifendes und die diversesten internen und externen Mitarbeiter koordinierendes Aufgabengebiet abzudecken hat, muss der KA-Manager sowohl unterschiedlichste fachliche, methodische, soziale, technologische sowie toolfundierte Kenntnisse, Erfahrungswerte und Kompetenzen in sich vereinen.

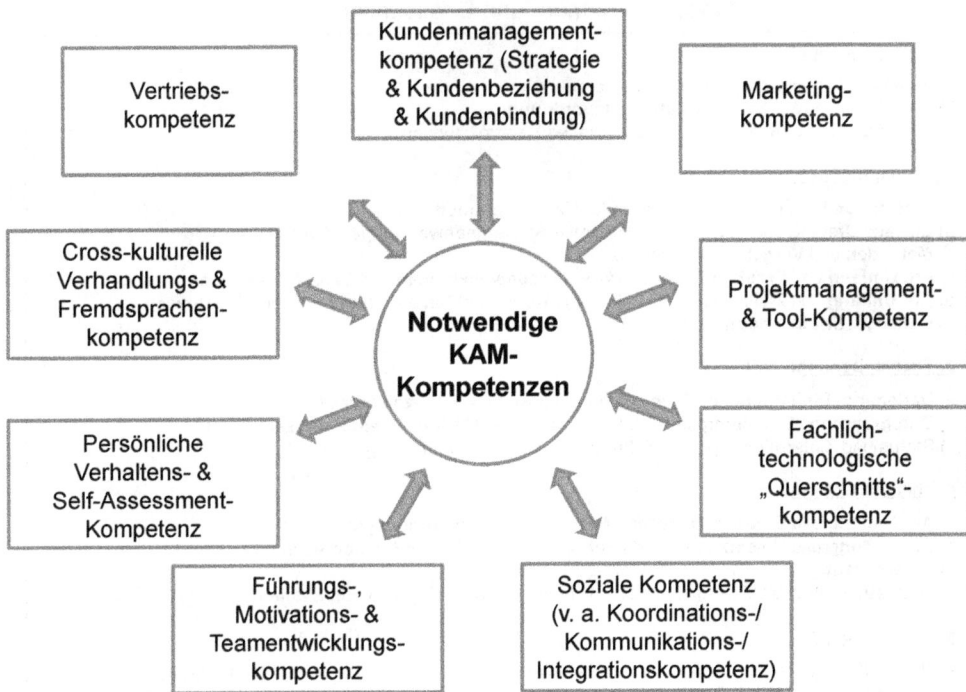

Abb. 80:    Kompetenzfelder (Qualifikationsanforderungen) eines ganzheitlichen Key-Account-Managements (© Prof. Dr. R. Hofmaier).

Zunächst stehen die **kundenbetreuungs-, vertriebs-, marketing-, methodenspezifischen und entsprechend strategierelevanten** Fähigkeiten und **Kompetenzen** im Vordergrund, die durch relevante **projekt- und prozessmethodische** Kenntnisse und Anwendungserfahrungen zu ergänzen sind. Weiterhin sind v. a. die **unterschiedlichsten Querschnittsqualifikationen, sozialen, persönlichen und führungsbezogenen Qualifikationen** (wie Koordinations-, Integrations-, Kommunikations-, Motivations-, Konfliktlösungs- und Commitmentkompetenzen etc.) von Bedeutung, die wiederum spezifischer Qualifizierungsmaßnahmen bedürfen. Ferner sind auch **fremdsprachliche** und **interkulturelle** Kompetenzen gefragt, um den heutigen KAM-Anforderungen gerecht zu werden. Zur Vorbereitung auf die ersten KA-bezogenen Aufgaben und ihre begleitende Weiterentwicklung kann ein entsprechendes KAM-Assessment[45] infrage kommen und bei den Beteiligten angewendet werden (vgl. Abb. 81 sowie das Beispiel eines KAM-Assessment-Fragebogens im Anhang). Es ist integriert in ein berufsbegleitendes mehrstufiges Qualifikations-, Motivations-, Coaching- und Karriereprogramm. Letzteres kann nach den KAM-relevanten Anforderungs- und Aufgabenbereichen und gemäß dem jeweiligen KAM-Einsatz durchlaufen werden. Als erfolgversprechend haben sich begleitende und situativ abgestimmte **KAM-Coaching-Maßnahmen** erwiesen (vgl. beispielhaft Abb. 82). Hierdurch wird aufgabenbegleitend der notwendige **KAM-Know-how-Transfer** zur anwendungsbezogenen Umsetzung unterstützt und mit einem Feedbackprozess versehen werden.

---

# KAM-Assessment:
## Mögliche Themen- und Erfassungsbereiche

**1. Themenbereich:**

a) Funktionale und **prozessbezogene** Zuordnung
b) Inhaltliche und zeitliche KA-**Aufgabenzuordnung**
c) Bonitäre und monetäre Entgeltmöglichkeiten/Zielerreichungen

**2. Themenbereich:**

a) Einsatz, Umfang und Ergebnis konkreter **KA-Analysemethoden**
b) Einsatz, Umfang und Ergebnis konkreter **KA-Strategieanwendungen, Programme, Methoden und Vorgehensweisen**
c) Art, Umfang und Ergebnis erzielter **KA-Bedarfsentwicklungen** und **Bedarfsdeckungen**
d) Art, Umfang und Zielerreichung konkreter **KA-Entscheider„einbindungen"** und Ergebnisse
e) Bisherige „**Erfolgserlebnisse**"

**3. Themenbereich:**

a) Darlegung, Einhaltung und Zielerreichung konkreter **KA-Einzelprozesse**
b) Durchführung, Einhaltung und Erfolg von konkreten **KA-Implementierungsschritten**
c) Status und Zielerreichung von **KA-Support-Ressourcen** und Aufgaben

**4. Themenbereich:**

a) Art, Umfang und Ergebnis gezielter **KA-Beziehungs-** und **Bindungsmaßnahmen**
b) Anwendung und Umsetzung der **Marketing-, Vertriebs-** und **KAM-Scorecard**
c) Unterstützung durch das Topmanagement
d) Unterstützung und Umfang durch ein entsprechend „ausgelegtes" **CRM-System**

**5. Themenbereich:**

a) Durchführung und Ergebnis konkreter **KAM-Qualifizierungs-** und **Coaching-Maßnahmen**
b) Job-Potenzial- und **Job-Performance-Entwicklung, Zuordnung** und weitere Karriereplanung
c) Zukünftige eigene **KAM-Prioritäten** und Entwicklungsprofile
d) **KAM-Einstellung, Motivation, Identifikation** und integrierte **Work-Life-Balance** (Zus.fass.)

Abb. 81:     Zusammengefasste wesentliche Inhalte eines KAM-Assessments (© Prof. Dr. R. Hofmaier).

Für die Auswahl zukünftiger und die Weiterentwicklung heutiger KA-Manager und KA-Beteiligter kann auf eine sogenannte **KAM-Potenzial- und Leistungsanalyse** (KAM-Potenzial- und Leistungsportfolio; vgl. Abb. 83) mit den beiden Dimensionen **(1) KAM-Potenzial** und **(2) KAM-Job-Performance** zurückgegriffen werden. Anhand dessen wird u. a. abgeleitet werden, wer für einen bestimmten KA-Bereich infrage kommt bzw. entsprechend weiterentwickelt werden soll und wer das hierfür **notwendige Potenzial** miteinbringt

---

[45]    Vgl. hierzu Hofmaier, 2010/2013.

(z. B. Bereich 7–9). Ferner kann abgeleitet werden, wer beispielsweise für KAM-Support-Funktionen und Aufgaben grundsätzlich infrage käme und entsprechend weiterqualifiziert werden kann (Bereiche 4–6) und wer eher nicht miteinbezogen werden sollte (Bereich 1–3).

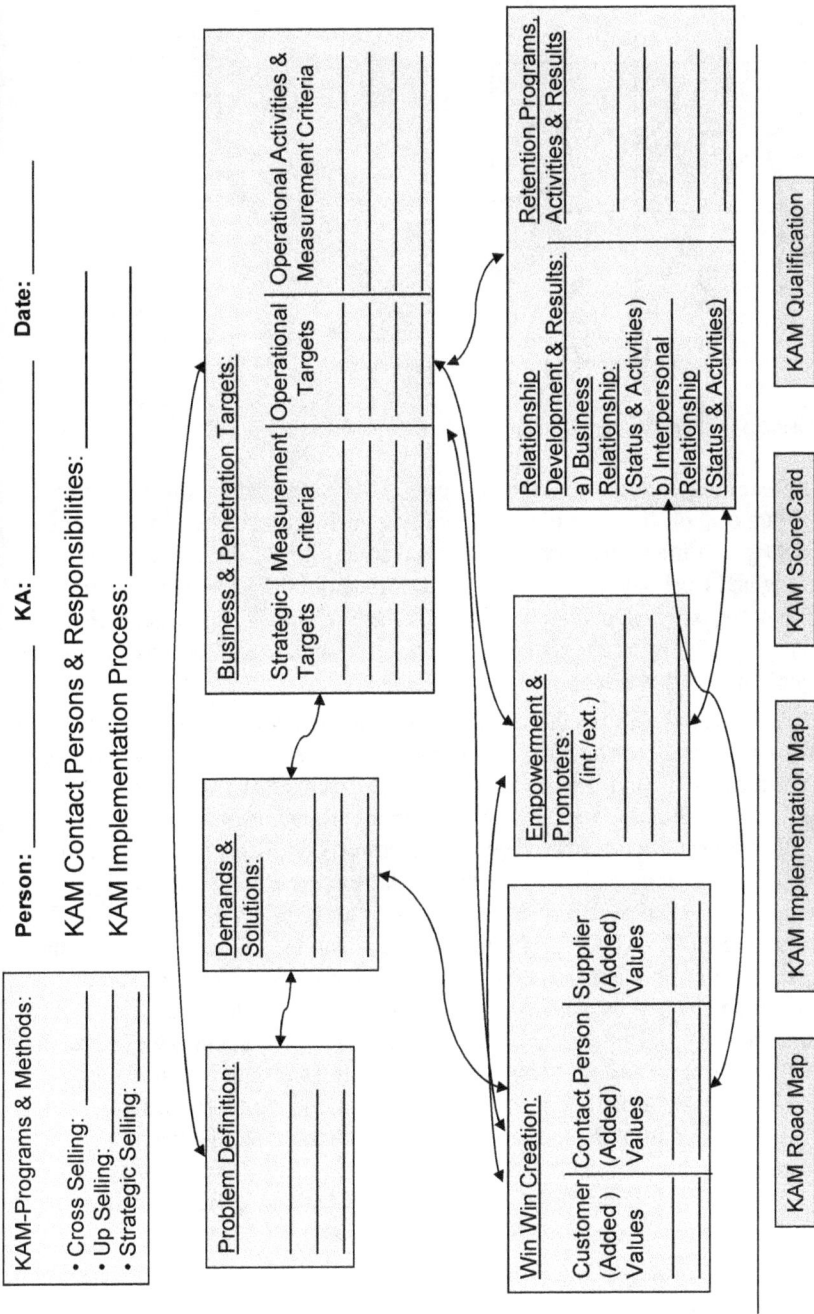

Abb. 82:    Mögliche KAM-Coaching-Maßnahmen (© Prof. Dr. R. Hofmaier).

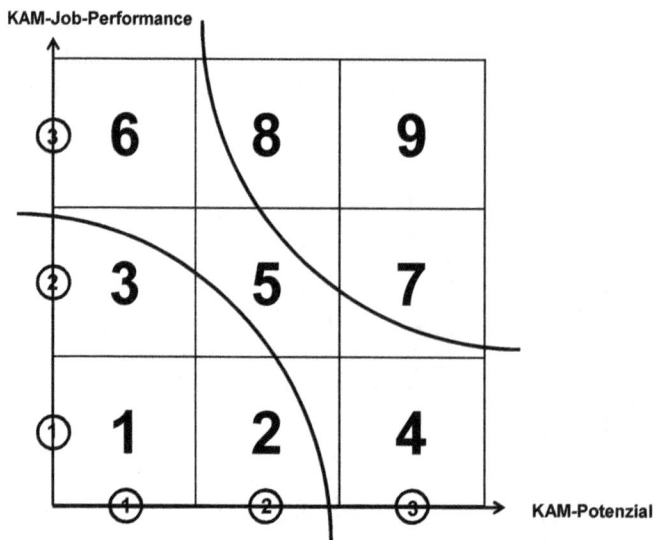

Abb. 83:     KAM-Potenzial- und Leistungsportfolio (© Prof. Dr. R. Hofmaier).

Für das **Motivationsmanagement** im Rahmen des KAMs sind zudem die wesentlichen Instrumente eines darauf abgestimmten extrinsischen wie auch intrinsischen Motivationsansatzes zu berücksichtigen. Eine interessante Motivationsgrundlage für die KA-Beteiligten ist die gezielte Förderung und Unterstützung hin zu einem konkreten KAM-**Job-Enrichment** (nicht Job-Enlargement!), dabei können u. a. relevante „Erfolgserlebnisse" herausgearbeitet und notwendige Maßnahmen für weiter zu erstrebende Erfolgserlebnisse und entsprechende Arbeitsanreicherungen umgesetzt werden.

Das sogenannte **KAM-Leadership** beinhaltet als Leadership-Ansatz v. a. die folgenden drei Dimensionen: Die situative Unterstützung bezüglich (1) der jeweiligen Management-by-Objectives-, Job-Performance- und Job-Enrichment-Anforderungen, (2) die entsprechende Durchführung und Anwendung eines (KAM-zentrierten) Relationship-Management-Ansatzes sowie (3) ein diesbezüglich proaktives Qualifizierungs- und Coaching-Management. Letzteres bedeutet v. a. begleitende **KAM-Coaching-Maßnahmen** aktiv zur Verfügung zu stellen und zu ermöglichen. Ein solcher Coaching-Ansatz kann folgende Ziele beinhalten: Auf Basis einer konkreten KAM-Ausgangssituationsbestimmung (Strategie, Programme, Implementierungsstatus, Entscheiderprofile etc.) soll die Problemanalyse beim Kunden zur Ableitung einer überzeugenden Win-win-Lösung herausgearbeitet werden und unter Berücksichtigung der strategischen und operativen Ziele, Aufgaben und Vorgehensweise trainiert sowie „on the job" umgesetzt werden. Messbare KAM-Ziele sind dabei zu definieren und schrittweise zu erreichen. Die (Added) Values sind begleitend und damit kundenentscheiderabgestimmt überzeugend herauszuarbeiten, zu profilieren und zu „dokumentieren". Die notwendige Unterstützung durch einen internen und externen, beim Key-Account angesiedelten „Promoter" ist gleichfalls wünschenswert, wie auch die Mitberücksichtigung und Anwendung ausgewählter Kundenbeziehungs- und Kundenbindungsaufgaben (vgl. Abb. 82).

Ergänzend sei an dieser Stelle auf eine **KAM-spezifizierte Scorecard** (vgl. Kap. VII) verwiesen, die eine notwendige Planungs-, Steuerungs-, Feedback- und Optimierungsmethodik für ein erfolgreiches KAM darstellt. Mithilfe dieses Instrumentariums lassen sich die KA-spezifischen strategischen und operativen Ziele, Maßnahmen und Aufgaben sowie ihre diesbezügliche schrittweise Evaluierung **stringent und kommunikativ** darlegen und mit anderen relevanten Kennzahlen aus dem Marketing und Vertrieb, aber auch aus dem Finanz-, Prozess- und Human-Resource-Bereich **abstimmen** und pragmatisch umsetzen.

Abschließend können die möglichen **Vorteile und Chancen** eines **modernen Key-Account-Managements** wie folgt zusammengefasst werden:

**Strategische Vorteile und Chancen:**

- Erschließung nicht nur von Single-Selling-Potenzialen, sondern auch von Cross-, Up- und Strategic-Selling-Potenzialen
- Aufbau längerfristiger Win-win-Partnerschaften mit dem Key-Account und damit Nutzung von notwendigem Know-how-Transfer, Opinionleader-, Produkt- und Geschäftsentwicklungsvorteilen
- Gezielter Aufbau einer Preferred-Supplier-Position (und Möglichkeit ihrer Multiplizierung im Markt)
- Nutzung von Synergie-, aber auch Kostensenkungseffekten durch intensive Zusammenarbeit
- „Überproportionale" Gewinnung und Abschöpfung des Markt- und Kundenpotenzials

**Operative Vorteile und Chancen:**

- Besseres gegenseitiges Verständnis und damit abgestimmte und verbesserte Koordination nach innen und außen (Leistungsverbesserung und Aufwandsreduktion)
- Rechtzeitigen Einphasen und Ausrichten markt- und kundenorientierter Produktentwicklungsprogramme
- Verbesserung der Kundenloyalität, Kundenbeziehung und Kundenbindung
- Verkürzung und Effektivierung des Kundenbetreuungs- und Vertriebsprozesses
- Rechtzeitige und konkrete Abdeckung heutiger und zukünftiger Kundenbedarfe (ggf. auch relevanter „Pilot"bedarfe für weitere Vermarktungsmaßnahmen)
- Reduktion nicht wertschöpfungsrelevanter Zeiten und Kosten.

Zu beachten ist dabei, dass ein solches KAM ein längerfristiges, **methoden- und kompetenzfundiertes** Konzept darstellt, das zunächst auch entsprechender Investitionen in Training, Coaching, Methodenanwendung, Tools, Zeit, Ressourcen, Assessments etc. bedarf und (erfahrungsgeleitet) auf mehrere Key-Accounts anzuwenden und zu multiplizieren ist. Damit werden sich in naher Zukunft auch sogenannte **Key-Account-zentrierte** Fachdisziplinen und Kompetenzfelder (weiter-)entwickeln, wie beispielsweise das sogenannte **Key-Account-Marketing** (BtB), Key-Account-Organisations- und Prozessmanagement und das Key-Account-Resource-Management etc.

# Literatur

Bacon, T.R. (1999) Selling to Major Accounts: Tools, Techniques an Practical Solutions for the Sales Management, New York

Belz, C./Müller, M./Zupancik, D. (2008) Spitzenleistungen im Key Account Management, 2. Aufl., München

Biesel, H. (2007) Key Account Management erfolgreich planen und umsetzen, 2. Aufl., Wiesbaden

Hofmaier, R. (2012) Grundlagen des Key Account Management, in: Hofbauer, G./Hellwig, C.: Professionelles Vertriebsmanagement, 3. Auflage, Erlangen, S. 103–114

Hofmaier, R. (2012) Möglichkeiten und Chancen einer konzeptionellen Fundierung und Weiterentwicklung des Key Account Management (BtB), in: FORUM Betriebswirtschaft München, Heft 01, S. 6–13

Hofmaier, R. (2010/2013) Empirische Studien zur Anwendung des Key Account Management, ITM-Institut

Hofmaier, R. (2008) Verkaufen in drei Dimensionen, in: Sales Business, Heft 7/8, S. 42–45

Sidow, H.D. (2002) Key-Account-Management – Wettbewerbsvorteile durch kundenbezogene Strategien, 7. Aufl., München

Sieck, M. (2011) Der strategische (Key) Account Plan, 2. Aufl., Norderstedt

# VII Integriertes Focus-Group-Management (FGM) sowie Marketing-, Vertriebs- und Kunden-Scorecard-Management

Eine weitergehende und vertiefende Methodik des Vermarktungsmanagements ist der weiterentwickelte Ansatz des **Focus-Group-Managements (FGM).** In der hier dargestellten Form beinhaltet er einen eigenständigen Integrationsansatz und bindet ausgewählte **Kunden-beziehungs-, Bindungs-, Entwicklungs-, KAM- und Innovationsmaßnahmen** mit ein. Dabei können wichtige Spezialthemen explizit Berücksichtigung finden (z. B. Lead-User-orientierte **Produktentwicklungsmaßnahmen**). Somit stellt das FGM v. a. im Zusammenhang mit dem KAM und Produktmanagement (PM) einen wesentlichen integrativen Programm- und Maßnahmenansatz dar.

Abschließend werden die in diesem Buch aufgeführten Strategien, Programme und Maßnahmen zusammengefasst und anhand einer anwendungsfreundlichen Methodik zur Planung, Steuerung, Kontrolle und systematischen Verbesserung der Vermarktungsprozesse verdeutlicht. Dies geschieht anhand einer spezifizierten Balanced-Scorecard, nämlich der fokussierten **Marketing-, Vertriebs- und Kundenmanagement-Scorecard (MSC-Scorecard-Management).** Eine solche Scorecard kann auf unterschiedlichen Aggregationsstufen im Unternehmen angewandt auf ausgewählte Anwendungsbereiche (z. B. die KAM-Scorecard) spezifiziert in die generelle Unternehmensscorecard integriert werden.

# 1 Integriertes Focus-Group-Management (FGM)

Der folgende **Focus-Group-Management-Ansatz (FGM)** baut auf einer unmittelbar (kun-den-)**entscheider-** und **zielgruppen**orientierten Vorgehensweise auf und setzt zunächst die genauen **Kenntnisse** über die KA-spezifischen Entscheidungs-, Beeinflussungs-, Beziehungs-, Promotoren- und Netzwerkstrukturen voraus. Basis hierfür ist eine kundenspezifizierte Ent-scheider- und Informationsdatenbank, komprimiert dargestellt anhand einer **Entscheidungs-trägermatrix** (vgl. Abb. 84) und einer **Entscheider-Informationsmatrix** (Abb. 85) und damit ergänzt um die ersten Betreuungsmaßnahmen und Möglichkeiten.

| Typologie / Sub-funktionen | Fach-entscheider -Mgmt.- | | Fach-entscheider -Fachkraft- | | Einkaufs-entscheider -Zentr. Mgmt.- | | Einkaufs-entscheider -Lokal. Mgmt.- | | Einkaufs-entscheider -Fachkraft.- | | Co-Entscheider (Ausschüsse/ Zirkel etc.) | | Einkaufs- „empfehler" (intern/ extern)/ Anwender | Stake-holder |
|---|---|---|---|---|---|---|---|---|---|---|---|---|---|---|
| | zentral | dezentral | zentral | dezentral | zentral | dezentral | zentral | dezentral | zentral | dezentral | zentral | dezentral | | |
| Vorstand/GF/GL | • Benamung* <br> • Historie <br> • Kontaktierung <br> • Win-win-Vorgehen etc. | | | | | | | | | | | | | |
| Bereichs-/ Landesleitung | | | | | | | | | | | | | | |
| Fachbereichs-entscheider a) Produkt-management | | | | | | | | | | | | | | |
| Fachbereichs-entscheider b) Vertrieb | | | | | | | | | | | | | | |
| Fachbereichs-entscheider c) F&E | | | | | | | | | | | | | | |
| Fachbereichs-entscheider d) Produktions-planung e) Qualitäts-management | | | | | | | | | | | | | | |
| Sonstige ........ | | | | | | | | | | | | | | |

Legende: * = Mögliche Matrixfeldinhalte

Abb. 84: Entscheidungsträgermatrix (© Prof. Dr. R. Hofmaier).

Die genaue Kenntnis der wesentlichen Kundenentscheider national wie international, ihrer organisatorischen Einbindung und Entscheidungskompetenz spielt bei der **Entscheiderbe-stimmung** eine wesentliche Rolle. Des Weiteren ist konkret abzuklären, welche Entscheider, Co-Entscheider und Empfehler welche Entscheidungs- und Beeinflussungsspielräume besit-zen, welche aufgabenbezogenen und persönlichen Zielsetzungen für sie wichtig sind, welche Einstellungen sie „uns" und unseren Produkten, Services und Geschäftsentwicklungszielen gegenüber besitzen, wie spezifische Win-win-Beziehungen und Ziele entwickelt und erreicht werden können, auf welche Art und Weise auch diesbezügliche „Commitments" und

Buy-Ins realisiert und umgesetzt werden können etc. (vgl. Abb. 85 und 86a und b). Entsprechend sind die anbieterinternen Betreuungsmöglichkeiten, Maßnahmen und Vorgehensweisen festzulegen.

| Kriterien / Name | | | | | | |
|---|---|---|---|---|---|---|
| 1.  Unternehmen/Unternehmensbreiche/Region | | | | | | |
| 2.  Funktion | | | | | | |
| 3.  Entscheidungskompetenz (A/B/C/D) | | | | | | |
| 3a. Beeinflussungs„macht"/Vernetzung | | | | | | |
| 4.  Einstellung gegenüber dem Anbieter (pro/kontra/ect.) | | | | | | |
| 4a. Einstellung gegenüber dem Projekt | | | | | | |
| 5.  Businessziel/Businessmodell (generell/spezifisch) | | | | | | |
| 6.  Persönliche Ziele/„Ambitionen" etc. | | | | | | |
| 7.  Win-win-Potenzial/Erschließungsmöglichkeiten (Business-Relationship) | | | | | | |
| 8.  Persönliches „Beziehungs-/Bindungs"-Potenzial (Interpersonal-Relationship) | | | | | | |
| 9.  „Commitment"-Schritte/Möglichkeiten | | | | | | |
| 10. „Buy-In"-Voraussetzungen und Maßnahmen | | | | | | |
| 11. Kontextuelle Maßnahmen | | | | | | |
| **Zusammenfassung ect.** | | | | | | |
| **Betreuung (seitens des Anbieters durch):** | | | | | | |
| 1.  Zielsetzung | | | | | | |
| 2.  Aufgaben | | | | | | |
| 3.  Vorgehensschritte | | | | | | |
| 4.  Zeitrahmen | | | | | | |
| 5.  Support | | | | | | |
| 6.  Sonstiges | | | | | | |

Abb. 85:   Entscheider-Informationsmatrix (© Prof. Dr. R. Hofmaier).

Der FGM-Ansatz dient damit einer effektiveren und effizienteren Entwicklung eigener Positionierungsperspektiven und gemeinsamer **nachhaltiger Geschäftsentwicklungsoptionen**. Im Mittelpunkt für die generelle Vorgehensweise steht dabei der **Focus-Group-Konzeptrahmen**[46] (vgl. Abb. 86a und b). Das jeweils zu installierende (Groß-)Kundenteam für ausgewählte (Key-)Accounts im eigenen Unternehmen hat zunächst die kundenbezogenen **„Key-Performance-Kriterien" (KPK)** zu erfassen, das sind diejenigen Kriterien, die für die Zielerreichung des Kunden und seiner Entscheidungsträger bezüglich des zu vermarktenden Objektbereiches (z. B. Einführung einer neuen Anwendungslösung für den eigenen Kunden) von hoher Priorität sind. Demgegenüber sind nun die **Kernkompetenzen (KK)** des eigenen Unternehmens (mit Bezug auf den jeweiligen Objektbereich) herauszuarbeiten und entsprechend gegenüberzustellen. Des Weiteren werden die spezifischen **vermarktungsre-**

---

[46]   Vgl. hierzu ausführlich Hofmaier, 2010/2013.

**levanten Kritischen Erfolgsfaktoren (KEF)** aus Kundensicht abgeleitet, diskutiert und priorisiert, um diesen wiederum die eigenen „korrespondierenden" (Vermarktungs-)**Stärken** gegenüberzustellen. Hierfür – wie im Weiteren – können verschiedene interne **Team-Workshops** und gemeinsame **FGM-Workshops** mit den Entscheidungsträgern des Kunden durchgeführt werden. Diese können auch im Rahmen ausgewählter Produktkliniken stattfinden bzw. ergänzt werden durch Application-Workshops, Expertise-Sharings, Tech-Days, Innovation-Events und/oder integrierte Consulting-Teams.

In einem weiteren Hauptschritt geht es um die gezielte Herausarbeitung einer möglichst **breiten Abstimmung und gezielten Abdeckung** der durch die KPK und KEF vorgegebenen Anforderungsprofile durch die eigenen KK und Stärken **(KPK-KK/KEF-Stärken-Fit)**. Dabei ist zu beachten, dass konkrete wettbewerbsdifferenzierende und kundenrelevante **(Added) Values** herausgearbeitet, kommuniziert, „**committed**" und dokumentiert werden sollen, um (gemeinsam) eine hinreichende qualifizierte und – soweit möglich – quantifizierte Entscheidungsfindung und Begründung zu erarbeiten und letztlich zu realisieren. Dadurch soll auch eine weiterführende **Win-win-Profilierung** substantiiert werden.

Zur **Realisierung** solcher Zwischenschritte, „Commitments" und Ergebnisse sind die wichtigen **Themen (Topics), Zielsetzungen** und **Aktionen** ergänzt um die jeweiligen **Bindungsmaßnahmen** je **Entscheider (Enscheiderzielgruppen)** umzusetzen (Abb. 86b).

Dabei kann auch die zukünftige Strategieausrichtung des Kunden miteingebunden und berücksichtigt werden sowie eigene Schwächen gezielt abgebaut und ggf. wichtige (Insourcing-) Kompetenzen erkannt und aufgebaut werden. Längerfristig sollen dadurch auch zukünftige Geschäftsentwicklungsmöglichkeiten erkannt und eingephast werden.

Ein solcher FGM-Ansatz ist auch für einen Anbieter denkbar, der z. B. nicht unmittelbar an den (beschaffungsspezifizierenden) Endfertiger (OEM) liefert, sondern an eine seiner „Vorstufen" (Systemlieferant oder Teillösungs-/Teilsegmentlieferant). Im Rahmen ausgewählter FGM-Maßnahmen können nun auch wichtige Entscheider über **alle Vermarktungsvorstufen** ausgewählt und miteingebunden werden. Dadurch können durchaus sogenannte **Pull-Effekte**[47] (z. B. gegenüber dem OEM) erzielt werden (wirtschaftsstufenübergreifendes bzw. **vertikales FGM**).

Das FGM-Konzept kann längerfristig auf unterschiedlichste (Groß-)Kunden angewendet und weiterentwickelt werden und damit multipel erprobt, ausgebaut und eingesetzt werden. (Ebenso kann mit einer erstmaligen Anwendung und Vertiefung des FGM ein darauf aufbauender KAM-Ansatz für spezifische Key-Accounts entwickelt und umgesetzt werden.)

---

[47]   Vgl. hierzu Hofmaier/Leutbecher, 1996, S. 106–110.

## Focus-Group-Konzeptrahmen (FGM-Konzept I)

Unternehmen: ..............
Workshop: ..............
Datum: ..............

| KPK (Kd.) | Gew. (h/m) | KK (eig.) | Bew. (h/m) | KEF (Kd.) | Gew. (h/m) | Eigene Stärken (h/m) | KEF-FIT | WETT-BEWERB | Kontext | DIFF-Pot. (h/m) | ADD-VALUE (WIN-WIN) (qual./quant.) | COMMITM. (Buy In) | E-Träger Name | Funktion | Krit. Fakt. |
|---|---|---|---|---|---|---|---|---|---|---|---|---|---|---|---|
| | | | | | | | | | | | | | | | |

Abb. 86a:    Focus-Group-Konzeptrahmen (FGM-Konzept/Teil I) (© Prof. Dr. R. Hofmaier).

## Focus-Group-Konzeptrahmen (FGM-Konzept II)

Unternehmen: ............
Workshop: ............
Datum: ............

| E-Träger | | | COMMITM. -Erlangung (inkl. "Verbündete") | Themen/Topics (FGr.) | Zielsetzung | Aktivitäten | Vorgehensweise | | | | Verbleib | Lfr. Bindungs- u. Entwicklungsoptionen (Maßnahmen) |
| B.-Pot. | BRS | PRS | | | | | Wer | Was | Wann | Supp. | | |
| Pro / Con | Akt. | Akt. | | | | | vorab \| FGr. | | | | | |

Abb. 86b:　Focus-Group-Konzeptrahmen (FGM-Konzept/Teil II) (© Prof. Dr. R. Hofmaier).

# 2    Die integrierte Marketing-, Vertriebs- und Kundenmanagement-Scorecard (Vermarktungsscorecard)

Die **integrierte Marketing-, Vertriebs- und Kundenmanagement-Scorecard** (Vermarktungsscorecard), auch **„Marketing-, Sales- and Customer-Scorecard" (MSC-Scorecard)** genannt, ist eine auf den integrierten Vermarktungsansatz spezifizierte Scorecard[48], die in die unternehmensgenerelle Balanced-Scorecard eingebunden werden kann und sich sehr gut zum „integrierten" **Planungs-, Steuerungs-, Feedback- und Optimierungsmanagement** des Unternehmens oder seiner Geschäfts- bzw. Businessbereiche eignet. Die einzelnen **Strategien, Programme und Maßnahmen** sowie ihre Implementierung und Überprüfbarkeit lassen sich dadurch gut ableiten, plausibilisieren, kommunizieren und optimieren.

Gemäß Abb. 87 steht neben den Finanz-, Prozess- und Mitarbeiterdimensionen v. a. die Strategiedimensionen der Vermarktungsscorecard mit den Subbereichen einer integrierten **Marketing-, Vertriebs- und Kundenmanagement-Scorecard** und ihren strategischen Marketing-, Vertriebs- und Kundenmanagement-**Zielen** im Mittelpunkt (vgl. auch Abb. 88b und Strategy-Map). Diese in sich in abgestimmte Ziele werden nun einerseits abgestimmt mit den **Unternehmensstrategie**zielen und den strategischen Finanzzielen der **Unternehmens- und Finanzmanagement-Scorecard** (z. B. mit Profitabilitäts-, ROI- und ROCE-Ziele; vgl. Abb. 88a), andererseits mit der **Prozess- und Strukturmanagement-Scorecard** (Abb. 88c) sowie der **Mitarbeiter- und Führungsscorecard** und ihren jeweiligen strategischen Zielen (Abb. 88d). Im Rahmen ihrer Konkretisierung werden diese strategischen Ziele je Scorecard schrittweise in strategieorientierte Messkriterien zu ihrer zwischenzeitlichen Überprüfung, in operative Programme, Maßnahmen und Aufgaben sowie Implementierung „heruntergebrochen" und diesen wiederum operative Messkriterien zugeordnet. Diese können kurzfristig veranlasst werden. Damit werden den Programm- und Maßnahmenzielen bzw. Forcierungsmaßnahmen kurzfristige implementierungsrelevante Messkriterien gegenübergestellt und eine hinreichend operative Planung vorgegeben. Diese einzelnen Programme, Maßnahmen und Aktivitäten können je **Dimension** schrittweise aufeinander abgestimmt und ihre jeweiligen Beeinflussungsmöglichkeiten und Interdependenzen überprüft und entsprechend festgeschrieben werden. Somit ist eine notwendige Voraussetzung für eine erfolgsgeleitete Umsetzung der einzelnen **Integrations- und Implementierungsschritte** gegeben und der notwendige „Regelkreis" mit seinen jeweiligen Interdependenzen (vgl. Abb. 87 und 89) geschlossen.

Mit einem solchen **Scorecard-Ansatz** können nun sowohl die einzelnen Vermarktungsbereiche von der Strategie bis hin zu ihrer konkreten Umsetzung und Kontrolle in sich aufeinander abgestimmt werden und zielführend mit den Strategiezielen, Programmen und Maßnahmen der anderen relevanten Dimensionen verbunden werden. Auch notwendige Detaillierungen, Kommunikation und Reflexion von Strategieaussagen werden miteingefordert, die einzelnen Fachbereichsebenen und Fachentscheider miteinbezogen und damit werden die „Betroffenen" auch zu den aktiv „Beteiligten" der **gesamten Strategie- und Umsetzungsmaßnahmen.**

---

[48]    Vgl. zur Balanced Scorecard generell den grundsätzlichen Ansatz von Kaplan/Norton, 1997, und ergänzend beispielsweise Horváth und Partner, 2007.

**Unternehmens- & Finanz-management-Dimension**
(Untern.- und Finanzmgmt.-Scorecard)

**Strategische Ziele**
1. Ausbau eines längerfristigen & nachhaltigen Unternehmenswachstums
2. Verbesserung der Profitabilität & der Verzinsung des eingesetzten Kapitals

**Marketing-, Vertriebs- & Kunden-management-Dimension**
(Vermarktungs-Scorecard)

**Strategische Ziele**

Marketing-Scorecard:
1a. Erhöhung des Marktanteiles
1b. Erreichung einer Unique/Preferred Supplier-Positionierung

Vertriebs-Scorecard:
2a. Erhöhung des Neukundenanteils/Neukundenumsatzes
2b. Erhöhung des Neuproduktanteils/Neuproduktumsatzes

Kundenmgmt.-Scorecard:
3a. Erweiterung des KA-(Kundenmarkt-)Anteils (Gesamt- & Einzelkd.märkte)
3b. Stärkere Durchdringung der Key-Accounts (Single-, Cross-, Up- & Strategic-Selling & Installation eines modernen KAM)

**Prozess- & Struktur-management-Dimension**
(Prozess- und Struktur-Scorecard)

**Strategische Ziele**
1. Optimierung ausgewählter Vertriebs- & Kundenprozesse (Hit-Rate-Optimierung)
2. Verbesserung ausgewählter Serviceprozesse (Auf- & Ausbau von strategischen & A-Services etc.)

**Mitarbeiter- & Führungsmanage-ment-Dimension**
(Mitarbeiter- und Führungsmgmt.-Scorecard)

**Strategische Ziele**
1. Verbesserung der Mitarbeiterqualifikation & Motivation & Management by Objectives (MBOs)
2. Steigerung der Teameffizienz, Team- & Kulturentwicklung

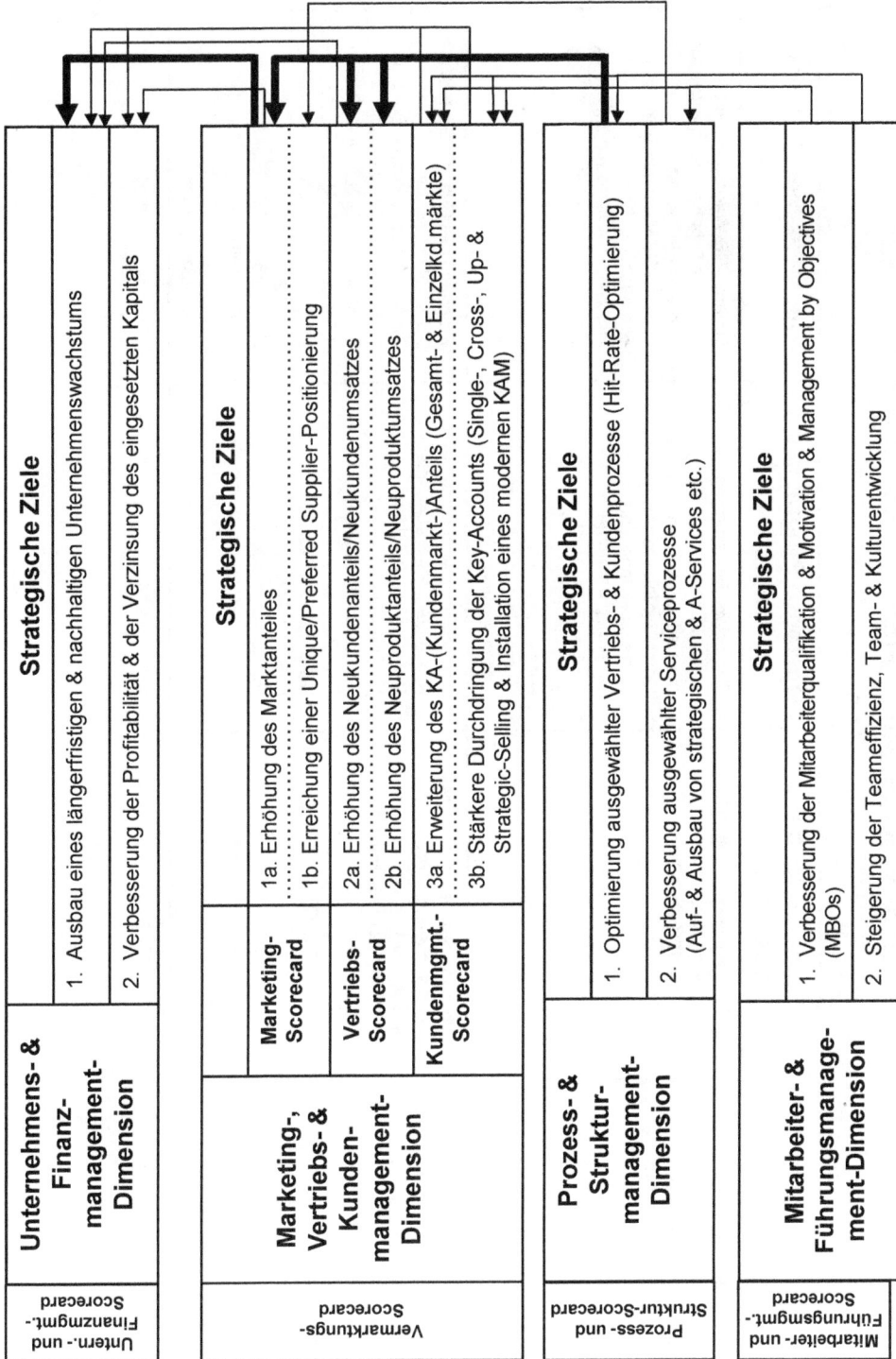

Abb. 87: Integrierte Vermarktungsscorecard im Überblick (© Prof. Dr. R. Hofmaier).

## Unternehmens- und Finanzmanagement - Scorecard -

| Strategische Ziele | Strategieorientierte Messkriterien | Operative Programme & Maßnahmen | Operative Messkriterien |
|---|---|---|---|
| 1. Ausbau eines längerfristigen & nachhaltigen Unternehmens-wachstums | • Steigerung des Unternehmens-/ Geschäftsbereichswachstums (GB) um 15% (in 3 Jahren) | • Top-down-Unterstützung der relevanten Vermarktungsprogramme<br>• Durchführung spezifischer Kostensenkungs- und Synergieprogramme<br>• Differenzierung des Bezahlungsmodells für Kunden (Bezahlung nach Gebrauchsleistung anstatt per Einstandspreis etc.) | • Untern.-/GB-Wachstum um 5% im nächsten Jahr bzgl. entsprechender operativer Aufgaben<br>• Untern.-/GB-Wachstum um 5% im übernächsten Jahr<br>• Untern.-/GB-Wachstum um 5% im darauffolgenden Jahr |
| 2. Verbesserung der Profitabilität & der Verzinsung des eingesetzten Kapitals | • Erhöhung des Unternehmens-/ Geschäftsbereichs-ROI um 5% (in 3 Jahren)<br>• Erhöhung des ROCE um 10% (in 3 Jahren). | • Top-down-Unterstützung relevanter KAM-Maßnahmen<br>• Senkung ausgewählter Logistikkosten<br>• Reduktion strategischer Fertigungstiefen<br>• Verbesserung des entsprechenden Margen- & Ressourcenmodells (Margen- & Transferressourcenoptimierung) | • Erhöhung des Untern.-/GB-ROI um 2% im nächsten Jahr<br>• Erhöhung des Untern.-/GB-ROI um 1,5% im übernächsten Jahr<br>• Erhöhung des Untern.-/GB-ROI um 1,5% im darauffolgenden Jahr<br>• Erhöhung des ROCE um 3% im nächsten Jahr<br>• Erhöhung des ROCE um 3,5% im übernächsten Jahr<br>• Erhöhung des ROCE um 3,5% im darauffolgenden Jahr |

Abb. 88a:   Integrierte Vermarktungsscorecard mit Schwerpunkt Unternehmens- und Finanzmanagement (© Prof. Dr. R. Hofmaier).

## Marketing-, Vertriebs- und Kundenmanagement – Scorecard –

| Strategische Ziele | Strategieorientierte Messkriterien | Operative Programme & Maßnahmen | Operative Messkriterien |
|---|---|---|---|
| **1a. Erhöhung des Marktanteils** | • Erhöhung des Marktanteils in ausgewählten Marktsegmenten in den nächsten 3 Jahren um insgesamt 30% | • Gewinnung mind. eines neuen (Sub-)Marktsegments je Hauptregion durch erweiterte Marketing- & Produkt-/Serviceprogramme<br>• Stärkere Ist-Segmentdurchdringung durch erweiterte Marketing- & Akquisitionsprogramme<br>• Verbesserung der Umsatzgeschwindigkeit (Nutzung von Volumenseffekten) | • Implementierungsstatus entsprechender Marketing- und Produkt-/Akquisitionspläne sowie Prozesse<br>• Marktanteilwachstum um mind. 10% p. a. durch entsprechende Akquisitions- und Einzelprozessoptimierung/ Kennzahlen |
| **1b. Erreichung einer Unique/Preferred Supplier Positionierung** | • Erreichung einer spezifischen Unique/ Preferred-Supplier-Positionierung in den nächsten 3 Jahren | • Implementierung ausgewählter KAM- & FGM-Programme und jährliche KA-Feedback-Analyse | • Spezifische USP-Positionierung & entsprechende KA-Bewertung/ Verifizierung (je Jahr) |
| **2a. Erhöhung des Neukunden-Anteiles/ Umsatzes** | • Erhöhung des relevanten Neukunden-anteils um 5% (im Vergleich zur Ist-Kunden-Basis) in den nächsten 3 Jahren | • Implementierung zusätzlicher Akquisitionsmaßnahmen & Medien Hit-Rate-Optimierung | • Erhöhung des Neukunden-Anteiles um mindestens 1,5% p. a.<br>• Spezifische Hit-Rate-Kennzahlen |
| **2b. Erhöhung des Neuprodukt-Anteils/Umsatzes** | • Erhöhung des Anteils neuer Produkte um 10% p. a. (gemessen am Basisumsatz) in den nächsten 3 Jahren | • Überarbeitung eines entsprechenden Neuproduktentwicklungs- & Vermarktungsprozesses<br>• Hit-Rate-Optimierung | • Erhöhung des Neuproduktverkaufs um 3,5% p. a.<br>• Spezifische Hit-Rate-Kennzahlen |
| **3a. Erweiterung des KA-Anteils (im Kundenportfolio)** | • Erweiterung spez. KA-Marktanteile auf 20% in den nächsten 3 Jahren (Ø KA-Marktanteil 20%) | • Verbesserung des KA-Prozesses & der Mitarbeiterqualifikation/-motivation<br>• Umsetzung gezielter Entscheideransprachen und Commitments<br>• Erweiterung der FGM-Maßnahmen | • Erhöhung spez. KA-Marktanteile um mindestens 7,5% p. a.<br>• Durchführung entspr. erweiterter KA-Beziehungs-, Bindungs- und FGM-Maßnahmen mit diesbez. Kennzahlen<br>• Durchführung von KAM-Assessments (mit entsprechenden Kennzahlen) |
| **3b. Stärkere Durchdringung der Key-Accounts** | • Erzielung eines Cross- und Up-Selling-Kundenanteils von 15% in den nächsten 3 Jahren | • Verbesserung der KA-Value-Proposition<br>• Implementierung entsprechender Cross- und Up-Selling-Maßnahmen<br>• Erweiterung der KA-Ressourcen & Tool-Unterstützung | • Messung der KA-Value-Proposition<br>• Implementierung spez. Cross- & Up-Selling-Kennzahlen/Überprüfung mit 5% KA-Wachstum p. a.<br>• Benennung von 3 zusätzl. KA-Mgr. p. a. |

*Linke Spaltenbeschriftung:* Marketing Scorecard (1a/1b) · Vertriebs-Scorecard (2a/2b) · Kundenmgmt.-Scorecard (3a/3b)

Abb. 88b: Integrierte Vermarktungsscorecard mit Schwerpunkt Marketing-, Vertriebs- und Kundenmanagement (© Prof. Dr. R. Hofmaier).

## Prozess- und Strukturmanagement – Scorecard –

| Strategische Ziele | Strategieorientierte Messkriterien | Operative Programme & Maßnahmen | Operative Messkriterien |
|---|---|---|---|
| **1. Optimierung ausgewählter Vertriebs- & Kundenprozesse (Hit-Rate-Optimierung)** | • Erreichung einer verbesserten KA-Hitrate und Einführung integrierter CRM-Maßnahmen<br>• Erreichung einer höheren Loyalitätsquote im Vertrieb (>75% in 3 Jahren) | • Implementierung eines entsprechend notwendigen CRM-Tools & gemeinsamen Customer Data Base<br>• Durchführung von Vertriebsprozess- & Hit-Rate-Analyseprogrammen im KA-Vertrieb<br>• Erhebung, Analyse, Interpretation & Verbesserung von entsprechenden Benchmarks | • Verbesserung diesbezüglicher Hit-Quoten um 10% p. a.<br>• Nutzungs- und Anwendungsgrad eines effizienten CRM-Systems<br>• Einführung von 3 zusätzlichen Incentive-Programmen<br>• Jährliche Benchmark-Analysen mit diesbezüglichen Kennzahlen |
| **2. Verbesserung ausgewählter Serviceprozesse** | • Halbierung der Reklamationsquote (in 3 Jahren)<br>• Reduzierung der Reaktionszeit um 50% (in 3 Jahren) | • Durchführung entsprechender Reklamationsanalysen<br>• Erarbeitung von Verbesserungsvorschlägen & Maßnahmen<br>• Verbesserung der Ressourcentransfer-prozesse | • Senkung der Reklamationsquoten um mindestens 15% p. a.<br>• Reduktion der Reaktionszeiten um mindestens 15% p. a.<br>• Verbesserung der Ressourcen-einsatzzeiten um 10% p. a. |

Abb. 88c:    Integrierte Vermarktungsscorecard mit Schwerpunkt Prozess- und Strukturmanagement (© Prof. Dr. R. Hofmaier).

## Mitarbeiter- und Führungsmanagement – Scorecard –

| Strategische Ziele | Strategieorientierte Messkriterien | Operative Programme & Maßnahmen | Operative Messkriterien |
|---|---|---|---|
| 1. Verbesserung der Mitarbeiter-qualifikation, Motivation & MBOs (im Marketing, Vertrieb & Kundenmanagement) | • Ableitung von benchmark-geleiteten Qualifizierungs-kennzahlen je Mitarbeiter <br> • Durchführung ausgewählte Job-Einrichment-Maßnahmen (im Ø Umfang von 20% betreffend des Aufgabengebietes) <br> • Verbesserung des MBO-Systems | • Auswahl und Zuverfügungstellung geeigneter Qualifizierungsmaßnahmen <br> • Ausarbeitung geeigneter Job-Enrichment-Maßnahmen <br> • Implantierung der jeweiligen Job-Enrichment-Maßnahmen <br> • Implementierung eines neuen MBO-Systems | • Erfüllung der jährl. Qualifizierungs-vorgaben (nach Programmen, Inhalten & Umsetzungs-ergebnissen je Mitarbeiter) <br> • Erreichung des vorgegebenen Motivations-, Zufriedenheits- & Identifizierungsgrades <br> • Messung des vorgegebenen Aufgabenzielerreichungsgrades |
| 2. Steigerung der Teameffizienz & Teamentwicklung | • Erreichung einer hohen Teamidentifikation & Effizienz (nach 3 Jahren) <br> • Verbesserung der Team-kohäsion (nach 3 Jahren) <br> • Weiterentwicklung der Unternehmenskultur | • Durchführung spezifischer Coaching- & Incentive-Programme im Zielgruppen-bereich mit erweiterten MbO-Zielen <br> • Feedback-Coaching & Durchführung ausgewählter Teamentwicklungs-programme <br> • Durchführung spezifischer Unternehmens-kulturentwicklungsmaßnahmen (mit konkreten Zielen auf Mitarbeiter-, Führungs- & Unternehmenskulturebene) | • Messung der verbesserten Teameffizienz (nach jährl. qualitativen & quantitativen Kennzahlen) <br> • Durchführung diesbezüglicher Assessments (zur Zielwert-ermittlung & Erreichung) <br> • Durchführung kulturspezifischer Assessment- & Evaluierungs-maßnahmen (p. a.) |

Abb. 88d: Integrierte Vermarktungsscorecard mit Schwerpunkt Mitarbeiter- und Führungsmanagement (© Prof. Dr. R. Hofmaier).

**Marketing-, Vertriebs- und Kundenmanagement**
**– Scorecard –**

| Strategische Ziele | Strategieorientierte Messkriterien | Operative Programme & Maßnahmen | Operative Messkriterien |
|---|---|---|---|
| 1a. Erhöhung des Marktanteils | | | |
| 1b. Erreichung einer Unique-Preferred-Supplier-„Positionierung" | | | |
| 2a. Erhöhung des Neukunden-Anteils/Umsatzes | | | |
| 2b. Erhöhung des Neuprodukt-Anteils/Umsatzes | | | |
| 3a. Erweiterung des KA-Anteiles (im Kundenportfolio) | | | |
| 3b. Starkere Durchdringung der Key-Accounts | | | |

Marketing Scorecard
Vertriebs-Scorecard
Kundenmmgt.-Scorecard

**Unternehmens- und Finanzmanagement**
**– Scorecard –**

| Strategische Ziele | Strategieorientierte Messkriterien | Operative Programme & Maßnahmen | Operative Messkriterien |
|---|---|---|---|
| 1. Ausbau eines längerfristigen & nachhaltigen Unternehmenswachstums | | | |
| 2. Verbesserung der Profitabilität & der Verzinsung des eingesetzten Kapitals | | | |

**Prozess- und Strukturmanagement**
**– Scorecard –**

| Strategische Ziele | Strategieorientierte Messkriterien | Operative Programme & Maßnahmen | Operative Messkriterien |
|---|---|---|---|
| 1. Optimierung ausgewählter Vertriebs- & Kundenprozesse | | | |
| 2. Verbesserung ausgewählter Serviceprozesse | | | |

**Mitarbeiter- und Führungsmanagement**
**– Scorecard –**

| Strategische Ziele | Strategieorientierte Messkriterien | Operative Programme & Maßnahmen | Operative Messkriterien |
|---|---|---|---|
| 1. Verbesserund der Mitarbeiterqualifikation & Motivation & MBOs (im Marketing, Vertrieb & Kundenmanagement) | | | |
| 2. Steigerung der Teameffizienz & Teamentwicklung | | | |

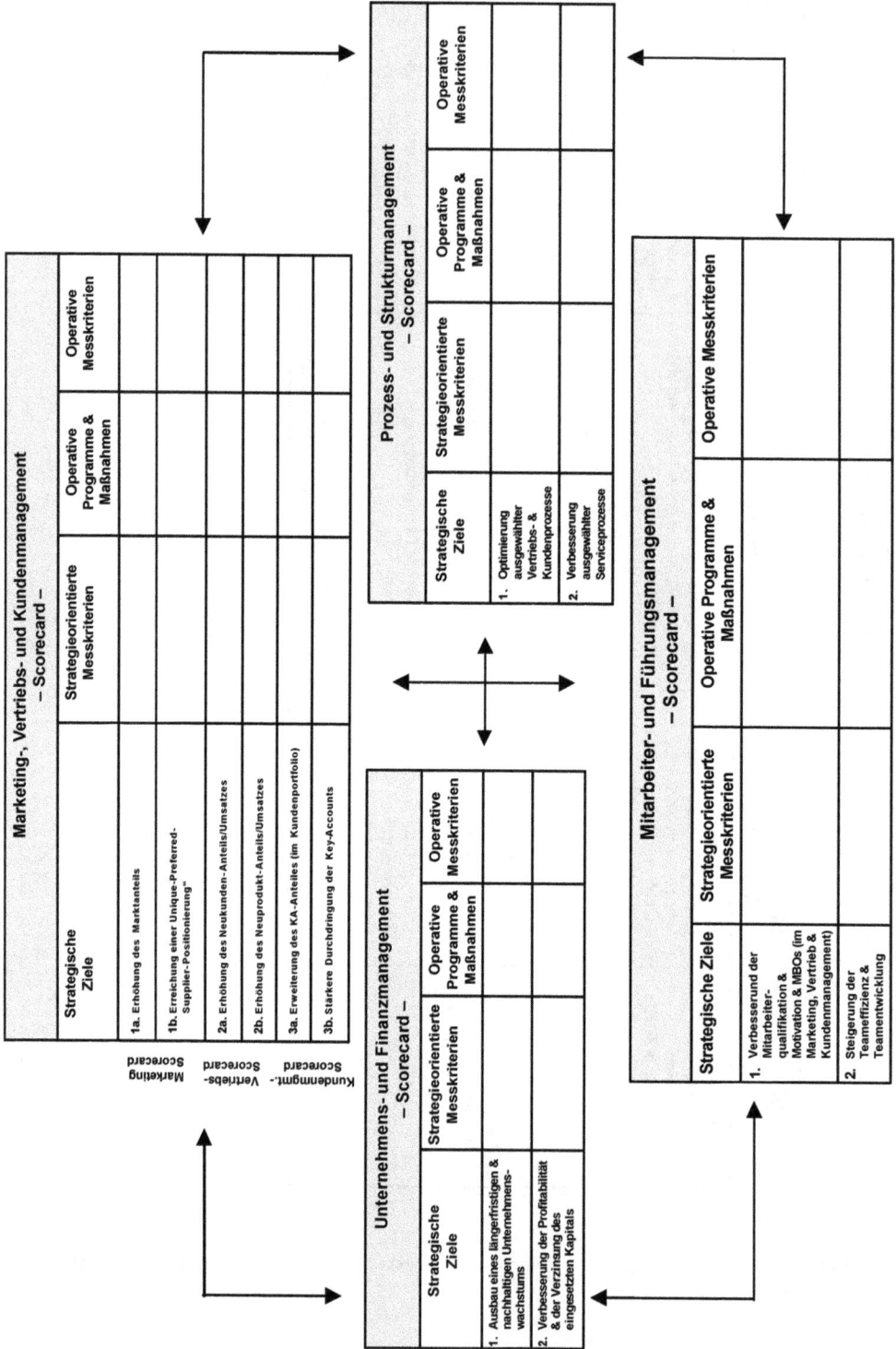

Abb. 89: Die integrierte Vermarktungsscorecard im Überblick (© Prof. Dr. R. Hofmaier).

Zu berücksichtigen ist dabei, dass mit **relativ wenigen Kennzahlen** (z. B. insgesamt höchstens zehn bis 12 Strategieziele mit ihren abgeleiteten Kennzahlen) eine umfassende Business- bzw. Geschäftsbereichs- und ggf. Unternehmenssteuerung erfolgen kann („**Cockpit**"-**Funktion** der Balanced-Scorecard). Zudem können **spezifische** Strategieziele und Programme (beispielsweise die Integration und Implementierung eines **modernen KAMs)** in eine solche Scorecard **integriert** und spezifiziert werden. Die Methodik der integrierten Vermarktungsscorecard ist nicht nur für **Großunternehmen**, sondern gerade auch für **Mittelstandsunternehmen** ein hervorragend geeignetes und unterstützendes Strategiekonkretisierungs- und Vermarktungsinstrumentarium.

Wie bereits angedeutet sind die „zwischendimensionalen" Interdependenzen und Beeinflussungs- bzw. **Unterstützungseffekte** zu beachten und die jeweiligen **Synergien** zu berücksichtigen (vgl. Abb. 87). So können beispielsweise bestimmte strategische Marketing-, Vertriebs- und Kundenmanagementziele ausgewählte Unternehmens- und Finanzziele gezielt forcieren, wie auch bestimmte Prozess- und Mitarbeiterziele (endogene Ziele) konkrete Vermarktungs- und Finanzziele (exogene Ziele) entsprechend fundieren können. Somit können vorhandene Wechselwirkungen im positiven Sinne kumuliert und multiplikativ genutzt werden. Gerade auch die explizite Berücksichtigung der Mitarbeiter- und Führungsmanagementziele erlaubt es, einen bisher eher „vernachlässigten" Managementbereich **explizit** mitzuberücksichtigen und so die im Unternehmen vorhandene „Diversität" der Mitarbeiter und Führungskräfte kooperativ weiterzuentwickeln, bedarfsgerecht einzusetzen und ein notwendiges Job-Enrichment zu erreichen.

Neben der integrierten **Vermarktungsscorecard** (Marketing, Vertrieb und Kundenmanagement) und der zunächst expliziten Abstimmung mit der **Unternehmens- und Finanzmanagement-Scorecard** (exogene Scorecards), sind immer auch die beiden endogenen Scorecards miteinzubinden. So bezieht sich die **Prozess- und Strukturmanagementdimension** (Abb. 88c) auf strategisch bedeutsame und i. d. R. die exogenen strategischen Ziele und Maßnahmen unterstützenden Prozesse der Kundenakquisition, Kundenbetreuung, Entwicklung und Bindung sowie diesbezügliche Service-, Belieferungs- und Logistik sowie ggf. Produktionsprozesse. Aber auch ausgewählte Produktentwicklungs- und Innovationsprozesse sowie Ressourcentransferprozesse können hier Gegenstand der Betrachtung sein. Die vierte und letzte Dimension stellen die Personal- bzw. Human-Resource- und **Führungsmanagementziele** und deren **Maßnahmen** dar. Hierbei geht es häufig um wichtige Qualifizierungs-, Motivations-, Coaching- und Karriereziele und Maßnahmen, aber auch um die Zuordnung der „richtigen" Anreiz- und Kooperationsziele sowie Mitarbeiter zu den „richtigen" Funktionen und Aufgaben und letztendlich die Weiterentwicklung der „gelebten" Unternehmenskultur. Basis hierfür ist u. a. die kontinuierliche Erfassung und Entwicklung der **Mitarbeiterqualifikation, Motivation** und **Loyalität**, aber auch die notwendige **Teamarbeit, Teameffizienz** sowie **Team- und Kulturentwicklung** kann Gegenstand der hier angesprochenen Ziele und Aktivitäten sein.

Eine **spezifizierte Anwendung** dieses Scorecard-Ansatzes kann neben der KAM-Implementierung auch z. B. die generelle CRM-, FGM-, Internationalisierungs-, Innovations-, Onlinemarketing- und Sales-Implementierung sein.

# Literatur

Hofmaier, R. (2011/2013) Innovative Methoden und Instrumente des Kundenbeziehungs-, Bindungs- und Focus Management (FGM) in Industriegüter- und Dienstleistungsmärkten – Empirische Studie, München

Hofmaier R./Leutbecher, K. (1996) Investitionsgüter zeitgemäß vermarkten, in: Harvard Business Manager, Heft 3, S.106–110

Horváth und Partner (2007) Balanced Scorecard umsetzen, 4. Aufl., Stuttgart

Kaplan, R. S., Norton, D. P. (1997) Balanced Scorecard, Stuttgart

Steward, D. W./Shamdasani, P. N./Rook, D. W. (2007) Focus Groups: Theory and Practice, 2. Aufl., London

# Checkliste zur Zusammenarbeit zwischen Marketing, Vertrieb und Kundenmanagement

Wie ausgeprägt ist die Zusammenarbeit zwischen Marketing, Vertrieb und Kundenmanagement?

| | | Trifft nicht zu | Trifft meist nicht zu | Trifft weder noch zu | Trifft meist zu | Trifft zu |
|---|---|---|---|---|---|---|
| | | 1 | 2 | 3 | 4 | 5 |
| 1a | Die **Prioritäten** der Vermarktungsziele werden vor allem vom **Marketing** festgelegt. | | | | | |
| 1b | Die **Prioritäten** der Vermarktungsziele werden vor allem vom **Vertrieb** festgelegt. | | | | | |
| 1c | Die **Prioritäten** der Vermarktungsziele werden vor allem vom **Kundenmanagement** (v. a. KAM) festgelegt. | | | | | |
| 2a | Die meisten **Entscheidungskompetenzen** der Vermarktung sind beim **Marketing** angesiedelt. | | | | | |
| 2b | Die meisten **Entscheidungskompetenzen** der Vermarktung sind beim **Vertrieb** angesiedelt. | | | | | |
| 2c | Die meisten **Entscheidungskompetenzen** der Vermarktung sind beim **Kundenmanagement** (v. a. KAM) angesiedelt. | | | | | |
| 3a | Die Vermarktungs**strukturen** und **Prozesse** werden durchweg vom **Marketing** definiert. | | | | | |
| 3b | Die Vermarktungs**strukturen** und **Prozesse** werden durchweg vom **Vertrieb** definiert. | | | | | |
| 3c | Die Vermarktungs**strukturen** und **Prozesse** werden durchweg vom **Kundenmanagement** (v. a. KAM) definiert. | | | | | |
| 4a | Die mit Abstand **meisten personellen Ressourcen** stehen dem **Marketing** zur Verfügung. | | | | | |
| 4b | Die mit Abstand **meisten personellen Ressourcen** stehen dem **Vertrieb** zur Verfügung. | | | | | |
| 4c | Die mit Abstand **meisten personellen Ressourcen** stehen dem **Kundenmanagement** (v. a. KAM) zur Verfügung. | | | | | |
| 5a | Die meisten **Qualifizierungs-** und **Coachingmaßnahmen** werden im **Marketing** durchgeführt. | | | | | |
| 5b | Die meisten **Qualifizierungs-** und **Coachingmaßnahmen** werden im **Vertrieb** durchgeführt. | | | | | |
| 5c | Die meisten **Qualifizierungs-** und **Coachingmaßnahmen** werden im **Kundenmanagement** (v. a. KAM) durchgeführt. | | | | | |
| 6a | Die umfangreichsten **Incentives** werden im **Marketing** angeboten. | | | | | |

| | Trifft nicht zu | Trifft meist nicht zu | Trifft weder noch zu | Trifft meist zu | Trifft zu |
|---|---|---|---|---|---|
| 6b | Die umfangreichsten **Incentives** werden im **Vertrieb** angeboten. | | | | | |
| 6c | Die umfangreichsten **Incentives** werden im **Kundenmanagement** (v. a. KAM) angeboten. | | | | | |
| 7a | Mindestens ein Mitglied des **Vorstands/der Geschäftsführung** ist eine Führungskraft aus dem **Marketing**. | | | | | |
| 7b | Mindestens ein Mitglied des **Vorstands/der Geschäftsführung** ist eine Führungskraft aus dem **Vertrieb**. | | | | | |
| 7c | Mindestens ein Mitglied des **Vorstands/der Geschäftsführung** ist eine Führungskraft aus dem **Kundenmanagement** (v. a. KAM). | | | | | |
| 8a | Das **Marketing informiert** den und **kommuniziert** intensiv mit dem **Vertrieb**. | | | | | |
| 8b | Das **Marketing informiert** das und **kommuniziert** intensiv mit dem **Kundenmanagement** (v. a. KAM). | | | | | |
| 8c | Der **Vertrieb informiert** das und **kommuniziert** intensiv mit dem **Marketing**. | | | | | |
| 8d | Der **Vertrieb informiert** das und **kommuniziert** intensiv mit dem **Kundenmanagement** (v. a. KAM). | | | | | |
| 8e | Das **Kundenmanagement** (v. a. KAM) **informiert** das und **kommuniziert** intensiv mit dem **Marketing**. | | | | | |
| 8f | Das **Kundenmanagement** (v. a. KAM) **informiert** den und **kommuniziert** intensiv mit dem **Vertrieb**. | | | | | |
| 9a | **Marketing** und **Vertrieb** stimmen **Vermarktungsanalysen** intensiv miteinander ab. | | | | | |
| 9b | **Marketing** und **Kundenmanagement** (v. a. KAM) stimmen **Vermarktungsanalysen** intensiv miteinander ab. | | | | | |
| 9c | **Vertrieb** und **Kundenmanagement** (v. a. KAM) stimmen **Vermarktungsanalysen** intensiv miteinander ab. | | | | | |
| 10a | **Marketing** und **Vertrieb** stimmen **Vermarktungsmaßnahmen** intensiv miteinander ab. | | | | | |
| 10b | **Marketing** und **Kundenmanagement** (v. a. KAM) stimmen **Vermarktungsmaßnahmen** intensiv miteinander ab. | | | | | |
| 10c | **Vertrieb** und **Kundenmanagement** (v. a. KAM) stimmen **Vermarktungsmaßnahmen** intensiv miteinander ab. | | | | | |
| 11a | **Vermarktungsfeedbacks** werden intensiv zwischen **Marketing** und **Vertrieb** ausgetauscht. | | | | | |
| 11b | **Vermarktungsfeedbacks** werden intensiv zwischen **Marketing** und **Kundenmanagement** (v. a. KAM) ausgetauscht. | | | | | |
| 11c | **Vermarktungsfeedbacks** werden intensiv zwischen **Vertrieb** und **Kundenmanagement** (v. a. KAM) ausgetauscht. | | | | | |
| 12a | Das **Marketing** arbeitet dem **Vertrieb** bei ausgewählten **Vertriebsaufgaben** zu (Produktunterlagen, Kundenakquisition, Eventmaßnahmen etc.). | | | | | |

|  | | Trifft nicht zu | Trifft meist nicht zu | Trifft weder noch zu | Trifft meist zu | Trifft zu |
|---|---|---|---|---|---|---|
| 12b | Das **Marketing** arbeitet dem **Kundenmanagement** (v. a. KAM) bei ausgewählten **Kundenmanagementaufgaben** zu (Kundenanalysen, Kundeninformationen, Produktkliniken etc.). | | | | | |
| 12c | Der **Vertrieb** arbeitet dem **Marketing** bei ausgewählten **Marketingaufgaben** zu (Produkt-, Preis-, Kommunikationsgestaltung etc.). | | | | | |
| 12d | Der **Vertrieb** arbeitet dem **Kundenmanagement** (v. a. KAM) bei ausgewählten **Kundenmanagementaufgaben** zu (Kundenpräsentationen, Kunden-Workshops, Kundenbetreuung etc.). | | | | | |
| 12e | Das **Kundenmanagement** (v. a. KAM) arbeitet dem **Marketing** bei ausgewählten **Marketingaufgaben** zu (Kundenmarktanalysen, Value-Chain-Analysen, Kundenkennzahlen etc.). | | | | | |
| 12f | Das **Kundenmanagement** (v. a. KAM) arbeitet dem **Vertrieb** bei ausgewählten **Vertriebsaufgaben** zu (Markt- und Kundensegmentkennzahlen etc.). | | | | | |
| 13 | Die **Markt-, Kunden- und Vertriebskennzahlen** können aufgrund einer **gemeinsamen** oder **integrierten Datenbank** wechselseitig eingepflegt, aktualisiert, analysiert und genutzt werden. | | | | | |
| 14 | Das eingesetzte (oder geplante) **CRM-Tool** wird von Marketing, Vertrieb und Kundenmanagement **gemeinsam** bzw. **integriert genutzt** und **deckt** die jeweiligen (Marketing-, Vertriebs-, Kundenmanagement-)**Prozesse** hinreichend ab. | | | | | |
| 15 | Das Marketing-, Vertriebs- und Kundenmanagement arbeitet v. a. auf Basis eines **integrierten Vermarktungsplans** zusammen. | | | | | |
| 16 | Das Marketing-, Vertriebs- und Kundenmanagement arbeitet v. a. auf Basis eines **integrierten Implementierungsansatzes** zusammen. | | | | | |
| 17 | Im Unternehmen gibt es einen **integrierten Karriere- und Entwicklungsplan** zwischen Marketing, Vertrieb und Kundenmanagement. | | | | | |

# Beispiel eines KAM-Assessment-Fragebogens

## Fragenkategorie I

**1.**

a) **Betreuen** Sie als **KA-Executive** einen **Business-KA**
(global/national)?                    Ja ☐                    Nein ☐

oder

b) sind Sie in ein **KA-Team** miteingebunden?
                                       Ja ☐                    Nein ☐

Statement: Funktion etc.

_____

**2.** Wie viel **Zeit** in **Arbeitsta-
gen** verwenden Sie durch-
schnittlich **pro Monat** auf
konkrete **KAM-
Tätigkeiten**?

| mehr als 15 Arbeitstage | 11–15 Arbeitstage | 6–10 Arbeitstage | 1–5 Arbeitstage | weniger als 1 Arbeitstag |
|---|---|---|---|---|
|  |  |  |  |  |

Statement:

_____

**3.** Verwenden Sie im Rahmen der **KA-Betreuung** konkrete **Methoden** (KAM-Methoden)?        Ja ☐                    Nein ☐

Statement:

_____

4. Konnten Sie bisher mit Ihrem **KAM-Ansatz** einen konkreten **Kundenerfolg** erzielen?

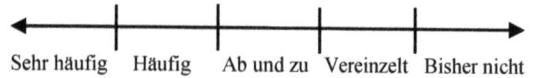

Sehr häufig    Häufig    Ab und zu    Vereinzelt    Bisher nicht

Statement:

_____

# Fragenkategorie II

5. Inwieweit haben Sie bisher bei Ihrem KAM die **Business-Opportunity-Analyse konkret umgesetzt**?

| 1 | 2 | 3 | 4 | 5 |
|---|---|---|---|---|
| Niemals | Selten | Ab und zu | Manchmal | Häufig |

Statement:

_____

6. Wie viele der von Ihnen **identifizierten Opportunities** konnten Sie in ein **Salesprojekt** überführen?

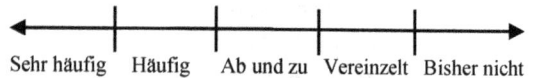

Sehr häufig    Häufig    Ab und zu    Vereinzelt    Bisher nicht

Statement:

_____

7. Konnten Sie bisher bei **Ihrem KA** ein **Cross-, Up- und/ oder Business-Potenzial** analysieren?

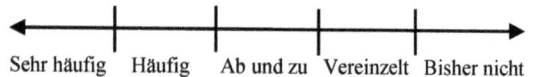

Sehr häufig    Häufig    Ab und zu    Vereinzelt    Bisher nicht

Statement:

_____

**8.** Konnten Sie bei Ihrem KA für **„neue"** **Kundenanforderungen** auch (neue/modifizierte) **Kundenlösungen** anbieten und zur Verfügung stellen?

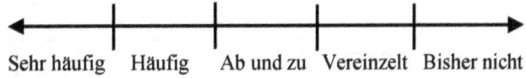

Sehr häufig    Häufig    Ab und zu    Vereinzelt    Bisher nicht

Statement:

_____

**9.** Traten bezüglich der **Cross-, Up-, Strategic-Selling-Analyse spezifische Schwierigkeiten** auf?

| 1 | 2 | 3 | 4 | 5 |
|---|---|---|---|---|
| Niemals | Selten | Ab und zu | Manchmal | Häufig |

Wenn ja, welche?

_____

**10.** Erhalten Sie **hinreichend Kundeninformationen** durch ihr **CRM-System**?

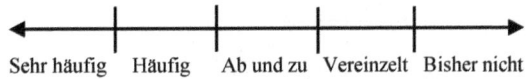

Sehr häufig    Häufig    Ab und zu    Vereinzelt    Bisher nicht

Wenn nicht, weshalb nicht?

_____

**11.** Haben Sie bisher für Ihre Kunden bzw. KAs eine mittel- bis langfristige **Kunden-(entwicklungs)planung** erstellt?

| 1 | 2 | 3 | 4 | 5 |
|---|---|---|---|---|
| Niemals | Selten | Ab und zu | Manchmal | Häufig |

**12.**

**a)** Haben Sie bisher eine **Kundenklassifizierung** durchgeführt

| 1 | 2 | 3 | 4 | 5 |
|---|---|---|---|---|
| Niemals | Selten | Ab und zu | Manchmal | Häufig |

und

**b)** wurden daraus entsprechende **Kunden- bzw. KA-spezifische Maßnahmen** abgeleitet?

| 1 | 2 | 3 | 4 | 5 |
|---|---|---|---|---|
| Niemals | Selten | Ab und zu | Manchmal | Häufig |

Statement:

_____

**13.** Konnten Sie bisher Ihre **vertriebliche Hit-Rate** beim **KA verbessern**?

| 1 | 2 | 3 | 4 | 5 |
|---|---|---|---|---|
| Niemals | Selten | Ab und zu | Manchmal | Häufig |

Statement:

_____

**14.** War es Ihnen bisher möglich, eine **Value-Proposition** beim KA darzustellen?

| 1 | 2 | 3 | 4 | 5 |
|---|---|---|---|---|
| Niemals | Selten | Ab und zu | Manchmal | Häufig |

Statement:

_____

**15.** Haben Sie bei Ihrem KA bereits eine **Value-Chain-Analyse** durchgeführt?

| 1 | 2 | 3 | 4 | 5 |
|---|---|---|---|---|
| Niemals | Selten | Ab und zu | Manchmal | Häufig |

Statement:

_____

**16.** Ziehen Sie detaillierte **Ent-**
**scheiderprofile** für Ihre
KA-Betreuung heran?

| 1 | 2 | 3 | 4 | 5 |
|---|---|---|---|---|
| Niemals | Selten | Ab und zu | Manchmal | Häufig |

**a)** Welche **Art** von Entscheiderprofilen?

Statement:

---

**b)** Wie viele und **welche** Entscheider?

Statement:

---

**17.** Ist Ihnen Ihre **Lieferanten-**
**positionierung** beim KA im
Vergleich zum Wettbewerb
genau bekannt?

| 1 | 2 | 3 | 4 | 5 |
|---|---|---|---|---|
| Gar nicht | Kaum | Teilweise | Im Großen und Ganzen | Völlig |

Statement:

---

**18.** Konnten Sie in den letzten
Jahren eine Verbesserung
Ihres **Business-Relationship-**
**Managements** konkret fest-
stellen?

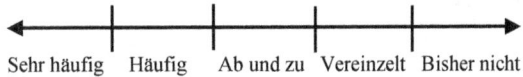

Sehr häufig   Häufig   Ab und zu   Vereinzelt   Bisher nicht

Statement:

---

**19.** Konnten Sie in den letzten
Jahren eine Verbesserung
Ihres **Interpersonal-**
**Relationship-Managements**
konkret feststellen?

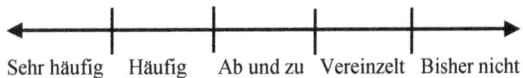

Sehr häufig   Häufig   Ab und zu   Vereinzelt   Bisher nicht

Statement:

---

**20.** Konnten Sie spezielle **Kundenbindungsmaßnahmen** (Art?) mit Ihrem KA und seinen Entscheidern durchführen?

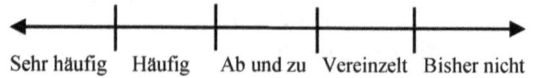

Statement:

---

**21.** Würden Sie sich bei Ihrem Kundengespräch eher bezeichnen als

**produkt**offerierend

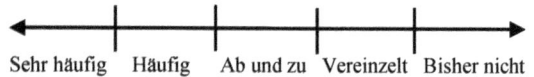

oder als eher

**problem**identifizierend

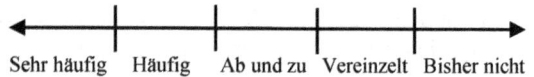

oder als eher

(kunden-)**lösungs**-identifizierend?

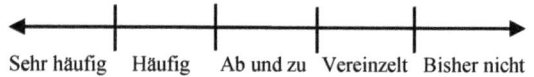

Statement:

---

**22.** Wie oft konnten Sie bei Ihrem KA das **Single-Selling-Volumen** erhöhen?

| 1 | 2 | 3 | 4 | 5 |
|---|---|---|---|---|
| Niemals | Selten | Ab und zu | Manchmal | Häufig |

Statement:

---

**23.** Wie oft konnten Sie bei Ihrem KA das **Cross-Selling-Volumen** erhöhen?

| 1 | 2 | 3 | 4 | 5 |
|---|---|---|---|---|
| Niemals | Selten | Ab und zu | Manchmal | Häufig |

Statement:

---

**24.** Konnten Sie bei Ihrem KA ein **Up-Selling** vornehmen?

| 1 | 2 | 3 | 4 | 5 |
|---|---|---|---|---|
| Niemals | Selten | Ab und zu | Manchmal | Häufig |

Statement:

_____

**25.** Konnten Sie bei Ihrem KA ein **Strategic-Selling-Projekt** durchführen?

| 1 | 2 | 3 | 4 | 5 |
|---|---|---|---|---|
| Niemals | Selten | Ab und zu | Manchmal | Häufig |

Statement:

_____

**26.** Hatten Sie bei Ihrem KA die Möglichkeit, **ein effektives Solution-Selling** („Lösungsgeschäft") durchzuführen?

| 1 | 2 | 3 | 4 | 5 |
|---|---|---|---|---|
| Niemals | Selten | Ab und zu | Manchmal | Häufig |

Statement:

_____

**27.** Haben Sie sich bei Ihrem KAM-Vorgehen an den konkreten **Implementierungsplan** gehalten bzw. diesen genutzt?

| 1 | 2 | 3 | 4 | 5 |
|---|---|---|---|---|
| Niemals | Selten | Ab und zu | Manchmal | Häufig |

Statement:

_____

**28.** Haben Sie die Balanced-
Scorecard-Methode im Rah-
men Ihrer KA-Betreuung
bisher eingesetzt?

| 1 | 2 | 3 | 4 | 5 |
|---|---|---|---|---|
| Niemals | Selten | Ab und zu | Manchmal | Häufig |

Statement:

---

**29.** Konnte durch Sie bzw. Ihren
KAM-Ansatz der KA bei
seiner **Produktentwicklung**
durch **innovative Beiträge**
(Projekte, Lösungen etc.)
unterstützt werden?

| 1 | 2 | 3 | 4 | 5 |
|---|---|---|---|---|
| Niemals | Selten | Ab und zu | Manchmal | Häufig |

Statement:

---

**30.** Konnten bzw. können Sie im
Rahmen des KAMs **die ge-
meinsame Geschäftsbasis**
mit dem KA **weiterentwi-
ckeln**?

| 1 | 2 | 3 | 4 | 5 |
|---|---|---|---|---|
| Niemals | Selten | Ab und zu | Manchmal | Häufig |

Statement:

---

# Fragenkategorie III

**31.**

**a)** Konnten Sie Ihre **KA-Planung** und **Vorgehensweise** mit dem **Businessplan** (Roadmap) Ihrer Division (Geschäftsbereich) effektiv **kombinieren**

| 1 | 2 | 3 | 4 | 5 |
|---|---|---|---|---|
| Niemals | Selten | Ab und zu | Manchmal | Häufig |

Statement:

_____

**b)** und mit Marketing und Vertrieb integrativ abstimmen und umsetzen

| 1 | 2 | 3 | 4 | 5 |
|---|---|---|---|---|
| Niemals | Selten | Ab und zu | Manchmal | Häufig |

Statement:

_____

**32.** Können Sie für Ihre **KA-Betreuung qualitative Messkriterien** heranziehen und Ihren KA-Beitrag daran **messen**?

| 1 | 2 | 3 | 4 | 5 |
|---|---|---|---|---|
| Niemals | Selten | Ab und zu | Manchmal | Häufig |

Wenn ja, welche?

_____

**33.**

**a)** War für Sie ein effizientes **Networking beim KA** möglich

| 1 | 2 | 3 | 4 | 5 |
|---|---|---|---|---|
| Niemals | Selten | Ab und zu | Manchmal | Häufig |

Statement:

_____

**b)** Arbeitete Ihr **KA-Team integrativ** und effektiv?

| 1 | 2 | 3 | 4 | 5 |
|---|---|---|---|---|
| Niemals | Selten | Ab und zu | Manchmal | Häufig |

Statement:

_____

# Fragenkategorie IV

**34.** Wurde Ihnen **Anerkennung** und wurden Ihnen **Incentives** für Ihr erfolgreiches KAM gewährt (Art/Umfang)?

| Häufigkeit \ Art | 1 Nein, nichts | 2 | 3 | 4 | 5 |
|---|---|---|---|---|---|
|  |  |  |  |  |  |
|  |  |  |  |  |  |
|  |  |  |  |  |  |

Statement:

_____

**35.** Nennen Sie die Ihrer Meinung nach **zehn wichtigsten Kriterien** und **Maßnahmen**, um **konkret den Erfolg Ihres KA-Managements** zu **steuern** und zu **messen.**

(Bitte nehmen Sie eine Gewichtung von 1 bis 5 vor; 5 = höchste Gewichtung)

| | |
|---|---|
| 1 | |
| 2 | |
| 3 | |
| 4 | |
| 5 | |
| 6 | |
| 7 | |
| 8 | |
| 9 | |
| 10 | |

Statement:

---

**36.** Welche **weiterführenden Struktur-, Qualifikations-, Coaching-** und sonstigen **Verbesserungsmaßnahmen** sind für Sie wie wichtig?

(Bitte benennen Sie diese und nehmen Sie eine Gewichtung vor.)

| | |
|---|---|
| 1 | |
| 2 | |
| 3 | |
| 4 | |
| 5 | |
| 6 | |
| 7 | |
| 8 | |

Statement:

---

# Literaturgesamtverzeichnis

Ansoff, J. (1966) Management-Strategien, München

Backhaus, K./Voeth, M. (2010) Industriegütermarketing, 9. Aufl., München

Bacon, T. R. (1999) Selling to Major Accounts: Tools, Techniques, and Practical Solutions for the Sales Management, New York

Barbour, R. (2007) Doing Focus Groups, London

Belz, C./Müller, M./Zupancik, D. (2008) Spitzenleistungen im Key Account Management, 2. Aufl., München

Biesel, H. (2007) Key Account Management erfolgreich planen und umsetzen, 2. Aufl., Wiesbaden

Bruhn, M. (2009) Relationship Marketing – Das Management von Kundenbeziehungen, 2. Aufl., München

Fiedler, R. (2010) Organisation kompakt, 2. Aufl., München

Gassmann, O./Sutter, P. (2011) Praxiswissen Innovationsmanagement, 2. Aufl., München

Greiner, O.: Das große Kräftemessen – Innovationsmanagement im Griff, in: The Performance Architect 2 (2008)

Grimm, U./Sommerlatte, T. (2003) Kreativität besser managen, in: Harvard Business Manager, Heft 2, S. 49–55

Haase, K. (2006) Koordination von Marketing und Vertrieb, Wiesbaden

Hackman, J. R. & Oldham, G. R. (1976) Motivation through the design of work: Test of a theory. Organizational Behavior and Human Performance, 16, 250–279

Hackman, J. R. & Oldham, G. R. (1980) Work redesign. Reading, MA: Addison-Wesley Hall,

Edward T., The Dance of Life. The Other Dimension of Time, 2nd ed., Garden City, NY: Anchor Press/Doubleday

Herrmann, A./Huber, F. (2009) Produktmanagement: Grundlagen – Methoden – Beispiele, 2. Aufl., Wiesbaden

Herzberg, F.I., One more time: How do you motivate employees? Harvard Business Review, Sep/Oct87, Vol. 65, Issue 5

Hippner, H. (2006) Grundlagen des CRM: Konzepte und Gestaltung, 2. Aufl., Wiesbaden

Hofbauer, G./Hellwig, C. (2012) Professionelles Vetriebsmanagement – Der prozessorientierte Ansatz aus Anbieter- und Beschaffersicht, 3. Aufl., Erlangen

Hofbauer, G./Sangl,A. (2011) Professionelles Produktmanagement – Der prozessorientierte Ansatz, Rahmenbedingungen, Strategien, 2. Aufl., Erlangen

Hofmaier, R. (2013) Produkt-, Produktentwicklungs- und Innovationsmanagement, Vortragsmanuskript, München

Hofmaier, R. (2011/2013) Innovative Methoden und Instrumente des Kundenbeziehungs-, Bindungs- und Focus Management (FGM) in Industriegüter- und Dienstleistungsmärkten – Empirische Studie, München

Hofmaier, R. (2011/2013) Vertriebliche „Hit Rate"-Optimierung im BtB-Sales: Neue Ansätze, Methoden und Umsetzungsmöglichkeiten – Empirische Studie, München

Hofmaier, R. (2010/2013) Die Optimierung der Zusammenarbeit von Marketing und Vertrieb in Mittelstands- und Großunternehmen – Empirische Studien, München

Hofmaier, R. (2010/2013) Empirische Studien zur Anwendung des Key Account Management, ITM-Institut, München

Hofmaier, R. (2012) Grundlagen des Key Account Management, in: Hofbauer, G./Hellwig, C. Professionelles Vertriebsmanagement, 3. Aufl., Erlangen, S. 103–114

Hofmaier, R. (2012) Möglichkeiten und Chancen einer konzeptionellen Fundierung und Weiterentwicklung des Key Account Management (BtB), in: FORUM Betriebswirtschaft München, Heft 01, S. 6–13

Hofmaier, R./Bauer, H. (2007/2012) Stand und Auswahlmöglichkeiten bezüglich der Implementierung von leistungsfähigen CRM-Tools – Empirische Studien, München

Hofmaier, R. (2008) Verkaufen in drei Dimensionen, in: Sales Business, Heft 7/8

Hofmaier, R. (1999) Systematische Marktsegmentierung und Hit Rate-Optimierung (im Business-to-Business-Marketing), in Pepels, W. (Hrsg.) Business to business Marketing, Neuwied, S. 130–139

Hofmaier, R./Leutbecher, K. (1996) Investitionsgüter zeitgemäß vermarkten, in: Havard Business Manager, Heft III, S. 106–110

Hofmaier, R. (Hrsg.) (1995) Erfolgsstrategien in der Investitionsgüterindustrie, 2. Aufl., Landsberg a. Lech

Hofmaier, R. (Hrsg.) (1993) Investitionsgüter- und High-Tech-Marketing (ITM), 2. Aufl., Landsberg a. Lech

Homburg, C. (2012) Marketingmanagement – Strategie, Instrumente, Umsetzung, Unternehmensführung, 4. Aufl., Wiesbaden

Homburg, Ch./Schäfer, H./Schneider, J. (2012) Sales Excellence – Vertriebsmanagement mit System, 7. Aufl., Wiesbaden

Homburg, C./Bruhn, M. (2005) Handbuch Kundenbindungsmanagement, 5. Aufl., Wiesbaden

Homburg, Ch./Bruhn, M., Kundenbindungsmanagement – Eine Einführung in die theoretischen und praktischen Problemstellungen, in: Bruhn, M./Homburg,C. (Hrsg.) (1998) Handbuch Kundenbindungsmanagement, Wiesbaden

Horváth und Partner (2007) Balanced Scorecard umsetzen, 4.Aufl., Stuttgart

Johnson, M.W./Christensen, C.M./Kagermann, H. (2008) Reinventing Your Business Model, Harvard Business Review, Vol. 6, pp. 51–59

Kaplan, R. S., Norton D.P. (1997) Balanced Scorecard, Stuttgart

Kleinaltenkamp, M./Plinke, W./Geiger, I. (2013) Auftrags- und Projektmanagement – Mastering Business Markets, 2. Aufl., Wiesbaden

Kleinaltenkamp, M./Plinke, W./Jacob, F./Söllner A. (2006) Markt- und Produktmanagement – Die Instrumente des Business-to-Business-Marketing, 2. Aufl., Wiesbaden

Kleinaltenkamp, M./Plinke, W. (2000) Technischer Vertrieb: Grundlagen des Business-to-Business Marketing, 2. Aufl., Berlin

Kostojohn, S./Paulen, B./Johnson, M. (2011) CRM Fundamentals, New York

Kotler, P./Keller, K.L./Bliemel F. (2007) Marketing Management – Strategien für wertschaffendes Handeln, 12. Aufl., München

Kotler,P./Cox, K.K. (1988) Marketing Management and Strategy, 4. Aufl., London

Kreutzer, R.T. (2012) Praxisorientiertes Online-Marketing: Konzepte – Instrumente – Checklisten, Wiesbaden

Kumar, V./Reinartz W. (2012) Customer Relationship Management: Concept, Strategy and Tools, 2. Aufl., Berlin

Lammenett, E. (2012) Praxiswissen Online-Marketing: Affiliate- und E-Mail-Marketing, Suchmaschinenmarketing, Online-Werbung, Social Media, Online-PR, 3. Aufl., Wiesbaden

Little, A.D./European Business School (2001), Innovation Scorecard, online unter URL: www.innovation-scorecard.de (Stand: 26.06.2013)

Meffert, H./Burmann, Ch./Kirchgeorg,M. (2012) Marketing – Grundlagen marktorientierter Unternehmensführung, Wiesbaden

Parson, Talcott, Essays in sociological theory: pure and applied, The Free Press, Glencoe, IL, 1949. p. 8

Pepels, W. (2006) Produktmanagement: Produktinnovation, Markenpolitik, Programmplanung, Prozessorganisation, 5. Aufl., München

Pepels, W. (2004) Marketing: Lehr- und Handbuch, 4. Aufl., München

Porter, M. (1985) Competitive Advantage, New York

Porter, M. (1984) Wettbewerbsstrategie, 2. Aufl., Frankfurt

Reichheld, K. (1997) Lernen Sie von abtrünnigen Kunden, was Sie falsch machen, in: Harvard Business Manager, Heft 2, S.57–68

Sidow, H.D. (2002) Key-Account-Management – Wettbewerbsvorteile durch kundenbezogene Strategien, 7. Aufl., München

Sieck, M. (2011) Der strategische (Key) Account Plan, 2. Aufl., Norderstedt

Simon, H. (2000) Power Pricing, Frankfurt a. Main

Sommerlatte, T./Grimm, U. (2003) Kreativität besser managen, in: Harvard Business Manager, Heft 2, S. 49–55

Steward, D. W./Shamdasani, P. N./Rook, D. W. (2007) Focus Groups: Theory and Practice, 2. Aufl., London

v. Bischopink, Y./Ceyp, M. (2009) Suchmaschinen-Marketing: Konzepte, Umsetzung und Controlling für SEO und SEM, 2. Aufl., Berlin

Von Hippel, E./Thonke, St./Sonnack, M.: Creating Breakthroughs at 3M, in: Harvard Business Review on Innovation 9 (1999)

Weber, M., The methodology of the social sciences, The Free Press, New York, 1949. p. 76

Winkelmann, P. (2012) Integriertes und fachgestütztes CRM – Vortragsmanuskript

Winkelmann, P. (2010) Marketing und Vertrieb – Fundamente für die marktorientierte Unternehmensführung, 7. Aufl., München

Winkelmann, P. (2008), Vertriebskonzeption und Vertriebssteuerung, 4. Aufl., München

# Abbildungsverzeichnis

# Stichwortverzeichnis

www.ingramcontent.com/pod-product-compliance
Lightning Source LLC
Chambersburg PA
CBHW081540190326
41458CB00015B/5601

* 9 7 8 3 1 1 0 3 5 4 2 9 4 *